共生

SAP学校实践报告

2020

张　熙 ◎ 主编

知识产权出版社
全国百佳图书出版单位
—北京—

图书在版编目（CIP）数据

共生：SAP学校实践报告. 2020/张熙主编. —北京：知识产权出版社，2021.9
ISBN 978-7-5130-7635-7

Ⅰ. ①共… Ⅱ. ①张… Ⅲ. ①中小学教育—研究报告—中国—2020 Ⅳ. ①G639.2

中国版本图书馆CIP数据核字（2021）第151056号

责任编辑：高　超　高志方　　　　　责任校对：王　岩
封面设计：博华创意·张冀　　　　　责任印制：刘译文

共　生
SAP学校实践报告2020
张　熙　主编

出版发行：	知识产权出版社 有限责任公司	网　址：	http://www.ipph.cn	
社　　址：	北京市海淀区气象路50号院	邮　编：	100081	
责编电话：	010-82000860 转 8512	责编邮箱：	15803837@qq.com	
发行电话：	010-82000860 转 8101/8102	发行传真：	010-82000893/82005070/82000270	
印　　刷：	三河市国英印务有限公司	经　销：	各大网上书店、新华书店及相关专业书店	
开　　本：	720mm×1000mm　1/16	印　张：	19.5	
版　　次：	2021年9月第1版	印　次：	2021年9月第1次印刷	
字　　数：	338千字	定　价：	98.00元	
ISBN 978-7-5130-7635-7				

出版权专有　侵权必究
如有印装质量问题，本社负责调换。

类型突围：共生视域下的学校加速优质发展研究（代序）

乌卡时代（VUCA）指的是变幻莫测的复杂时代，也是当前教育变革的政治生态环境。"VUCA"一词首先产生在军事领域，而后被商业、经济、教育培训等领域广泛使用。"VUCA"，是 Volatility（易变性，既指主动变化的能动性，也指被动变化的、被驱使与被催化），Uncertainty（不确定性，指缺少预见性，缺乏对意外的预期和对事情的理解和意识），Complexity（复杂性，指各种力量、各种因素、各种事情交错纷杂产生的困扰），Ambiguity（模糊性，指各种条件和因果关系的混杂，往往是误解的根源）的缩写。本书着力讨论在这样一个变革时代中教育研究机构如何支持学校优质加速发展的问题，收录北京教育科学研究院（本书简称北京教科院）和实验学校围绕学校加速优质发展计划（SAP）进行探索的部分实践成果。

教育研究机构与中小学的合作最早可以追溯到 1896 年芝加哥大学创办的芝加哥实验学校，时任哲学心理和教育系主任的杜威将实验学校解释为"系统研究的场域""教育实验工作的理想场所"，由此开启了教育研究机构与中小学的合作之路。尽管两者真正的制度化合作是在 20 世纪后才逐渐形成的，但是这种合作一经出现就作为各个国家和地区的教师教育改革和中小学教育改革的重要实践形式，不断地开花结果，实践合作数量和研究数量均呈上升趋势。学校加速优质发展计划（SAP）的核心在于加入科学研究的力量。现实中"加入科学研究的力量"的途径和类型很多，常见的有专家讲座、集体培训、主题研讨等，但诸多学者指出，这些类型的合作大多是"自上而下"，且有学校创造性欠缺等许多缺憾。本书试图建立合作双方真正平等的地位，进一步激发合作双方的内在动力，形成"共生"关系，从而突破"专家说学校做""专家评价学校做""学校学着专家做"等不足。

共生作为一个科学性概念最早出现在生物学界。德国微生物学家安东·德贝里（Anton de Bary）在1879年提出"共生概念"，其原意是指不同种类的生物生活在一起并形成某种紧密的物质关系。20世纪50年代开始，"共生"概念逐渐被引入政治学、经济学、生态学等领域，共生问题被越来越多的学者关注。"共生"理论在不断扩展到不同领域的同时，其基本关系和相互机制的研究也在深化。日本民族教育家小泽有作将共生理论引入教育领域，他提出了"民族共生教育理论"，认为各民族是一律平等的，而发展教育、提高民众的文化素质是实现民族共生的根本途径。可见，关于共生理论的研究大致可以分为两个视角，一是基于多个不同的学科，运用共生理论来解释共生体之间的融合关系；二是对于某个共生系统中的共生单元、共生模式、共生环境三大要素间作用与影响关系的探究。

本书构建了研究机构与中小学校知识共享的"加速发展共生体"，以现实中的儿童视角、知识创生、整体构建、探究对话为主要目标，不同主体参与对话、内化提高并做出不同贡献。这样的共生体建设是以知识共享为基础的，用专业交流取代行政命令。显然，这样的"共生体"就包含着协商、异质、脱域和多重互嵌的等意义。具体讲，共生体又可以分为从微观到宏观三个水平，分别是实习场研究、实践研究、发展研究。按照三个水平来构建一套嵌套结构和分析体系，它们之间有各自相对聚焦的研究领域，孕育着不同水平的意义协商，但是同时又存在内在的一致性关联。微观分析为建构中观的实践共同体提供一套操作的入口，中观分析提示学习性社会应该建立怎样的学习机制；宏观分析为全体社会成员提出一个终身学习的愿景，中观分析和宏观分析都应以建立在学校基础上的学习共同体作为背景。在加速发展共生体中关注上述三个水平的共生体的嵌套关系，关注不同组织的"双重编织"。在这样的背景下，宏观分析重视学校教育与社会的关系，中观分析关注学校层面的发展，微观分析则形成教学指导、科研联系人等机制。

本书收录了部分研究人员和中小学校的实践成果，试图展示教育研究机构与学校一起实验探索、共生共长的过程，展现了每个学校的独特经验和学校发展的共同规律。"学校发展新样态"侧重科研引领下的学校不同的探索形态；"课程教学新探索"则反映出重在厘清课程教学的新方向、新范式、新方法；"五育并举新路径"诠释了凸显德育体系、劳动教育、STEAM、艺体音美为载体的五育并举整体育人；三个部分相辅相成，旨在落实深综改背景下学校治理体系变革、核心素养培养以及整体育人的新路向，回应"培养什么人、怎样培养人、为谁培养人"这些根本性问题。实验学校的干部教师在承担实验工作的同时也记录了自身成长的过程，北京教育科学研究院基础教育科学研究所的实验学校科研联系人张筱菁、赵艳平、蔡歆、张理智、拱雪、左慧、张文静、崔玉婷、李海燕、蒲阳等老师不仅指导着学校的实践，更和学校一起精心挑选并修订了稿件。全书由张熙策划统筹、统稿、定稿，张筱菁和赵艳平老师承担了大量的联系、协调工作。在编写过程中得到了以方中雄院长为首的北京教育科学研究院专家委员会的大力支持，也得到了各区教委、教育科学研究所、北京师范大学、首都师范大学等专家的指导，在此一并感谢。

张　熙

2020 年 6 月

目 录

第一篇　学校发展新样态 / 1

学习科学为学校教育创新带来什么 …………………………………… 张　熙 / 3
理论实践互动共生，促进学校发展新样态 ……………………………… 赵艳平 / 9
立系统思维，向未来而行
　　——发现教育学校管理系统的项目研究与行动研究 ………… 陈金香 / 16
领域深研发力，育人品质彰显 …………………………………………… 祁　红 / 23
从这里起步，走好人生路
　　——以首届毕业生的成长谈学校管理 ……… 王学武　李文奇　解　萌 / 35
开启智慧教育，奠基幸福人生
　　——智慧课程建设思考与实践 ………………………… 朱会宾　孙　唯 / 43
非常"战役"别样教学
　　——2020年春季学期"线上教学"管理初探 ……………… 万　丽 / 54
坚持学生本位，在普通社区实现办学突围 ……………………………… 张广利 / 60
学校五育并举构造全面育人新生态 ……………………………………… 徐素霞 / 66
笃行"向阳教育"，走向未来学校 ……………………………………… 韩玉彬 / 73
规划引领下创新农村学校管理的探索与实践 …………………………… 黄翠云 / 84

第二篇　课程教学新探索 / 93

A-S-K 课程体系
　　——学生核心素养培养的新探索 ……………………………… 拱　雪 / 95
课堂教学中教师的基本角色再探 ………………………………………… 张理智 / 102
A-S-K 项目引领下的主题课程实践

——探索勾勒未来课堂生态的新方法 …………… 徐　宏　赵　波 / 108
友善用脑学科融合教学案例研究 …………………………………… 张春红 / 113
赋予学生思考的力量
　　——思维游戏课程的实践与思考 ……… 张冬梅　郑文明　王朝晖 / 118
小学低年级学生英语音素意识培养的
　　实践研究 ……………………………… 闫庆锋　孙宏志　赵　罂 / 124
构建阅读生态体系　促进学生未来成长
　　——结合教学实践工作浅谈阅读
　　教学 ………………………… 杨　薇　纪　晶　陈飞宇　宋婷婷 / 128
聚焦问题引领式学习，发挥儿童数学教育价值
　　——小学数学综合实践活动课程的
　　建构与实施 ………………… 耿　聪　王　敬　张金星　崔洪涛 / 133
智慧教育视域下教师专业发展的有效探索 …………… 孙　唯　钟　华 / 139
电子书包环境下创新教学模式的实践探索 … 孙　唯　朱会宾　吉淑娟 / 145
引入绘本课程　提高低学段学生的语言表达能力 …………… 谭　泓 / 152
教学"微"转变，提高学生自主学习能力 ………………………… 李申珅 / 157
发展核心素养的"尊重教育"校本课程体系的建构及实践 …… 张广利 / 161
推进分级阅读　提升阅读素养 ……………………………………… 崔彦梅 / 169
基于"诊断、反馈、养成"的数学线上教学策略初探 …………… 汪继清 / 174
线上线下相融合　探索教学新方式 ………………………………… 张文超 / 179
混合式教学实践探析 ………………………………………………… 付　丽 / 185
基于英语学科核心素养的过程性评价的探索与实践 …………… 张艳萍 / 191
新冠肺炎疫情背景下的学校课程教学与实施 …………………… 贡　鎏 / 198

第三篇　五育并举新路径 / 203

生涯教育引领学生发展，深化五育并举实践推进 ……………… 李海燕 / 205
构建五育并举之探究性道德学习新模式 ………………………… 张如燕 / 213
五育并举视角下的"爱+"德育课程实施 ………………………… 王　静 / 218
基于"STEAM+"课程开展深度学习的探索 …………………… 张海燕 / 224

开拓多维、立体的中华优秀传统文化教育途径，

　　培植学生的中国心 ………… 荣建伟　贾兴洁　池　铭　刘　醒 / 230

以农耕课程促进新时代学校劳动教育的

　　落实 ………………………… 解　萌　李文奇　孙舒明　王　蒙 / 236

音画戏韵溢满园

　　——依托校本课程，传承传统文化 ……… 吴　丹　卫瑞国　郑　蕊 / 241

新冠肺炎疫情期间快乐课程的开发与实施 …………………… 孙　唯 / 247

论小学劳技课程的育人功能 …………………………………… 张桂珍 / 254

五育并举，创新音乐学科教学 ………………………………… 张　淼 / 259

把学生放到教育改革的正中央

　　——让每一个孩子享受公平优质的教育 ………………… 张广利 / 264

用美育涵养人生，促进立德树人

　　——聚焦北京市育英中学艺术教育 ……………………… 杨景辉 / 268

探索教师生涯教育指导力策略，帮助学生遇见

　　更好的自己 ……………………………………… 何　巍　邱红梅 / 272

与青春的心对话 ………………………………………………… 张　薇 / 277

"科技向中"特色实践与成效探析 ……………………………… 童远康 / 282

五育并举，促进农村初中生多元发展 ………………………… 王　倩 / 291

学生一日学习生活全程管理的研究与实践 …………………… 于春普 / 297

第一篇　学校发展新样态

　　样态是形状、种类、标准，描述了不同系统的状态。学校发展新样态是在深化基础教育领域综合改革的新时代背景下，以科研引领学校探索自身发展的定位、动力和策略。

　　本篇既包括学校系统设计整体优化，也包含学校在办学理念下某一领域的深度探索；描述不同类型、不同发展阶段、不同条件的学校摆脱路径依赖，实现内生发展的状态。

　　这些探索呈现了共同规律和个性特征交融的异彩纷呈的学校新形态；揭示了学校治理体系构建和治理能力的提升。

学习科学为学校教育创新带来什么

北京教育科学研究院　张　熙

继"培养学生核心素养"之后,"人是如何学习的"这一议题又引起了学术界和相关领域的广泛关注。从国际范围来看,学习科学已经成为一些发达国家或地区教育变革之理论指引的关键词,成为制定新教育政策的基础,也深刻地影响着课程改革的步伐和走向。我国近年来学习科学领域的研究发展迅速,脑科学实验室不断涌现,"基于脑、适于脑、促进脑"的讨论此起彼伏。总体上看,学者们的意见并不完全一致,而更多的教育实践工作者则认为,有些学习科学的成果看上去很美,听起来心动却又难以行动;有些成果似乎只是论证了类似"因材施教"的"通识语录"而已。那么,学习科学的研究发现是否能对学生未来素养培养产生影响?是否能够在实践中推广?如何才能转化为大规模的教育实践?学校教育创新究竟能从学习科学的进展中学到什么?这是每一位教育工作者应该思考的问题。

一、学习科学如何影响教育实践

学习科学的应用研究主要集中表现在构建操作模式(或模型)和具体的实践应用。美国教育学者苏珊·J. 科瓦列克提出的整合性主题教学模式(Integerated Thematic Instruction)、美国心理学家 K. F. 朗利提出的分层课程模型(Layered Curriculum)、荷兰教育技术学家杰罗姆·范梅里恩伯尔提出的综合学习设计(Ten Steps to Complex Learning)以及瑞士科学教育家安德烈·焦尔当提出的变构学习模型(Allosteric Learning Model)堪称学习科学在教育实践中的应用典范,他们所提出的模型在全球被广泛使用,其主要特点梳理见表1。

表 1　四种模式主要特点比较

模式	整合性主题教学模式（ITI）	分层课程模型（LC）	综合学习设计（CL）❶	变构学习模型（ALM）❷
基本认识	优质的教学是情境式的浸润性教学，可以最大限度地调动学生多元感官的参与，创造低压力、高挑战的学习环境，使学生在真实参与的过程中形成更加丰富的心理联系与意义建构	优质的教学必须关照学习者学习倾向差异，着眼学生的个性发展，充分调动学生的学习兴趣、主动性	优质的教学是在真实学习任务中将知识、技能和态度进行整合，把本质上相异的各个部分进行协调，以形成"组成技能"，并促之迁移	传统教育理论只关注到了学习的某一个维度，应从学习、教育、文化三个维度全面提升全民科学素养
基本步骤	强调主题性的课程设计与教学活动设计。以主题为核心，融多学科于具体学习活动之中，学生被浸润在真实情景中，以提供丰富的感官输入，在真实活动之中，学生形成更加深刻的概念理解能力、语言能力以及对知识的迁移能力	第一，强调任务的分层，通过思维要求不断上升的层级，使学生获得知识学习的自然发展；第二，强调每个层级中的任务分类及自由组合；第三，强调任务中的合作、探究和情境性。这样可以照顾到不同学习偏好的学生的个性需求，并使学习与每个学生形成最佳的匹配关系	包括四个元素：面向学习任务、呈现相关知识、提供支持程序和安排专项操练。 十个步骤：设计学习任务、排序任务类别、设定学习目标、排定相关知识、厘清认知策略、确定心理模式、设计支持程序、明晰认知规则、弄清前提知识、安排专项练习	围绕概念体进行学习，包括解构、建构、干扰、调用四个环节
学习原理	学习是在大脑和身体相互协作中进行。情感是学习与认知的看门人；智能是通过经验而发展的；不同文化背景的人会使用多元智能来解决问题和创造产品；大脑对意义的搜寻是对有意义模式的搜寻；学习是有用心智的获得	不同学习风格的学习者有不同的大脑加工信息倾向，即加工信息时能激活不同的感官区域，更加偏爱且更易于加工相适应类型的信息	学习离不开"手脑并用、情知一体"，具体表现为"3H"：hand、head 和 heart	学习是一个十分复杂和充满悖论的过程。既要和原有概念体对抗，又要产生新的概念体，这是一个学习者主动建构和解构概念体的过程

可见，学习科学作为一个研究共同体，始终关注和研究"学习的本质是

---

❶ 范梅里恩伯尔，基尔希纳．综合学习设计［M］．盛群力，陈丽，王文智，译．福州：福建教育出版社，2015：6-12．

❷ 吴涛．变构学习模型研究［D］．上海：华东师范大学，2010：22-26．

什么""人是如何学习的"以及"如何设计有效的学习环境促进学习",不断地为多姿多彩的教学法提供一些基本的解释;利用技术手段为传统经验提供可靠的依据;也为综合分析所有的学习元素形成一些基本法则,更好地为学生学习提供发展支持。

二、反思教育实践中学习方式的变化

早在2001年,《基础教育课程改革纲要(试行)》就明确提出:"引导学生质疑、调查、探究,在实践中学习,促进学生在教师指导下主动地、富有个性地学习。"但近年来教育实践中学习方式的变革涌现出多种变化,呈现出蓬勃发展的态势:有的关注社会大课堂的学习,主张走出校门到博物馆、社区和研究院所等开展学习;有的关注创设有挑战性的问题,让学生在完成挑战的过程中实现学习目标;有的关注利用新信息技术调动学习者多感官参与;有的关注学习环境的重新设计,力求让学校的每一面墙壁都会说话……可见,人们头脑中经典的学校教育模式的一些基本要素正在被重组、被改变,学生的学习不再仅仅发生在教室里,不再仅仅是利用书本,不再仅仅是教师教、学生学。与此同时,大家又不约而同地感到新概念、新名词满天飞,做法和收获都凿凿有据,却又缺乏对成功经验背后的原因和机制的说明与论证。"成功经验究竟做对了什么"值得进一步讨论分析。

教育实践工作者和教学研究者在总结成功经验时总是遵循这样的顺序:提出问题→引用理论→具体做法→取得效果。比如:如何才能让学生牢牢记住学习内容呢?研究发现大约有98%的信息是被遗弃的,记住的最好办法就是"复述","复述"的最好办法就是学生相互"教"。因此,课堂上采用学生互教互学的方法可以极大地提升教学效果。❶

显然,这样一个"行动的反思"主要讲述了对特定目标所采用的方法以及效果,所谓的理论指导实际上就是"简单传递",不过是将原理和具体方法一一对应,还停留在"技术性反思"层面。按照范梅南的理论,是指没有分析变化原因及对行为的影响,没有阐述目标实现与措施之间的因果关系,实际上是还没有进行实践性反思和批判性反思。❷

---

❶ 刘卫平. 脑科学告诉我们如何上课[J]. 福建基础教育研究,2014(7):25.
❷ 范梅南把反思分为三个水平:技术性反思、实践性反思和批判性反思. 范梅南. 教学机智:教育智慧的意蕴[M]. 李树英,译. 北京:教育科学出版社,2001:133.

李吉林老师在《学习科学与快乐、高效课堂的教学设计》中就力图具体说明情景教学取得优异成绩的原因,她不仅阐述了具体的教学案例和教学方法,还总结了类型化模式,阐述了与学习原理之间的关系,如图1所示。❶

```
具体方法        →    类型化方法    →    基本模式        →    学习原理
和案例
  ↓                    ↓                  ↓                    ↓
案例……         →    利用经验创设情境 →  整合知识,用最佳 →  知识是结构化联系的
案例……              利用艺术创设情境    途径创设情境        建构过程是动态的
```

图1　对《学习科学与快乐、高效课堂的教学设计》的分析

可见,所谓的成功经验并不是简单利用原理直接推导出具体方式,而是面对丰富的实践案例不断地对"是什么"进行描述,再按照属性进行归类,追问不同时空下行动是否发生变化、变化的原因以及理论依据,解决"怎样做"的基本模式,从而实现自我重构,为我们总结成功经验提供范例。

三、开放心态、从整体视角促进学校教育创新

学校教育创新是一个动态的过程,以色列教育学家英博认为,学校教育创新是学校依据外界环境的变化,有计划地引入新事物以更有效地达到教育目的的过程,它是变革者将教育规划与实际情况相结合的产物。❷ 因此,创新的灵魂在于学校教育的"自觉"和"自主"。"自觉"即学校能够认识到自身的局限和面临的问题,主动寻求解决办法;"自主"则意味着学校能够对发展的方式、结果负责,而不是将创新作为一种时尚或博取某种声誉的手段。

(一)开放心态,广泛吸收成果,为学校教育创新奠定基础

1. 学校教育创新着力于未来素养和持续学习能力

早在1938年巴什拉就已经指出,"学习将持续人的一生,一种局限于求学阶段的文化恰恰是对科学文化的否定"。❸ 如今,学校并非学习的唯一场所,

---

❶ 李吉林. 学习科学与快乐、高效课堂的教学设计[J]. 课程教材教法,2014(1):5.
❷ 英博. 教育政策基础[M]. 史明洁,许竞,尚超,等译[M]. 北京:教育科学出版社,2003:37.
❸ 巴什拉. 科学精神的形成[M]. 钱培鑫,译. 南京:江苏教育出版社,2006:263.

学习时时、处处都可以发生。知识不再只是印制在书本上的冷冰冰的黑字，而是根植在一定的社会、文化、情境中。知识的学习过程变得"立体"，学生需要在情境和实践中加深认知与理解，而整体视角的持续学习观念将颠覆现行的教与学的关系和范式。

2. 广泛吸收各个学科的成果促进学校教育创新

人是万物之灵，人脑是一个极其复杂的系统，包含着 10^{11} 个神经元和大约 10^{15} 个突触，尽管科学在迅猛发展，然而弄清楚人脑是怎么回事和怎么工作仍然困难重重。一方面，我们无须神化学习科学，其基础理论研究也还有待深入开展；研究共同体的内在统整性还需加强……另一方面，我们也要尽可能吸收学习科学的最新成果，尽力不把原理和具体方法简单地一一对应，因为学习科学自身"并不提供一种处理方式的建议，而只提供一种描述性的原理"❶，只有这样学校教育创新才能有坚实的基础。

（二）搭建学习框架，将原理、模型与具体方法有机统一

学校教育创新是在未来人的核心素养和现实培养之间搭建桥梁，形成学习框架，从而更好地为不同的学习提供支持，更好地促进人的全面发展。

"A-S-K 核心素养"体系是以培养学生的态度（Attitude）、技能（Skill）和知识（Knowledge）为基础，是以发展学生核心素养为目标导向的。可以借鉴相关学习科学研究成果，尝试建构"A-S-K 核心素养"导向的学习科学研究框架，以帮助理解核心素养与学习科学研究理论之间的关系，并探讨如何设计合适的学习。❷

具体来说，学生学习是一个综合性活动，涉及认知、社会情感和动机等因素，并具有文化属性，因此框架设计必须充分考虑师生个体特征、能力素质和需求，以更好地支持学习过程；因为学生不仅需要进行学科知识学习，而且要发展人际交流与合作的能力，所以必须提供合适的技术增强学习环境，明确学习内容表征与呈现方式，以促进学生的知识建构和能力提升；在理解学习的本质、过程及规律的基础上，设计符合学生能力与需求的学习环境、学习资源和

---

❶ 任友群. 学习科学：为教学改革带来了新视角[J] 中国高等教育，2015（2）：15.
❷ 张熙. A-S-K课程的理论与实践：核心素养培养的实验研究[M]. 北京：中国人口出版社，2017（10）：4-11.

学习过程，以全面提高学生的能力与素质。

（三）借鉴研究成果，走中国学校教育创新发展之路

东西方有不同的教育传统，对"学习"概念有不同的理解。孔子曾经说过"学而时习之"，其实就表明了"学"和"习"有着不同的含义。"学"就是闻、见，是获得知识、技能，还包括思的含义；"习"则是巩固知识、技能，也包括行的含义。"学"偏重于思想意识的理论领域，"习"偏重于行动。我们要看到西方关于学习的理论有助于改善我国科学学习和教学研究中有效的研究工具、标准等缺失的问题，有利于改变长期以来存在于教学中"经验简单传递"的低效能状态；更要看到中国学校教育有自身的传统和隐含的知识模型，在以开放心态吸收成果的同时走一条有自己特色的创新之路。

《国家中长期教育改革和发展规划纲要（2010—2020）》对重塑学校教育，建立以学习为中心的新型学校，构建更广泛、多层次、技术支持的学习和实践共同体提出了要求，相信我们会走出自己的创新之路，真正能与世界同行并展开对话，和世界有益经验互惠发展。

理论实践互动共生，促进学校发展新样态*

北京教育科学研究院基础教育科学研究所　赵艳平

北京教育科学研究院实验学校践行"在普通社区办不普通的教育"，不断实现教育突围，开启优质加速可持续发展的历程。那么，这些学校发展之路是怎样的？背后有无规律可循？如何依据规律采取措施促进发展？展现学校发展之路、辨析学校发展之理、探寻学校发展之策就成为应用性研究工作者不断探索思考的问题。学校发展是多因素共同作用的结果，下面仅从科研的角度将这一阶段的思考做一阐释，以期有所启示。

一、展现学校发展之路——学校优质加速发展的案例分析

不同类型、不同阶段的实验学校在其发展历程中，最核心的要素是找准定位，确立办学理念；在每一阶段启动学校发展动力，找到关键点。

（一）从学校发展阶段来看，始于办学理念提出的高瞻远瞩

办学理念是系统设计的魂，直接关系学校的定位和培养什么样的人，贯穿学校发展始终，每个学校都非常重视形成学校的办学理念。在多次实地调研、科学论证的基础上，不同的学校都确立了自己的办学理念，"每一个都重要""打造孩子喜欢的精致学校""开启智慧教育奠基幸福人生""让每一个生命绽放光彩""尊重教育""向阳教育""共生"等，不同的理念从不同方面诠释着深刻的教育思想。比如，北京教育科学研究院根据实验学校的特点和未来人才的特点，提出了"开实验之风，育多元之才"的办学理念。这一理念蕴含了两个教

---

* 该文为北京教育规划优先关注课题"深化教育综合改革背景下学校优质发展实验研究"的成果，项目负责人为张熙。

育思想——实验和多元，实验是探索、是创新，是用研究的方式解决前进中的问题，是引领未来发展；多元是指未来的教育应该是多元的，教育要根据每个孩子的个性特征发挥每个人的潜能，这符合因材施教、率性之教。这一办学理念科学、前瞻，富有创意，成为引领一所学校高位、科学发展的引擎。

（二）从学校每一发展阶段来看，都有阶段动力和关键点

在以办学理念为核心的整体设计的基础上，每一个发展阶段都有其动力、策略和关键点。在每一阶段，现实具体问题是阶段动力，方式是开展的具体实验，关键点是从哪点切入的对策。北京教育科学研究院实验学校具有不同的地域特点、历史基础、现状条件，发展阶段不同，每阶段解决的具体问题不同，但每所学校都依据这一方法论思路进行着各自异彩纷呈的探索，推动学校踏上一个又一个台阶，扎实有效持续地推进。

北京教育科学研究院周口店中学是一所农村完中校，新任校长面对"如何提振干部教师的士气，点燃大家的奋斗激情，给学校的发展注入持续动力"的问题，经过教科院专家的指导和系统分析，本阶段将学校发展的切入点定位为用规划来引领实现学校发展，分别从学校、教师、学生等不同层面制定规划与推进策略。

2007年成为实验学校的向阳中学积极寻找通往未来学校的路径与方法。在专家的引领下，学校研究确立了"向阳教育"办学理念，着力探索构建"向阳教育"文化体系，直面未来做出全盘规划。在三年半的时间内，在特色办学、五育并举、课程建设、互联网＋教育等方面开展切实可行的探究实践。

育英中学传承红色文化基因，以人为本构建科学育人的理念体系，践行"让每个生命绽放光彩"的教育理想，打造新时代全面育人新生态。在这一阶段重点以课程建设为载体，打造特色课程体系。

北京教育科学研究院丰台学校克服重重困难，坚持以学生为本位，在普通社区实现办学突围，在教师培训、课程建设方面做了很多富有成效的探索。在这一阶段"尊重教育"课程顶层设计已经基本完成，今后着力打造基础课程生本化及特色课程个性化。

北京教育科学研究院附属石景山实验学校作为九年一贯制学校，几年来紧紧围绕课堂教学开展研究实践。新冠肺炎疫情期间，摸索出了一条适合学校发展的特色线上教学新路径。

成立于2014年的旧宫实验小学探索信息时代教育治理新模式，以智慧教育办学理念推动学校整体创新发展，这一阶段重点打造智慧课程，通过科学设置课程培养学生全面发展并兼具个性的素质。

面对首届毕业生，北京教育科学研究院大兴实验小学以"从这里起步，走好人生路"为题，从孩子视角回顾总结发展历程。以"做学生喜欢的老师""开设学生喜欢的课程""让学生拥有喜欢的场所和伙伴"的教学理念着力建设教师队伍、"A-S-K＋"课程体系、校园文化、家校关系。

北京教育科学研究院丰台实验小学在2012年创建之初确立了"每一个都重要"的办学理念及核心价值体系，在建立完备的制度体系、稳定的教育队伍、特色的品牌的基础上，不断增强自我创新的内涵发展机制。教育科研成为这一阶段学校专业发展的核心动力，推动办学五大领域研究向纵深发展成为这一阶段学校发展的主要路径。

通州区第一实验小学作为北京教育科学研究院第一所实验学校，在"开实验之风，育多元之才"的办学理念引领下实施发现教育，走过了一条规范办学—走向特色—创建品牌之路，系统整合、拓展深化成为这一阶段的重点。面对这一问题，学校以"立系统思维　向未来而行"的理念引领学校治理体系变革：重心下移系统优化；从局部结构化到整体化设计；横向融合纵向链接，探索整体育人。

在学校发展之路上，看似学校生活的日常背后都有对时代发展要求的领悟、对学校发展规律趋势的判断、对学校发展问题和动力的思索、对学校发展策略方式的科学把握……是在科研引领的前瞻性和实践推进的现实性张力中不断推动学校加速发展。那么，这背后体现了哪些机制呢？

二、辨析学校发展之理——学校优质加速发展的规律遵从

就学校发展规律来看，无论外部环境如何变化，最核心的是五要素，即定位、动力、关键点、发展方式、目标。具体来说是通过确定学校发展定位，依据一定的理念启动学校发展动力，通过一定的发展方式，抓住学校发展阶段中的关键点，四要素协调系统发展，最终达到学校发展的一定目标。

（一）学校的加速发展基于对未来与现状的系统设计

在思想引领基础上学校的加速发展需要根据未来和学校现状进行系统设计。系统设计需要考虑学校整体的发展，需要根据学校定位确定总体发展目标，需要根据动力—方式—关键点总体设计学校发展的阶段和步骤。因为有了整体设计，对学校发展的阶段就会有元认知体察，清楚发展到哪个阶段了，下一阶段是怎么样的，需要什么样的资源来支持。

对于新建校来说，从建校之初就要开展系统设计。对于非新建校来说，纵观其发展历程，真正实现加速发展是从第二阶段开始。其中，第一个阶段是学校具体问题解决式的发展，虽然也进行一定的科研，但这是大部分学校走的科研兴校路线。第二阶段开始对学校进行科学诊断规划并系统设计。为此，北京教育科学研究院召开若干规划论证会和进行实地调研，引领学校通过 SWOT 等工具系统分析学校现状，建立模型，引领学校确立实施路径。这一阶段真正实现在学校发展现状基础上的科学引领，实现自下而上和自上而下、理论与实践的结合。其中，实践是基础，理论是引领。

（二）学校的加速发展成于学校三维结构的整体跃迁

在整体定位和目标基础上，动力—方式—关键点是学校加速发展结构中的三个支撑点。从学校发展整体看，现有状态与办学理念间的差距成为学校持续发展的内在动力；不断的实验创新成为学校发展的核心方式；思维课程、动力课程、A-S-K 课程等成为学校发展的关键点。这些点位需要以实验的方式推进，学生现状与理念差距成为不断探索的动力，三种因素相互作用促进学校不断整体跃迁。

可见，在每一个阶段中，需要明确动力—方式—关键点，找准这一阶段的核心问题；关键点是需要找出通过研究什么内容来破解这一问题；方式是针对内容开展具体研究或实验方式。这三种因素是一个整体，只有结构化发展才能有效促进学校发展，如果三者不匹配就会形成相互制约，在这个过程中教科研部门一般会提供理念、策略、工具等。

（三）学校的加速发展有赖于三维结构的内隐条件

五要素的具体内容有赖于与外部环境的互动。不同的外部环境会对学校发展提出一定的要求，影响学校发展内在要素的具体内容。比如，当前对学生提出落实素养，并提出改变学校的治理体系等，这些相应地会影响学校发展要素的内容。

五要素的框架需要人的智慧来填充。五要素是学校发展的框架要点，有什么样的理念、如何配置要素关系、要素的具体内容确定、外部资源如何助力等则需要依赖人的思想，需要科研人的理论和学校人的实践智慧以及两者的碰撞。

五要素的不同运作会有不同的模式。就确立目标如何运作的角度，当前学校发展的模式主要有两种：一种是依据学校现状来判断学校发展定位和目标，根据现有资源确立方式和关键点进行学校发展；另一种是依据目标来寻找资源，确立发展方式和关键点，持续改变学校发展现状来实现跨越式发展。北京教育科学研究院实验学校的发展模式是将两者结合的第三种模式，它将目标模式和问题解决模式相结合，在目标指引下每一阶段有相应的问题需要解决。在学校的发展历程中我们能看到这一过程。

三、探寻优质加速之策——学校优质加速发展的机制运行

（一）当前阶段发展范式：遵从学校发展进程的规律进行引领

理论与实践的关系在不同的发展阶段有所不同，会经历"实践探索—理论与实践交互影响—理论引领—理论与实践交互作用—实践探索"这样循环往复的过程。在当前经过了课程改革的理论推动、学校的创造性实践、对实践的总结提升之后，理论不止在理念上还研究出具体科学的策略，并走在了实践的前面。在这种背景下，开展基于实践的理论引领的学校发展研究就尤其必要，也具有现实意义。

在这种现实背景下，学校发展的进程规律就不仅是摸着石头过河的问题解决方式，而是自上而下设计的发展范式。这一发展范式决定了学校发展的设计者能够高瞻远瞩、具有理论水平，能够根据未来发展趋势对学校进行引领。

（二）科研加速器的具体运作：在学校发展中互动共生

学校优质加速发展实践的共同点就是，加入科学研究的力量，促进教育事业发展从经验化慢慢走向理论和实践结合的混合式促进发展的态势。学校纯粹

靠经验自发成长的格局慢慢被打破，更多是依托智慧而加速成长。❶ 可见，科研充当着学校发展加速器的作用。同时，科研部门和学校作为理论与实践的不同主体发挥着不同的作用，协调创新促进学校优质加速发展。

教科研的作用主体主要有以下五个：思想引领者、系统设计者、策略共创者、提炼提升者及这四个过程中的产品工具开发者。最上位的是进行思想引领，然后是针对学校发展的系统设计，再次是针对各具体领域根据学校现状的策略创生，最后是将理论与实践的案例经验进行提炼，总结出相应的规律进行迁移。这个作用引领过程伴随着不同层面的产品工具的开发。

学校作为实践主体的作用有三点：落实、共创、自研。这三个作用主要体现在学校加速发展的不同阶段上，开始学校是学习、吸收以更好地落实；在落实基础上与科研部门根据本校的实际进行有针对性的共创；最后，在教科研引领下能将学校的成功经验提炼出的方法进行复制、迁移并进行自主实践研究。实践创新又同步引发推动新一轮理论创新。

可见，如果没有应用性理论对基础理论的具体化，理论也就失去了实践指导力，只能束之高阁，没有应用性理论的前瞻引领，实践的探索终究不能登高望远；如果没有实践主体的理念转化和行动自觉，"不能成为教育改革能动的、自觉的创造者，并在创造性的实践中实现自身的发展。"❷ 如果没有学校发展的载体，理论和实践的结合不会有如此紧密的依托，因为这是校长、教师日常实践的土壤，只有深入他们的日常实践，理论才会有价值依托。

从中我们看出，理论与实践在以学校发展为载体的互动中共同成长，不断创造；互为主体又彼此依赖，循环往复，互动共生。

（三）学校加速发展的机制内核：加速发展共同体及机制

学校加速优质发展计划建立加速发展共同体❸，它是拥有不同兴趣和持有不同的观点的各成员，在认识论上达成的共识，以儿童视角、知识创生、整体构建、探究对话为主要目标，多层次参与并对活动做出不同贡献。成员主要有

---

❶ 张熙. 学校优质发展能否加速 [J]. 中国民族教育, 2017 (3): 20.

❷ 叶澜. 思维在断裂处穿行：教育理论与教育实践关系的再寻找 [J]. 中国教育学刊, 2001 (8): 1-6.

❸ 张熙. 为学校优质发展而加速：SAP：学校优质加速发展的理论与实验 [M]. 北京：北京出版社, 2016.

学校、教科研部门和政府。这既是一种新型发展方式又是一种新的组织形式，可以将学校建设发展过程分解，将行政管理、专业引领与学校全体组织在一起，为加速发展贡献力量。

共同体研究分为宏观、中观和微观三个层次，在此基础上形成了联盟发展机制、学科工作站机制、课程实施机制、典型活动机制、规划和评估等机制，有效促进了学校发展。此外，学校加速优质发展计划建立系统模型❶，通过动力系统—实施系统—支持系统准确干预，促进不同类型、不同发展阶段的学校发展的积极性和创造性。

正是这些富有创造性的组织建构、系统模型、运行机制形成了一个多方联动、相互激发、互动创生的研究实践场域，激发着共同体中的每个人迸发出持久的内生动力和创新能力。

实质上，上面谈到的这些只是科研促进学校加速优质发展的一隅，更深层次还有关于优质加速内核的探索，比如，将时间、空间作为要素纳入优质发展的内涵，明确了优质的三个基本属性；探索了3E–map的一套理论与操作模型等。学校也在实验并验证着这些探索，接下来学校的文章能让我们感受到，同时也期待在面向未来的新起点上和学校有更多探索、更多生成、更多创造……

---

❶ 张熙. 为学校优质发展而加速：SAP：学校优质加速发展的理论与实验［M］. 北京：北京出版社，2016.

立系统思维，向未来而行

——发现教育学校管理系统的项目研究与行动研究

北京教育科学研究院通州区第一实验小学校长　陈金香

作为北京教育科学研究院在北京市建立的第一所实验小学，北京教育科学研究院通州区第一实验小学创建于 2003 年 10 月 22 日，发展至今，学校教学班从 12 个发展到 50 个，教师由 36 名发展到 153 名，学生从 206 名发展到 2300 多名，市区级骨干教师由 2 名发展到 29 名，在各级领导和教科院专家的引领支持下，学校坚持科学分析，守正创新，提出"开实验之风，育多元之才"的办学理念。学校始终坚守以立德树人为核心，坚持五育并举，秉承将研究建构在课堂中、活动中。在基础教育改革与北京城市副中心的整体建设中，努力探索教育规律，着力改革学校形态；在教育哲学与管理实践中审慎思考错综复杂的学校现状，在高远的教育理想与世界视野中创新学校管理系统；以项目研究为抓手，以行动研究为举措，统筹研判，破立结合，在教育哲学与管理实践中，从未来处着眼，层级化建构"整体认知—聚焦共识—问题导向—实际获得"的学校管理系统研究模型；在顶层设计内核与系统实施计划中，立系统思维，以可视化的管理系统行动路径，多元立体地诠释基础教育的深远未来。

一、整体认知：研判学校发展现状，形成项目系统思维

卢梭说："我们在出生的时候所没有的东西，我们在长大的时候所需要的东西，全都由教育赐予我们。"基于学校发展内涵与师生主体成长的"需求出发"，我们在创新学校管理系统的实验过程中，紧密遵循教科院专家提出的"从人出发，以学为支点"的学习方式变革与教育实践样态，以发现教育为焦点，以问题为导向，判断学校发展现状，形成特色鲜明、扎实高效的学校管理思路。

（一）研判以发现教育为内核的学校管理阶段发生

结合学校发展的阶段特质，基于 SWOT 分析原则与 SPACE 矩阵分析模型，在践行发现教育特色实验的进程中，我们将学校管理置于基础教育的整体场域中，从发现教育管理领导力与课程领导力出发，探寻学校内部管理机制与校际互动机制的每一个支点，并由点及面，认真分析学校教育发展的战略规划与行动策略，在未来的教育坐标中研判学校阶段性的教育现状，分门别类，将管理的每一个方面和每一个细节，放置到历史与当下共同构成的教育改革时空背景中，在专家的指引下分析序列特征，在专业化道路的渗透中，确立管理"行"的哲学思想，总结发现教育五步管理的行程特色。

五步管理：第一步，在学校成立伊始，实行制度管理，建立依法治校平台，提升学校科学管理能力；第二步，伴随学校的进一步发展，以精细化管理机制规范学校制度建设，深度完善校章各项内容，确立思维导图式的"细化—承诺—检验"流程，形成依法办学、民主监督、社会参与的现代学校制度体系；第三步，在学校第二届领导班子上任之际，结合学校发展的阶段性特征与干部队伍年轻化的特点，以信任为基础，聚焦管理干部价值观念与专业能力，实行扁平化管理机制，确立"一表一责一落实"的导图行动模型，明确管理层次与工作流程，减少时间成本，提高管理时效；第四步，在自主化管理机制的推进中形成教师师德养成策略，在"1+3"行动模式中发挥"核心人"引领示范作用，整理研究结果与经验，开展校本研训，做到"每周一问题—每月一主题"与"三结合三杜绝"，引领教师自主制定研究目标、自主制定职业规划，形成教师文化自觉；第五步，在深入贯彻执行《义务教育学校管理标准》的过程中，确立"两个遵循"的行动指南，遵循教育的自然生态规律，遵循受教育者的身心发展规律，将生态化管理策略融入学校管理系统之中，建构生态环境空间场域、生态课堂教育现场、生态教育成果展示平台，全面促进学校品牌提升。

在收获之余，我们在教科院专家管理理念与项目研究的启发下，总结反思五步管理行程有待完善之处。虽然当下呈现一体化的五步管理行程以其时效性与严谨性全面促进了学校品质发展与品牌影响力的提升，但是更多地以纵坐标为关键点，形成具有针对性的管理特征，忽略了坐标系中的横坐标意义，从而更多地局限在学校内部管理中的具体情况具体分析，忽略了区域与校际之间的关联性，并未形成具有学术交织的发现管理机制研究模型，在整体性层面则表现为缺少一种紧密的系统建构思维与研究思维。

（二）建构以共同体为特色的学校管理系统思维

在教科院项目研究的启发下，我们以教科院的学术研究为标杆，通过研判解构，审慎理解系统思维，并在学校管理系统的子项目研究中，坚定建立以彰显系统思维特质的发现教育为特色的学校管理机制，建设具备各种专业力量的研究共同体与配套的运行机制，在科学序列化的支点分析中全面保障学校管理系统的创新发展。

支点一：教育哲学视角。从学校发现教育的哲学维度出发，遵照普遍性与特殊性的基本原理，逐步形成具有哲学理论基础的管理机制顶层设计，并在进一步的丰富与完善中实现每一个管理要素之间的影响促进与动态发展。

支点二：结构机制视角。在系统思维的延展中，学校分析每一位教师的领导力与专业能力，形成个体层次鲜明的教师综合素养评价表，进而为学校领导班子与管理机制的结构性生成提供科学的依据。

支点三：未来发展视角。教育是一项具有可持续发展特质的未来型工程。在这项工程中，学校教育管理如同一只锚，决定着学校未来发展的深度与广度。在具有专业性与研究性的学校管理系统思维中，我们将学术研究建构在课堂与学校发展之中，在研究共同体的支持下，学习管理哲学理论，提炼学校教育管理经验，在教育实践中实现学校管理的凝聚力、管理力与影响力。

二、问题导向：以可视化的路径图，诠释项目行动研究

"如果我们想让未来社会变得更为美好，那就必须把我们对未来的所有期许放在今天的校园当中，今天不改变，明天是很难改变的，因为教育是关于未来的事业。"托夫勒在《为了明天，教育下一代》中，以生动的笔触诠释了教育的未来属性。在学校管理项目的启动—入轨—攻坚中，由专家、学校校长及教师组成的研究共同体在行动研究中聚焦学校管理系统，瞩目未来，锚定焦点，从学校、教师、学生的主体间性出发，综观纵横相交的坐标体系，精准确立学校管理系统的构成要素，在理念创新中以发现问题—研究问题—解决问题的基本方式勾画可视化的研究路径图，确定研究项目的边界与领域，改进学校管理实践样态，破解学校管理难题，为学校管理系统的整体建构奠定坚实的

基础。

（一）发现问题——从发散点走向整体性

起始于问题，启发于问题。在学校管理众多问题的研判中，我们发现对于管理难点问题进行突破的做法是具有普遍性的。尽管这一做法会产生局部的效果，然而因为其自身的发散性而缺乏可持续发展的整体性。研究共同体的专家们指出，我们对于学校管理问题的思考仍然是局部的、孤立的，当我们在解决一个个问题的时候，缺乏的正是对于学校管理系统的一揽子思考与建构。因此，具有整体性与全局性的学校管理系统的顶层设计至关重要。每一所学校都应该拥有一份专属于自己学校的管理系统顶层设计，这不仅有利于学生的全面个性发展，有利于教师以及教师共同体的事业认同与合作促进，更有利于学校在未来实现特色化与品质化的发展。

（二）分析问题——从表征点走向系统性

分析于问题，实践于问题。在项目研究实验的进程中，我们学习并形成了以独特思考与研究路径的方式研究问题，分解每一个管理研究的任务，明确研究重点、研究计划等，并将单一的理念导向转化为理念指导实践，生成"制定计划—行动实践—分析反思—评价再行动"的研究问题模型，审视研究管理系统建构的每一个里程碑，保障问题研究扎实有效地开展。

在学校管理系统的建构过程中，一方面，我们着眼于学校内部管理，从发现教育的文化与理念出发，结合学校管理实践现状，着眼未来，研究制定学校管理系统的四大层面，即实行生态管理、加强文化管理、深化精细管理、强化民主管理；打造四个动力子系统，即领导集体制定科学规范的决策系统，各处室、年级组、项目组相互配合支持的执行系统，由德育处、教务处、课改处、宣传处等落实的开放式监督系统，校长行政办公会、教师例会、工会组例会有机结合的反馈系统。通过这四个动力子系统，学校各项工作犹如在强大的动力装置系统的驱动下实现项目之间的高速、高效运转。另一方面，我们着眼于校际之间的管理交流，以学校共同体思维从学校管理的关联性出发，开展跨文化交流管理模式，无论是跨学段的主题研讨活动，还是同学段的校际管理交流活动，在学校管理实践的实际分享与研究中，开阔学校管理视野，为学校管理模式的不断创新积蓄崭新的力量。

（三）解决问题——从路径点走向模型化

清晰于问题，收获于问题。在学校管理系统的建构过程中，我们从系统思维出发，探寻每一个学校管理项目研究的路径点，完善学校管理制度，规范管理执行流程，在数据化研判的基础上，确立学校发展目标，建构一个具有根性特质的管理系统，这种根性体现为以师生为主体的项目群式推进，体现在对于基础教育的深刻理解与发现教育的多元阐释之上，体现在发现教育管理文化的创建过程之中。

首先，我们以系统思维为引领，整合学校内部管理系统建构的路径点，确立"一个中心、两条线、三横、四纵、一督查"的学校管理模式。"一个中心"是指整个管理以学校领导班子组成的校代会为中心，这是扁平化管理的发起点，是整个管理系统的核心点。"两条线"，是指教学、德育两条线。在纵横交错的管理中，以德育为首，以教学为中心，两条线贯穿于整个管理活动始终，是实施扁平化管理遵循的原则。"三横"指的是把一年级到六年级分成低年级部、中年级部、高年级部三个管理实体。这是扁平化管理的构成主线，每个部管理成员都由教导处、德育处、后勤处领导和几名教研组长构成，全面负责本部工作的布置、检查、指导、评比，形成横向管理通道。"四纵"是指党支部、教务处、德育处、后勤处实施纵向管理，专项工作仍由各处负责。如语、数、英、科等单科教研活动仍由各科教导主任布置、组织实施。"一督查"是指督察组负责对各年级部常规工作的协调，检查督导，对活动与教学过程实施督导检查，检查结果直接向校长汇报。在此模式中形成师生管理的崭新机制。

其次，在校际交流机制的他者文化影响下，遵循"专家助力、项目引领、团队研训、德能并重"的思路，在工程系统中将理论产生过程楔入教育实践过程，在双行走策略与层级性培养工程中，以多维化的行动机制给予教师专业的滋养与美好的熏陶。一方面，关注教师主体价值，形成教师"双行走"策略。在充分发挥教师主观能动性的基点之上，以解决教育教学实际问题的行动研究、实践研究、策略和模式研究为主要方式，建构"课堂中的行走与行走中的课堂"教师培养策略，"课堂中的行走"包括，邀请教育专家学者走进学校、走进课堂、走进课题；"行走中的课堂"，即推荐教师加入中心组，走进特级教师工作站，扩大教师的"行走"半径，走向全国各地成长共同体参加展示交流。在"双行走"策略中,教师已经形成自己独特的学习和研究方式,向着成为"最优秀的自己"的方向行走。另一方面,确立问题导向原则,打造教师层级性培养工程。我们综合分析教师团队结构特征与个体差异,以全体教师、骨干教师、青年教师为培养对象,从学术研究与团队建设视角,从问题出发,确立问题导向原则,层级性打造研究型教师培养系列工程,在点与点的工程链接中形成敬畏教育事业的教师培养蝴蝶效应。

三、实际获得:总结反思提炼关键,表达管理成长特质

基于未来发展,学校管理系统的建构是一项复杂的工程。我特别希望借助海德格尔的存在主义哲学著作《存在与时间》,表达基础教育改革时空属性下的学校管理系统建构的实际获得。

(一)增强学校发展力与影响力

以系统思维为本质特征的学校管理系统的崭新建构,改变了学校内部治理体系,提升了治理能力,增强了学校的发展力与影响力。在学校内部管理系统与校际管理系统的双重机制下,我们以学校共同体为媒介,从本我出发,与美国、英国、法国、日本等国际教育专家,与福建、湖北、贵州、港澳台等地教育同人开展教育交流,在自我的特色实验中总结规律,生成经验,并在超我的学校发展阶段潜心研究,实验生成具有未来属性的多元成长理论与体系,从而实现学校的特色办学与品牌办学。今天,我们的学校从一所薄弱的农村校发展成为全国教育系统先进集体,先后被评为联合国教科文组织可持续发展教育示范校、全国传统文化教育示范校、北京市基础教育改革先进校、北京市科研先进校、北京市中小学党建示范点、北京市"十一五""十二五"中小学教师校本培训示范校、首都文明校园等。

(二)提升教师研究力与教育力

行走在基础教育改革的时间纵轴,从曾经的峥嵘岁月至躬逢崭新的新时代,我们深刻认识到:教师与时俱进、脚踏实地的研究力与教育力,是学校优质内涵发展的核心竞争力,是学校磁场最关键的力量。在发现教育管理系统的子项目中,我们以马斯洛人本主义需求理念激发教师成长的内驱力,为教师解决在每一节课、每一次培训、每一次探究中遇到的问题,转变教师对职业与事

业的主体认知，转变教师教育研究的主体观念。实现从曾经的合作教育阶段的只有一个课题，到发现教育阶段的人人参与或自己立项课题。从传统的教学讲授到生成具有自我风格的课堂教学模型，从多元主题项目的引入基于师生教学情境创设与学生认知风格等多主题的自主研发……教师的研究力提升在与时俱进中实现与日俱增，这种研究力所带来的辐射效应在学校发展的过程中蔓延生长，多名教师在全国、市区课例及论文评优中获得特等奖及一等奖，学校出版了《讲述·发现教育》《发现·管理之心》专著、《发现之旅，伴我成长》等论文集……

在北京城市副中心基础教育全面建设的时代背景之下，我们的教师以高远的理想点燃研究的力量，共同期待遇见一个更加崭新的自己，在未来日复一日的教育生活中成为一个胸怀天下、立己达人的好老师！

（三）培养学生学习力与品质力

学生的学习力作为学校磁场最内核的力量，代表着我们的学生在发现教育中的实际获得。从曾经的农村娃到今天走上国际舞台的发现少年，从曾经课堂中的被动倾听者成为思维课堂中的主动思考者，他们以最扎实的获得映照着学校教育发展之路的坚实。当他们在观察与研究中发现问题、解决问题，在思维导图中以多种颜色描绘思维品质成长与形成的多种可能性；当他们行走在课堂与实践中，在点线面体的教育资源与体系建构中独立思考、彼此合作，在多主题的项目研究中承担课题研究，并形成思维品质与关键能力及综合素养的提升；当他们先后在全国航模大赛、海模大赛、科技创新大赛、未来工程师博览与竞赛、解题能力大赛、世界小提琴大赛、世界青少年斯诺克大赛中获得冠军及一等奖的优异成绩。教师被他们一点一滴的变化激励着、感动着，并在思维深处思考着发现教育管理系统的崭新样态……

在北京教育科学研究院的引领与支持下，在学校管理系统研究共同体的协同创新之下，北京教育科学研究院通州区第一实验小学以扎实的学校管理基础、特色的学校管理形态、优质的学习管理模式，在外源性的助力与内生性的变革中建构学校管理的崭新系统，并在管理实践中秉持未来思维与全球视野，向未来而行！

领域深研发力，育人品质彰显

北京教育科学研究院丰台实验小学　祁　红

一、学校发展进阶定位

北京教育科学研究院（以下简称北京教科院）丰台实验小学成立于2012年9月，在北京教科院专家的助力下，学校成长周期大大缩短，取得了有目共睹的发展成就。学校在创建和成长早期即确立了"每一个都重要"的办学理念及核心价值体系，对学校文化的形成有清晰的轮廓和指引方向，并且逐渐形成完备的制度体系、稳定的教育队伍、完善的设备设施、特色的品牌等。但是，学校的持续发展不能仅仅依靠专家良方，价值观的深入人心也必须在教师的主动践行中实现。因此，在成功立校之后，我们必须形成自我学习、自我诊断、自我创新的内涵发展机制，提升教师、干部发现问题、分析问题、解决问题的专业能力，使学校在对教育深化与发展的探究中始终保持自我更新的状态，推动教师、干部在对教育规律的发掘和运用中坚定学校理念、目标与准则的共识。教育科研成为这一阶段学校专业发展的核心动力，推动办学各领域研究向纵深发展成为这一阶段学校发展的主要路径。科研型管理是以科研思维与方法为指导，以具体科研项目为活动载体的管理形式，在"研究"中提高学校管理效益，促进学校发展，提升育人品质。科研管理的基本思路为：综合调研确定方向—学习分析提出方案—行动检验实施调整—提炼总结固化成果。几年来，学校的科研管理主要体现在队伍建设之研、课堂之研、课程之研、德育之研和环境之研五个方面。通过五个方面的科研项目，学校的品牌项目逐渐凸显，促进干部、教师自主发展，自觉追求教育规律，从而扩大优质教育资源，满足社会对优质教育资源的需求，推动了学校健康高速发展。

二、五大领域深研推进

（一）队伍建设之研——让每一名教师成为善行者

1. 全面调研，形成教师队伍建设目标

在全面调研及分析的基础上确立了学校教师队伍的建设目标：让每一位教师成为研究能力强、专业素质高、包容心强的善行者。根据这样的目标，依据教师发展规律，在北京教科院专家的助力下，确定了教师分层培养目标及研修方式。

①教师养成性研修（0~3年）：站稳讲台，站好讲台。

②教师发展性研修（3~10年）：形成自己的教学风格，化经验总结为理性思考，逐步提升教研科研能力。

③"高级后"教师引领性研修：成为专业领域的领军人物。

2. 不同培训方式助力教师加速发展

①诊断式。走进课堂诊断课堂教学存在的问题，提出改进意见。基础教育研究的各位专家到学校听课之后提出了努力方向。根据这些方向，我们提出了"绽放"课堂的建设目标：目标引领的课堂、思维的课堂、合作的课堂、多感官的课堂、适时放手的课堂。

②培训式。针对存在的问题开展针对性培训。几年来，我们先后开展"思维可视化""基于理解的教学""卡干合作学习""教学评一致"等专题培训，着力提升教师的理论素养。

③共研式。引领教师开展相关的课题研究，提升教师的专业素养。几年来语文学科的研究课题是"基于中华传统文化建构语文思维课堂的教学实践研究"。数学学科是"发现提出问题"和"数学思维游戏课程的实践研究"。英语学科是"在分级阅读中利用有效提问促进学生思维能力发展"。综合实践"依托教育机构，开发与实施STEAM课程的研究"。教师的专业发展在共研中获得了支撑点和推动力。

④示范式。由特级教师或者北京市教研员亲自为教师上课，让教师感受大师的风采。示范式采用"专家实践—自我认识—自我实践"的活动方法，把从专家处学到的理论知识与实践方法转化为教师自我的理论素养与实践方法。

⑤搭台式。培养相对成熟的教师成为本专业领域领军人物式的教师，在市

区教研员的助力下为教师搭建全国的平台。王薇老师参加两个全国语文教学大赛，荣获一等奖。张海燕老师在全国平台上介绍学校的综合实践活动课程。王思静、孙宏志老师在全国小学名师教学观摩活动中讲英语绘本研讨课。参加工作刚满五年的数学老师韩偲在全国首届小学数学思维教学实践研讨会中与吴正宪等大师同台。

3. "绽放工程"，让青年教师业务能力进阶提升

在学校课程变革中，"人"是核心要素。丰台实验小学自 2012 年成立以来，新毕业大学生教师占 70%，这些新教师热爱教育工作，充满活力，是学校发展的新鲜"血液"。为了让新教师快速成为一名课程建设者与实施者，我们持续开展"绽放工程"，促进新入职教师进阶提升。要求每位教师树立一个明确的职业发展目标，每位教师制定三年一个周期的个人发展规划，每位教师完成七项基本功修炼课程（课堂观察、成长夜餐、说课展示、自制课件、个性化辅导、家校沟通、课程研发），每位教师选择 N 项发展课程（教学沙龙、名师讲堂、读书分享、项目研究、精品课例……）。在进阶过程中，教师不断跳出舒适区，探索教育规律，深耕课程教学，迎接教学变革，努力从合格走向优秀。

通过以上五种培训方式及对青年教师的培养，加速了每一名教师专业发展的进程。与自己比，我们是进步快的；与同类型学校比，我们是发展快的；与强的学校比，我们在靠近，甚至某些领域是在超越。学校的市区骨干教师由建校时的 3 名已经增长为 12 名。9 人次参加全国大赛或展示课，32 人次教师的论文荣获国家一、二等奖，11 人次教师的文章登载在报纸杂志上。

（二）课堂之研——发展每一名学生的高阶思维

课堂教学是学校教育的中心环节。从课堂教学的角度看，学校建设就是要在挖掘学校传统优势的基础上实践新的教学理念，创新课堂教学目标、内容、方法与过程，从根本上转变教师教的行为与学生学的行为。

1. 全面调研，明确课堂教学建设目标

在北京教科院基础教育教学研究中心专家的全面指导下，丰台实验小学课堂教学提出了四大提升点：教师的"教"转变为学生的"学"，让教师串讲串问转变为学生的自主学习，让教知识转变为发展思维，让秧田式座位转变为小组式座位。根据专家提出的四大提升点确立了学校"绽放课程"的建设目标：

让每一节课成为目标引领的课堂、思维的课堂、合作的课堂、多感官的课堂、适时放手的课堂。

2. 不同研究课题，助力学生综合发展

（1）开展合作学习，提升学生高阶思维。丰台实验小学开展了《通过小组合作学习策略，提升学生高阶学习思维能力》的研究。

我们发现，小组合作学习在课堂教学中的常见使用情况基本呈现出操练、探究、评鉴、分享、设计开发五大实践形态，它们对于完成教学任务的意义各有不同，可以对每一类合作进行目标提升，如果有意识地加入促进高阶思维的任务和要求，能够发挥小组合作学习的更大价值。

学生在小组合作学习中不断提高高阶思维能力是一个渐进的过程，开始时需要一定的策略工具作为支持，逐步引导学生投入小组任务，积极开展思维活动。特别是探究类的小组合作学习，由于其过程对生生互动的要求最为频繁，所以对策略工具的需求更为突出。在实践中，教师们研究出了融智记录、分工卡片、语言模板、倾听模型等工具，助力学生的小组合作学习。

随着改进项目的推进，丰台实验小学的小组合作学习呈现出新的发展：首先，合作课堂中游离现象基本消除，所有学生都能全程投入小组任务的思考和实践中；其次，小组合作学习情境目的性与任务复杂性提升，学生探究兴趣更为高涨，探究能力也迅速提高；最后，在小组合作多种工具策略的支持下，学生思维和语言的全面性与逻辑性明显增强。

经过三年的实践研究，我们取得了阶段性研究成果。《高阶思维培养：小组合作学习的升级之路》刊登在《中小学管理》杂志上，并召开了丰台区校长工作室"赋予教育合作的力量"教学研讨会。

（2）引进学科思维导图，提升学生思维品质。"为思维而教"是丰台实验小学课堂教学的理想追求，思维导图是实现这一追求的有效工具。学校建校初期引进了美国八大思维图和"友善用脑"思维导图。近年来，随着研究的不断深入，又引进了学科思维导图。

三大图各有优势，所发挥的作用有共通之处也各有不同。结合学生心理特点与年龄特点，通过实践研究，我们发现一、二年级学生更加适合友善用脑思维导图。他们缺乏思维的方法与习惯，思维方式主要以形象思维为主，形象思维的主要思维材料是实物、图形、动画等形象的东西。而友善用脑思维导图的三个要素：形象+色彩，核心词+重点词，关系+联系，符合低年级学生的思维特点。三、四年级的学生适合美国八大思维图和学科思维导图。该年龄段学生处于思维发展的关键期和特定的归纳推理能力的分界点；处于由具体形象思维向抽象逻辑思维过渡的时期；处于思维能力发展的加速期。实践中我们也发现三年级学生不再喜欢形象，喜欢用简单的线条和文字来表达自己思维的过程。因此，认真学习两图并在一定程度上将两图结合使用，能更好地将思维的过程、思维的路径、思考的方法可视化，帮助学生理解、记忆、表达与创造，发展学生的高阶思维。五、六年级的学生根据学习内容自选两图，结合使用即可。

三大思维导图的引入正在悄悄地改变着学生的学习方式和思维方式。思维图读书感受、思维图规划、思维图研究成果、思维图假期安排……北京教科院丰台实验小学的学生正在将思维图的学习方式变成一种生活习惯、学习习惯、思考习惯。这一非常重要的认知工具帮助学生理清知识结构，激发学习兴趣，在培养学生自主学习、协作学习、探究性学习等学习能力和创新性思维、批判性思维等思维品质方面效果显著。"思维导图在小学低年级语文教学中的有效应用"荣获北京教育学会语文教育研究会特等奖、教育部重点课题一等奖。丰台区教育局在丰台实验小学召开了全区"思维导图在教学中的有效应用"现场会。

（三）课程之研——让特色课程成为品牌

课程开发最容易表现学校的自主性、创造性与独特个性。由于它强调的是课程目标、课程内容、课程实施的个性，因而能够适应学校和学生的实际情况，满足学生个性发展的需要，更能体现学校的鲜明特点。

1. 全面调研，明确课程建设目标

北京教科院专家对丰台实验小学进行了为期一周的课时调研，从数据上反映出：讨论时间、动手时间、教师单独指导时间还存在缺口，学生对于活动类课程更有兴趣。学校基于数据分析，明确了课程改革的综合方向，确定了以"调动学生学习需求"为目的，以"提高课程的主体参与度"为方向，以"了解每一个、尊重每一个、帮助每一个、发展每一个学生"为特色，进行"绽放课程"变革实验。

2. 特色课程，助力学生全面发展

在"绽放课程"体系中重点进行了四大课程的开发与变革实验。

（1）"学科+"课程

"学科+"课程指以学科知识为基础，在真实的社会生活情境中进行学科实践（活化）、学科拓展（深化）、学科融合（立体化）、学科超越（综合化），旨在促进学生自主探究、自主应用、自主建构知识的学习活动课程。这一概念指明了，在课程的建构上，从知识导向，向能力导向、价值导向延伸，这是第一个维度。第二个维度关注学生的生活，基于学生生活把学习与生活做了非常好的连接，培养学生观察生活、洞察生活、适应生活的能力。第三个维度指向学科融合、学科超越，让学生学会把各门学科的知识整合起来，把各门学科获得的能力加以统整，来探究问题、解决问题，这对于学生的终身发展至关重要。

丰台实验小学总结出"学科+"课程的两个工具：整合模型（理论层）和实践模型（活动层）。整合模型使教师明晰了在课程目标明确后，可以整合人文与历史中的文化、事件与故事、文学家等，也可以整合其他学科、生活经验、社会资源，同时还可以进行评论与创造的设计，走向高阶思维。实践模型是教师应用整合模型进行发散性思维的设计之后课程实施的有效工具。即教师将整合后的内容再加工、再排序，设计成"引子、活动一、活动二……总结与回顾"的活动串。通过落实活动串中的一个个活动，推动"学科"课程的有效实施。

由于我们的研究工作扎实，有极大的推广价值，成果突出，辐射与影响面较大，"学科+课程"从众多科研成果中脱颖而出，荣获北京市教育教学成果二等奖，在丰台区进行了课题成果推广，帮助京津冀手拉手学校曹妃甸第三小学召开了"学科+"现场会。同时"语文+""数学+""体育+""综合实践+"在不同年度分别荣获北京市课程建设成果一等奖，并入选课程建设研究成果相关书籍。

（2）数学思维游戏课程

数学思维游戏课程是一门"用孩子喜欢的方式，调动兴趣，教给方法，让孩子拥有会学习与会合作的能力"的思维建构课。我们的研究历时三年，孩子在这一过程中收获了应对未来解决问题必备的关键品格和必备能力。

通过研究，我们总结建构了思维游戏课堂教学模式：游戏体验、建构思维方法、迁移应用、游戏创新四步法。游戏体验：是在课程开始阶段让孩子们自己阅读游戏说明书，自主探究玩儿法，自己试错的过程。在这一过程中，孩子们充分参与，享受游戏的乐趣，学习兴趣得到激发，解决问题的能力之一试错思维得到培养。建构思维方法：通过思维工具，帮助学生建构"活"的思维。我们借助游戏这一介质开发了十大法则和八大策略，每一个游戏的背后都是一个解决问题的思维模型。此环节是帮助学生建构解决问题的思维方法。迁移应用：有学习就会有迁移，甚至学习就是迁移。"应用"则是"迁移"的表征之一，也是检验学习结果的最佳路径。此环节引导学生把在游戏中获得的思考方式、问题解决的方法、态度和品质等，迁移应用到学科知识的学习中、学校的学习生活以至日常生活的方方面面。如此，十大法则和八大策略及学生学习的主动性、积极性、自觉性都在"迁移与应用"中得以彰显。游戏创新：创新能力是一种高阶行为能力，是人类心理机能的高级表现。强调成果的新颖、有用。此环节是应用大跨度联想的原则，引领学生创新玩儿法、创新游戏、创新绘本、创新戏剧等，以培养学生的高阶思维。

除培养学生的高阶思维之外，思维游戏课程实现了目标引领的学习。问题解决的学习，培养了学生胜不骄败不馁，君子和而不同，战胜困难的勇气，体验合作的快乐，坚持不懈的品质。

2019年5月22日，丰台实验小学参加了北京师范大学课程与教学研究院举办的"全国首届小学数学思维教学实践研讨会"。年轻教师韩偲与大师同台，张冬梅主任做《游戏与思考的结合——数学思维游戏课的实践与思考》报告，校长作为特邀嘉宾与美国专家一起开展了专题论坛。同年9月，丰台区教育局在丰台实验小学召开了丰台区"赋教育思考的力量——数学思维游戏课的思考与实践"现场会议，丰台实验小学展示了六节课，均获得好评。

（3）"体育游戏+"课程

"体育游戏+"跨学科主题课程是基于"体育游戏"并通过体育学科、语文学科、数学学科、美术学科共同合作完成的课程，是以"体育游戏"为核心，达成不同学科学习目标的综合课程，使学生通过"体育游戏"在运动健身、语言表达、书面写作、数据统计、人物绘画等方面综合发展，为学生的全面发展提供更多的空间和路径。我们研究出的"体育游戏+"课程包括：十大经典体育游戏、十大教师推荐游戏、十大国外好玩儿游戏和十大学生创新游戏。其中跑酷是国外好玩儿游戏之一。

《"体育游戏+"跨学科课程对学生发展核心素养的实践性研究》荣获北京市第十二届体育科学报告会一等奖、第十三届全国中学生运动会科报会三等奖。

（4）STEAM 课程

STEAM 课程与学校办学理念高度匹配，孩子们基于团队进行团队思考、团队设计、团队创造，在这一过程中每一个孩子承担任务、贡献智慧，每一个孩子都获得了基于自身的成长。在课程开发过程中，我们形成"四个一"课程资源包，即一个教学设计、一个学习手册、一个 PPT、一副扑克牌。丰台实验小学申报了中国教育学会"十三五"教育科研规划课题"依托社会教育机构，开发与实施 STEAM 课程的研究"。通过课题的实施重点推进 STEAM 课程建设，形成了以问题解决为目标的"5E"教学模式：引入（Engage）：发现问题→探究（Explore）设计解决方法→迁移（Elaborate）：利用科学、技术、工程和数学等知识解决问题→评价（Evaluate）：运用理性方法验证解决效果。第五个"E"指信息（IE），鼓励学生掌握互联网的搜索信息、处理信息和应用信息的能力和习惯，更好地做到知识的迁移和应用。

祁红、张海燕、李佳代表学校 STEAM 团队参与了北京大学继续教育学院网络微课程的录制工作，以"面向未来的学习：STEAM 课程的建设与实施"为题介绍学校开发 STEAM 课程中的思考。相关论文荣获北京市教育学会"启航杯"教育教学研究成果一等奖，课程案例"开发 STEAM 校本课程，提升学生关键能力"荣获丰台区第一届"我与课程共成长"优秀课程故事征集与评选一等奖。学校召开了全市综合实践活动现场会，学校被评为北京市综合实践活动特色校。

（四）德育之研——建构一体化德育方案

"全面落实立德树人根本任务，构建以社会主义核心价值观为引领的大中小幼一体化德育体系"是党和国家对学校教育的要求。

1. 五育并举建构一体化德育方案

学校通过课程、实践活动、管理等途径，着力在立德树人、社会主义核心价值观、中华优秀传统文化、学生发展核心素养、生态文明等方面进行协同育人。从德智体美劳五个维度：德——习礼仪、讲文明；智——学文化，勇创新；体——常运动，健身心；美——展特长，树自信；劳——爱劳动，善公益，在目标一体化、内容一体化、协同一体化上进行了规划。

在德育一体化建设中，我们认为只有把德智体美劳五个方面统一在全员、全过程、全方位的共育视域下进行整体思考，一体化实施，防治实践中的割裂与厚此薄彼，教育境界才真正上了一个新台阶。

2. 各学科建构德育渗透图谱

为了使学科德育更具实效性，在学科德育渗透上主要建构了各学科德育渗透图谱。

有了图谱后，课堂教学渗透德育一般体现在以下各方面：在课堂导语中体现、在课程背景上体现、在涉及人物上体现、在学科教学目标上体现、在处理课堂偶发事件上体现，以及在组织评价教学中体现等。根据需要抓住主要点实施教育。

教师有了学科渗透的意识就会创造出无限的精彩。如五年级学生在教师的引领下创作出的数学格言：做一件事就像解方程，认真做好每一步才会有圆满的结果；学习知识就像一条直线，永无止境；学习过程就像曲线，总是有许多困难和波折，不能走直线直接达到目标，但曲线比直线更加美丽灵动，所以困难比坦途更加丰富多彩。

（五）环境之研——在人境互动中获得丰富的教育享受

学校空间的设计与布局影响学习者的学习兴趣、效率以及自我意识的形成和发展。心理学家埃里克森认为，人的自我意识发展持续一生，而它的形成和发展需要经历八个阶段，每一个阶段能够顺利度过则由个体经历的事件、所处的环境等决定。因此，在学校建设过程中，对学校空间的设计与安排要给予重视。

1. 全面调研，明晰环境建设目标

在开展环境建设之前，学校就展开了全方位的调研：你希望把学校环境建成什么样？学生说："我最喜欢滑梯和秋千，我希望在学校每天都能够玩儿到滑梯和秋千。"北京教科院方中雄院长说："我希望学校有攀爬的地方，防治男孩子的鸡胸。"北京教科院基础教育研究所张熙所长说："我希望学校环境具有丰富的教育性，在人境互动中促进学生的综合发展。"老师说："我希望学校是个学习、交友、探究、综合体能训练的场所。"家长说："我喜欢学校是个好玩儿、安全、学生喜爱的地方。"根据全面调研后整理，我们确定了"五园四馆"的硬件环境建设目标。努力把校园打造成童趣十足的学习乐园、游戏乐园、探究乐园、交友乐园、健身乐园，使师生置身于图书馆、科技馆、艺术馆、博物馆中快乐成长。几年来，以上目标已经达成。

2. 环境育人，让环境发挥育人功能

有了"五园四馆"的硬件环境，最关键的是将硬件建设与环境育人相结合，发挥环境育人的功能。为此，学校通过研究，提出了环境育人的"五个结合"：环境与文化相结合，环境与课程相结合，环境与活动相结合，环境与展示相结合，环境与评价相结合。

（1）环境与文化相结合

主要是将学校核心价值体系的内容，在学校最显著的位置展示出来，让环境渗透学校文化理念，让文化价值显性化。这都在潜移默化地影响着学生，熏陶着学生，形成桃李不言的功效。

（2）环境与课程相结合

校园环境设计注重趣味性、舒适性和如何更好地促进有效学习。学校应用现有硬件环境，设计开发课程，让每一处环境都承载着课程内容，满足学生的个性需求。如运用体育文化环形带开发"体育游戏+"课程；运用各种学校文化景观开发"校园一角会说话""八绝畅想"课程；运用古诗大道开发"语文实践活动"课程等。孩子们在课程中运用是什么、为什么、怎样做、做得怎么样、我来做这五个逻辑拆解的小问题，展开研究，或查看资料，或实地考察，或制作小报，或头脑风暴，在快乐中研究属于自己的课程。学校将校园每一寸空间都用于课程，以可持续发展的理念实现学生与校园环境的互动。

（3）环境与活动相结合

"校园一角我命名""与最喜爱的校园一角合张影"已经成为一年级的传统活动。

（4）环境与展示相结合

每学期，学校都推选出"环保特色少年"，将他们的事迹悬挂在"结绳记事"的绳子上。同时，我们给喜爱书法的孩子举办"书法展"，给喜爱绘画的孩子举办"绘画展"，给喜爱思维导图的孩子举办"思维导图展"……助推学生个性发展。每年都在教师中开展"成为榜样是最大的贡献"评选活动，将获奖教师的事迹在学校文化墙中展出，增强教师的自豪感与幸福感。

（5）环境与评价相结合

每学期，楼道、教室内大面积的展板都会最大限度地展示学生的作品。展示后的一个重要环节就是评价签的使用。孩子们应用自己设计的评价签为自己喜爱的学生作品写出评价。小学正是孩子获得勤奋、避免自卑的关键阶段。因此，评价签让孩子在自我与社会环境的交互中获得更多的体验，在"人—境互动"中产生更强烈的勤奋感，获得更多的能力，在品德、身心发展等多个方面产生积极的影响。

三、学校发展成果呈现

1. 学生素养特点明显

（1）学生走向了"问题解决"的思维方式

由于以教科研的方式统领学校的整体工作，教师也更加关注学生"问题解决"学习方式的培养。旨在让学生在"发现问题—确定问题—收集资料—研究问题—发表成果—总结反思"中应用知识、锻炼能力、发展思维、彰显个性。

（2）学生走向了深度学习

深度学习意味着理解与批判，联系与建构，迁移与应用。几年下来，有家长将我们的学生与其他学校的小伙伴进行对比，发现学生在分析问题时的思维深度、关联多方面知识解决问题的意识等方面表现更为突出。

（3）学生个人省思意识显著提升

在多项教科研过程中，我们更加关注学生省思意识的培养。我校将省思分为三个阶段：事实省思、差异省思和整合省思。经过一段时间的培养，学生不仅学会了自我省思，还将省思意识传递给了家长。家长说："校长，这种回顾以前做的事，什么是有用的，以后可以再用的思维方式是我儿子教我的。这种方法对成人的作用也很棒！谢谢学校培养孩子的这种能力。"

（4）学生沟通交流能力显著提升

沟通交流包括发出信息和接受信息两部分。学校的各项研究都关注学生的交流能力培养。一个个活动，一次次沟通交流，学生的状态悄悄地发生了变化。过去在众人面前说话声音轻若蚊虫的学生开始以嘹亮的声音发言了；过去兴趣不能持续、对活动不能集中精力的学生都能持续地精神饱满地参与活动……

2. 教师走向教育研究的自觉

教师学会了"教育科研"的方式方法，自主走上了"问题—设计—行动—反思"多次循环实施的研究过程，切实提高了教师的研究能力。张海燕老师引领跨学科团队开展"基于平板电脑的互动教学方法与策略的研究",荣建伟老师引领语文团队开展"中华优秀传统文化与现代语文课堂教学实践研究",张蕊老师引领班主任开展"基于儿童视角,实施家校共育的有效途径研究",张冬梅老师引领数学团队开展"儿童数学教育思想理论内涵与实践创新的研究",闫庆锋老师引领英语团队开展"基于分级阅读对小学生阅读习惯培养策略研究",张文会老师引领体育团队开展"基于体育学科核心素养的体育游戏课程研究与实践"等实践研究,取得了优异的成绩。在研究中,教师的教育观念发生了极大的改变,由知识导向向能力导向、价值导向转变。教育研究促进了课堂教学方式的转变,传统意义上的教师教学生学,不断地让位于做中学、体验中学、探究中学,学生们喜爱的教学方式已成为课堂教学设计的自觉。即便是学校的硬件建设也努力赋予它教育的内涵。教师自觉地走向了教育研究之路。

3. 学校知名度、美誉度迅速攀升

科研加速学校发展的理念确定与实施之后,学校迅速成长。社会对学校的态度由最初的质疑观望转变为赞赏向往,学校赢得了尊重,立稳了脚跟。学校先后被评为京城最具创新领军小学、京城最具幸福感小学、北京市文化建设示范校、北京市科研先进校、北京市综合实践活动特色校、北京市文明学校等。

不忘初心再出发,牢记使命勇担当。在教科院专家的助力下,学校取得了一定的成绩。今天的成绩来之不易,学校的特色形成来之不易,学校团队的科研氛围来之不易,无论我们走多远、多高,都不会忘记我们一个肩膀挑着学生的现在,一个肩膀挑着祖国的未来。我们将团结带领全体教师破解教育难题,为实现"每一个都重要"的伟大梦想而不懈奋斗!

从这里起步，走好人生路

——以首届毕业生的成长谈学校管理

北京教育科学研究院大兴实验小学　王学武　李文奇　解　萌

北京教育科学研究院大兴实验小学建于 2014 年，是北京教育科学研究院与大兴区教委联合举办的一所小学，学校滚动发展至今，六个年级均已完备，拥有 18 个教学班。建校之初入校的第一批学生已成为学校的第一届毕业生，他们承载着社会各界、学校与家庭的共同期待，即将离开小学踏入初中的校门。正如北京教科院方中雄院长在给首届毕业生的祝词中所写的："北京教科院大兴实验小学，为你而举办，因你而骄傲。"他们从这里起步，带着所学的知识和技能迈向更大的世界和舞台。我们确定了"打造孩子喜欢的精致学校"这一办学目标，即学校里要有若干个孩子喜欢去的场所，学校里要有孩子喜欢的伙伴，学校里要有孩子喜欢的老师，学校里有孩子喜欢并可以选择的（课程）活动。精致学校意味着：精细化管理、丰富的课程、浸润式德育、卓越的教师团队、典雅的校园文化。培养健康、高雅的学生是我们的培养目标，"健康"指身体健康、心理健康；"高雅"指有良好的习惯、广博的爱好、优雅的举止。因此我校着眼于学生发展，着手于现代学校的管理制度、校园文化、课程建设，努力追求学校管理的最大综合效应——实现学校的可持续发展，体现师生的个人价值，建立和谐的教育共同体。为了使学生能够更好地适应未来生活，学校高度重视学生发展，很好地践行了北京教科院实验学校四个定位之一——学校设计一切工作的出发点都是学生的发展需求。下面将以学校发展的第一个六年，和与学校同时起步成长的第一批学生为主人公，展开学校管理工作的论述。

一、教师队伍建设之"做学生喜欢的老师"

我校率先扛起教学工作"大旗"的是平均年龄只有 29 岁的青年教师群体，他们虽缺乏实践经验却拥有丰厚的理论知识。学校从每年的新生家长调查问卷中了解到：家长并不太在意青年教师是否拥有高学历或丰富的教学经验，而普遍关心的是教师是否具备耐心和责任心。基于青年教师的现状和家长的期待，如何打造家长放心、孩子喜欢的精致学校是学校管理工作的一大重要课题。青年教师是学校发展的后备力量和主力军，只有悉心打造高素质的青年教师队伍，才能为学校的发展提供源泉。基于以上分析，学校提出了"让每个学生都拥有自己喜欢的老师"，看似简单，却包含了教师师德高尚、业务水平过硬、深受家长信任等重要内容。

（一）引领教师专业成长

学校积极谋划青年教师发展策略，引领青年教师专业成长。学校极为注重教师的反思能力，坚信每个人都有发现自身问题的能力和改善的愿望，激发自身力量、推动自身成长是学校对青年教师成长采取的主要发展策略。青年教师对每节常态课做反思，对学生管理做反思，对教育教学中能引发自我探索的问题做反思，学校定期查阅教师的反思以了解教师工作中遇到的问题和自我思考，关注教师的心理变化、成长轨迹，教师的进步就来源于这一点一滴的反思。

学校极为注重青年教师对一年级新生的培养，这体现着教师的基本素养与业务能力。凡事预则立，不预则废。在开学前两周时间，我校青年教师纷纷行动起来，走进学生家中家访提前了解学生，这种做法对于幼小衔接需要过渡和适应的儿童来说是非常好的举措；对于一年级新生的习惯养成，学生未入校学校就集合教师团队的力量精心策划，统筹安排，制定了儿童良好习惯养成的阶段性目标，编制了符合学生年龄特点的小儿歌，制定了符合学校特色的评价体系。由于学校提前规划，青年教师能够有条不紊、精力充沛、富有创造性地培养学生，既从行为规范上严格要求孩子，又努力做孩子喜欢的老师。

（二）构建教科研学习共同体

学校领导班子经常走进每个班级为教师的常态课和班级管理"诊断把

脉",提供支持,力求每个教师的推门课都有较高的质量。青年教师也想方设法提高自己的课堂质量,除向有经验的教师学习之外,青年教师经常回看自己的录课视频,进入"改课—录课—再改课—再录课"的螺旋式上升状态里;青年教师全员参加校级达标课、市区级课赛等活动,同时积极参加校外名师授课的活动进行观摩学习。学校每学期举办"说教材""说课"的教研活动,每周坚持进行校内教师"两笔一话"的基本功练习,力求人人有扎实的教师基本功;每学期举办德育年会,邀请北京教科院专家提供智囊团支持,会上教师分享关于特殊学生的详细情况,针对学生出现的问题展开讨论,提出自己的思考和解决措施。

通过教研活动促进科研发展,以教研为基础提高教师的科研能力,要求教师跟随专家共同研究课题,甚至自己承担课题潜心研究。王学武校长和李文奇老师承担了劳动教育课题研究"基于实践创新素养的农耕课程建设研究";耿聪、郝如冰老师承担了市级数学课题研究"大观念下的单元教学";解萌老师承担了市级科学课题研究"二年级学生科学探究活动中科学记录的研究";杨薇、纪晶、范彦丽老师参与了市级课题"中华民族传统文化与现代语文课堂的教学研究"等。我校青年教师干劲十足、谦虚好学,形成了积极的同伴研修研讨氛围;他们在一起琢磨课程、研究学生、互相听评课,这样同伴互助形成的团体动力又激发着每个成员向更好的自己发展。2015年我校区级骨干教师5人,到2020年增加为12人,校级骨干教师成为大兴区学科中心组成员6人;三年来北京市教学设计一等奖获奖5人次,大兴区展示课24人次;2020年新冠肺炎疫情期间我校教师录制上传区级教育平台微课21人次,大兴电视台课程资源2人次。

(三)注重个人师德修养

"亲其师,信其道"是我国第一本教育专著《学记》留给我们的智慧宝典,也是我们鼓励所有教师努力提升自我、做学生喜欢的老师的嘴边话。只有教师和学生一起活动,走到学生中去,和学生紧密联系,才能吸引他们的兴趣,争取他们的合作,教师和学生之间的关系也可以看成是某种意义上的合作伙伴。学校为第一批毕业班配置的班主任均为学校建校之初就与学生一同成长的教师,这样的举措给教师了解学生提供了充足的时间和空间保障。教师有足够的时间与学生相处,了解每个学生的特点,给学生以关怀,教师的班级工作也会更加高效。

从第一批学生开始，学校就确立了班级需要重点关注的学生，并发动所有教师与学生组成"一帮一"的结对活动，与学生一起吃午饭，与学生一起运动，下课后找学生聊聊天。在关注个体的同时，学校也通过各种途径创造条件搭建学生展示的平台。即使是一节普通的综合实践编织课，教师也会关注到所有孩子。一个学习成绩处在及格线以下却喜欢编织的女孩子吸引了教师的注意，教师给予了很多关注，这样的关注也激发了孩子对其他学科的学习热忱，提升了孩子的自信。一个纪律欠佳的学生对信息课上的编程格外感兴趣，这也引发教师对其的积极关注和引导，学生逐渐变得守纪律知规则。在学校自主研发的学生评价体系里，教师于每天、每周、每学期对学生的行为习惯、道德品质、身心健康、学业水平进行不同维度有特色的评价，体现教师对学生全方位的关注。细心挖掘每个学生的闪光点，让学生在点滴进步中逐渐树立对自己的信心和对外界的兴趣，激发学生做最好的自己。

二、课程建设之"开设学生喜欢的课程（活动）"

课程建设和实施是学生发展的基本平台，是学校教育供给的主要内容。我校在开足开齐国家课程的同时，积极探索适应学生学情的国家课程学校实施，受北京教科院"A-S-K PROGRAM"的启发，围绕态度（Attitude）、技能（Skill）和知识（Knowledge）三个维度，基于北京教科院基础教育所对核心素养的研究，通过国家课程学校实施、项目学习、跨学科实践活动以及社团建设，构建了我校的"A-S-K＋"课程体系。

（一）真正把课堂还给学生

我们关注教学过程的改进，培养学生思维能力，深信学生"通过一堂一堂的课，积累可以迁移的能力，最后都会反映到分数上"。积极构建思维课堂，倡导"生成、合作、自主、对话、动手"的课堂文化。

在课程整体建构方面，我校是全区唯一的，在北京市为数不多的给二至六年级开设信息技术课的学校。学生从三年级开始学习编程，又将创客社团的编程与机器人搭建相结合；在北京市的学校中我校率先给二年级开设科学课，进行模块化学习，采用海报式记录单，为后续全市由一年级开设科学课进行了探索。以春种、夏管、秋收、冬享四大模块为主要内容开展农耕课程，成功申报市级课题校本研究专项，并以农耕课程为依托，系统构建劳动教育体系。我们也做到了北京市少有的在一至四年级开设京剧课，设立多个京剧社团，充分落实了戏曲进校园。

（二）真正让学生参与其中

处于小学阶段的学生的需求是：渴望参加学校活动，融入学校生活，做班级的主人，有自己的小伙伴，建立积极的自我概念和自我认知。学校是学生获得"社会化"能力的重要场所，我们要充分利用这个场所为学生提供一切成长的可能。"少先队员代表大会"是与作为少先队员的学生进行直接交流的媒介，倾听来自学生的声音对于学校开展工作有着非常重要的意义。学校每年认真筹备"少先队员代表大会"，针对所有少先队员提出的100多条意见，学校认真研读，积极对待。经支部和班子会研究后，由校长在全体学生会上一一答复。少先队员的建议对学校今后开展活动提供了数据支撑，也让学校更加了解了学生的需求，使学校各项工作的开展真正立足学生本位，为学生的发展服务。

志愿服务是现代公民社会建设和社会主义精神文明建设的重要内容之一，我校在志愿服务工作的区域推进和校本实施方面做了积极的探索和实践。我校的志愿服务开始于建校之初，设置了校内外志愿服务的相关岗位，校内的服务范围包括学生一日的常规生活，如早晚的进出校门、课间楼道纪律、班级卫生、食堂午餐情况等；校外的志愿活动包括走进社区开展志愿服务、敬老爱老、保护环境捡拾垃圾等。每个年级的学生轮流参与志愿服务，让每个学生在真实环境中成长、在体验中学习。

（三）真正让学生有实际获得

学校一直在思考学生六年后以什么样的显性形象迈出校园，梳理出了8个显性形象——在"使用工具"方面：要写一手漂亮的汉字、古诗文积累、会编程；在"自主行动"方面：会用拓展器械、爱读书、知耕作、爱动手；"在社会异质群体中互动"方面：要会唱几句京剧和喜欢看京剧。从第一届学生的表现和家长以及外界的反馈来看，我们的学生确有这些实际获得。

如依托我校系统的农耕课程，学生从低年级农耕体验，到中年级农业博物馆和高科技农业园区研学，再到中高年级自主设计农耕种植并参与试验研究，在一次次的实践中学生认识耕种的方法、掌握农具的使用,体悟农业的发展,真正实现"知耕作"。又如"爱动手"这一显性形象的培养源于各学科共同育人、数学课上的拼摆画图、科学课上的实验操作、美术课上的剪纸绘画、劳技课上的绳编设计、农耕活动中的播种移栽等,教师精心设计动手活动让学生在实践中有所成长。

三、校园文化建设之"让学生拥有喜欢的场所和伙伴"

(一)打造精致优雅的校园环境

小学生年龄偏小,世界观尚未成熟。学校环境潜移默化地影响着他们价值观的形成。它通过规范、暗示、熏陶、启迪和管理等形式直接或间接地影响学生的思想观念、道德品质、心理人格、行为习惯等方面,从而促进学生素质的全面提高。学校能否培养出理想远大、志趣高尚、人格健全、心理健康的一代新人,在很大程度上取决于校园文化建设工作的质量高低。所以,小学校园文化建设是学校管理中至关重要的一项内容。我校一开始就定位于建设典雅的现代化校园,学校有多处学生喜欢去的场所,比如图书馆、户外拓展区、视听教室、书法教室、美术教室等,这些地方的设计符合学生的喜好。教师每周都会组织学生集体去图书馆看书,学校楼道里也设计了随手可取书籍,随地可坐的读书长廊,营造了良好的读书氛围。班级文化布置也是校园文化建设的重要组成部分,教室是学生每天学习生活的地方,学校秉承"让每面墙会说话"的理念,赋予了教室墙面丰富的意义。墙面展示内容也会定期更新,学生会参与到教室环境布置中来。学校为每个班级配备了电子显示屏,经常滚动播放该班学生的照片,同时该显示屏兼具分贝测试和提醒功能;红领巾广播站也是深受学生喜欢的地方,每周一次的广播是全校学生交流的好媒介,营造了校园积极向上的氛围。学校力求物质建设与精神建设双管齐下、齐头并进。

(二)构建和谐融洽的校园氛围

同伴关系是小学生社会化发展的重要背景,是满足小学生社会化需要,获得社会支持和安全感的源泉,影响着小学生的心理发展与社会化成长。在和谐宽松的环境下,师生的创造性和积极性才能最大限度地得以发挥。因此,学校希望创造出一种民主、和谐、宽松、积极进取的校园文化氛围。每个学生都有自己喜欢的小伙伴，教师对学生的引导中没有过度强调班与班之间的竞争，而是希望他们树立"我们学校，咱们年级"的观念，在学生与学生之间的互动中多一些合作与奉献，少一些竞争与自私。因此，虽然我们鼓励班级内开展小型活动，但是学校层面的活动都是以年级为单位进行，班与班之间形成良好的友谊与合作关系。我们希望从这里走出去的学生都有一个共同的身份，即他们都是"北京教科院大兴实验小学"的学生。在良好的同伴互动中学生学习社会交往技能，这些技能影响学生健全人格的形成以适应未来社会的发展。学校通过制作交友卡，与朋友共读一本书的活动，开展班级之间的联谊活动促进班级合作，也通过情景剧等方式呈现学生人际交往之间的困惑和解决方法，培养学生构建积极的同伴关系的能力。

四、建立家校伙伴关系

学生的发展受到多方因素的影响，学校教育不能忽略社会教育和家庭教育的影响，而是要最大限度地争取与家长合作，成为共同的教育者，促进学生的发展。开展家校合作不是每个班主任形单影只地进行，而是提倡多方面的团队合作，从行动、案例、家庭教育指导等方面入手。家校合作形成的共育合力是为了促进学生德智体美劳全面发展，所以有许多研究的主题，比如家长建设家长讲堂，开展阅读活动、劳动教育等。紧密的家校合作成为学校工作的重点。

（一）重视每个"第一次"

俗话说：万事开头难。学校是新建校，第一年的水平决定了以后发展的基调，在精心准备每一次的课程与活动中，我们摸索出了适合自己学校发展的道路，即重视每个"第一次"。从这里起步，第一次开个好头，为日后即将出现的种种情形打好根基，不论是前文提及的新生家长问卷，还是开学前的家访，这些都作为未开学时学校构建良好家校关系的重要思路。在之后的工作中，学校精心设计每个第一次的活动，如第一次新生家长会，新生入校后的第一次开学典礼，教师在家长会上的第一次亮相，新生入学一个月后的第一次家长开放日，学生们第一次入队，学生们的第一次六一儿童节……我们希望在每一个重要时刻给学生和家长的体验是深刻的、不普通的，让家长和学生在充满仪式感的每一次活动中感受氛围，深受熏陶，得到教育。

（二）请家长进校"做客"

从建校第一年开始，一年级每个月都有教育展示，邀请家长进校看展、入班听课，小型班会让家长和教师面对面交流，最直观地去感受孩子的变化和教师的魅力。"全员德育，全员展演"的理念给每个孩子提供了展示的机会。事实证明，我们第一批的学生不怯场、善表演、会表达，十分享受在大众面前的展示过程。学校充分利用从家长问卷中所获得的家长信息，充分发挥家长群体所具备的教育资源，举办了"家长讲堂"。不同职业、不同类型的家长能提供给学生丰富的教学资源，为学生带来不一样的课程体验。家长讲堂的内容可以作为学校课程的一个补充，我们开设了以诸如"保护牙齿、认识中草药、消防安全知识、人体解剖构造、儿童绘本"等为主题的家长讲堂。开设家长讲堂也激发了家长参与学校工作的积极性，在学校每一次的活动中都有家长志愿者积极投入活动的身影，我们力求构建良好的家校伙伴关系，助力学生成长。

开启智慧教育，奠基幸福人生

——智慧课程建设思考与实践

北京教育科学研究院旧宫实验小学　朱会宾　孙　唯

为深入贯彻落实党的十九大精神，根据《教育信息化"十三五"规划》的总体部署，教育信息化2.0正变为现实。新形势下的教育从专用资源向大资源转变、从提升师生信息技术应用能力向全面提升其信息素养转变、从融合应用向创新发展转变，"互联网+"的教育生态环境正逐步形成。基于此，发展互联网教育服务新模式，探索信息时代教育治理新模式，继承创新人才培养新模式是十分有必要的。

一、学校基本情况

旧宫实验小学成立于2014年，是隶属于大兴区教委的公办全日制小学。学校地处大兴区旧宫镇，与丰台区、朝阳区及北京亦庄经济技术开发区相邻，是一所教舍新、教师新、学生新的"三新"学校。学校于2015年9月成为北京教育科学研究院的实验学校，更名为"北京教育科学研究院旧宫实验小学"，正式成为与北京高等教育研究机构联合办学的实验学校。依托北京教科院丰富、高端、齐备的专家资源发展学校无疑是我校最大优势所在。另外，校长孙唯是教育部教育信息化专家组成员，多年来一直致力于探索信息化引领学校发展的有效途径。学校自建校起便秉承"开启智慧教育，奠基幸福人生"的办学思想，坚持"智慧教育"的理念。

学校建校初期只有校长、书记、教学主任、总务主任4人为具有教学经验的人员，教师都是历年招聘的新教师，经过几年的努力，已初步建立起稳定的教师队伍。学校截至2020年有正式在编教师72人，研究生学历38人，本科学历34人，党员（含预备党员）42人，平均年龄29.6岁。特级教师1人，区级学科骨干教师6人，区级骨干班主任2人。整体上看学校的教师队伍是一支年轻的、富有朝气的团队。学历普遍较高、有工作热情、有奉献精神，吃苦耐劳、刻苦奋进，是学校发展不可或缺的一股动力。但同时，由于具备教学经验的教师少，新教师比例大，教师的学科专业知识、技能、科研能力、班级管理能力、家校协同能力都有待提高。

从生源来看，学校招生服务范围内的学生家庭多为旧宫地区回迁户和来京创业的新北京人，生源结构呈现出差异大、层次鲜明的特点。

二、学校建设基本理念

办学思路：以教育信息化带动学校现代化发展；以先进的教育理念促进师生和谐发展；以丰富的内涵建设提升学校优质发展；以优秀的校园文化引领学校特色发展；以智慧教育推动学校整体创新发展；努力实现文化立校、质量强校、科研兴校，创办优质特色的品牌教育。

育人目标：学校立足智慧教育，本着润泽美德、滋养文化、启迪智慧、奠基人生的育人理念，制定了"慧做人、慧求知、慧思考、慧生存"的育人目标，即"智慧地做人、智慧地学习、智慧地解决问题、智慧地生活"。使学生具备良好的道德品质、学习习惯；较高的文化知识、学习技能、生活能力；较强的意志力、创造能力。

三、智慧教育基本定位

谈到智慧教育，首先要明确什么是智慧？文献普遍认为智慧（狭义）是生物所具有的基于神经器官（物质基础）的一种高级的综合能力，包含有：感知、知识、记忆、理解、联想、情感、逻辑、辨别、计算、分析、判断、文化、中庸、包容、决定等多种能力。智慧可以让人深刻地理解人、事、物、社会、宇宙、现状、过去、将来，拥有思考、分析、探求真理的能力。

综合文献所述，我们认为智慧是"能迅速、灵活、正确地理解事物和解决问题的能力"。教育者（教师）针对教学的内容和受教育者（学习者或学生）的具体情况采取最契合的教与学的方法，促进学生智力生成和智慧增长的教育就是智慧教育。

智慧教育的基本任务是让学生懂得做人的基本道理；学会自主学习的办法和策略；形成科学判断、理性思维的基本能力；积累适应社会生存的基本经验。

四、课程建设原则和目标

在智慧教育理念指导下，学校课程开发实施的基本原则就是坚持以学生发展为本。课程结构决定学生的素质结构。学校课程必须以促进学生全面发展为目的，以培养学生的创新精神和实践能力为重点，课程建设要辩证处理好社会需要、课程体系和学生发展的关系。课程的研究与开发活动要根据学生的需要、兴趣与经验，一切从他们的健康发展出发，建设"以学生发展为本"的学校课程，满足学生不同发展层次、不同兴趣爱好、不同特点的多元化需求，科学设计、合理组织、发展性评价，从而助力学生的健康成长和个性发展。

坚持融合与创新相结合的原则。学校以智慧教育理念为指导思想对国家课程、地方课程进行科学的分析梳理，适当、适度地将国家课程、地方课程进行校本化重组实施，实现一体化整合，设计开发注重创新能力和实践能力相结合、既有时代特点又符合我校办学特色的课程群。

坚持普遍性和特色性相结合的原则。学校在遵循教育规律普遍性的前提下，本着基于本校教育的个性色彩和学生群体特点，努力打造具有学校特色的教育信息化课程。

坚持理论和实践相结合的原则。学校在课程开发与实践过程中，运用先进的教育理念、理论指导课程的推广实施，注重把握当代课程理论发展方向，大胆实践，重视实践的理论升华，促进学校课程内涵不断丰富。

五、课程建设目标

学校围绕"以学生发展为本"的课改理念，结合学校慧做人、慧求知、慧思考、慧生存的"四慧"育人目标，制定出我校的课程建设目标，即让学生学会生存，注重身心和谐发展；让学生学会学习，掌握智慧的学习方法；让学生学会生活，养成良好的生活习惯，积累生活经验；让学生学会协作，能与他人和谐相处，具有妥善化解矛盾的能力；让学生学会做事，做事有方法、有技巧，能事半功倍。

六、课程基本架构

课程建设伊始，我们经历了多种考虑，最终结合我校的具体情况确定了学校课程的基本框架结构。我们从课程性质的角度把学校课程分为国家必修课程、兴趣选修课程、社会实践课程和校本特色课程，我们从课程类型的角度把学校的课程又分为品德与修养、健康与安全、艺术与审美、人文与经典、科技与创新五个领域，横纵交错形成一个圆柱体的课程体系架构（见图1）。

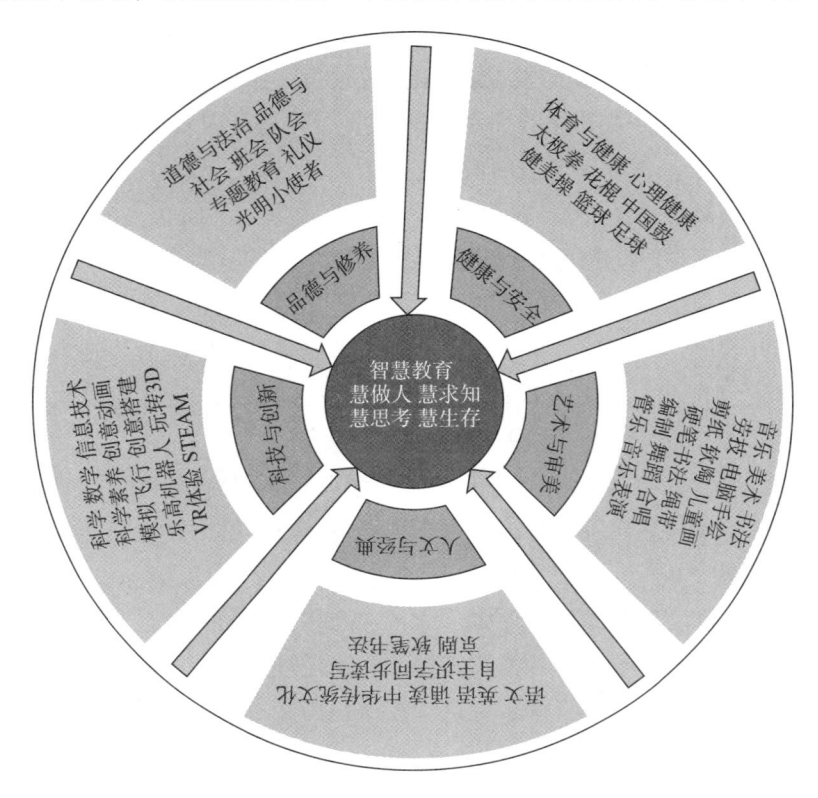

图1 智慧教育课程架构切面图

（一）国家必修课程

国家必修课程突出基础性、易学性、系统性的特点。它通过借助信息技术手段活化现有课程纸质媒体资源，促使学生选择自主、合作、探究的方式进行学习，满足并高于课标要求，帮助学生完成学科知识体系建构。基础类课程在实施时要根据知识点内容归纳分类，横向上将相关联的内容或具有共同知识点内容的课程进行关联，纵向上将具有共同的教学策略与方法并蕴含相同原理、概念和规律的内容进行串联，培养学生形成知识体系意识。

（二）兴趣选修课程

兴趣选修课程顾名思义，它是注重培养学生兴趣、特长，促进学生个性化发展的课程，突出对学生个性化培养的连续性与专业性。以学校课后第二课堂的选修课和社团课程为依托，学生根据个性特长、兴趣爱好来选择适合自己个性、专长发展的课程，进行个性化学习保障。

（三）综合实践类课程

综合实践类课程则注重解决学生的实际问题，以便促进学生生成和提升解决综合问题的能力。它突出了实践性、探究性的特点。依托参观、调研、制作、实验等形式，逐步形成学科内综合和跨学科多主题的，涉及知识类、体验类、动手类、探究类等多层次的系列课程。

（四）校本特色课程

校本特色课程则是围绕国家课程相关学科知识，结合学生兴趣等实际情况和学生年龄、身心发展特征，在学校的办学理念指导下利用现代信息技术将基础类课程知识进行拓展延伸，创设多媒体环境下利用智能终端支撑学生个性化学习的课程类型。该课程旨在利用现代信息技术手段设计课程内容及课程形式，注重启迪学生智慧学习。校本特色课程的突出亮点是课程的技术性、多样性、活泼性、生动性，使学生更感兴趣、学习效果更加显性。

七、课程的实施

在探索课程实施方面，学校根据国家对课程的相关要求和学生个性化发展的需要，按照大兴区课程设置课时量安排的要求，把智慧教育四大方向课程按照北京市课时安排意见进行统筹安排，合理设置。

（一）国家必修课程

课时安排：按照国家规定的课时计划和《北京市义务教育课程设置实验方案指导意见》《大兴区义务教育课程设置实验方案指导意见》的相关课时要求进行规范化统一安排。

课程形式：以问题探究式、讲授式、合作实践式的课堂教学形式进行。

师资来源：由本校正式在编教师完成。

（二）兴趣选修课程

第一部分：第二课堂课程

课时安排：每周二至周四利用课后活动时间统一安排，并结合各年级自主课时打包使用，每周课时量区间 220~420 分钟。

课程形式：课堂教学、课外活动（校内外）。

师资来源：本校教师、外聘教师。

第二部分：社团课程

课时安排：每周二至周四利用第二课堂时间统一安排，每周课时量区间 60~120 分钟。

课程形式：社团活动、实践活动。

师资来源：本校教师、外聘教师。

（三）综合实践课程

综合实践课程是按照"实践育人"的原则，以实践、体验、感悟为切入点，是在国家必修课程和兴趣选修课程的基础上的知识与技能综合运用的过程，是情感、态度、价值观生成的过程。学校依托北京市实践活动基地、大兴区实践活动基地资源，建设了膳食健康、农耕文化、防灾自救、和谐生命、科技探索等多个课程套餐，供不同年级学生自主搭配选择。

课时安排：学校利用自主课时统筹安排。各学科平均不低于学科课时量 10%，根据具体学科课时量由学科教师设计内容形成方案，结合学校集中安排的活动协同组织实施。

课程形式：专题教育、社区课程、社会大课堂、学科实践活动。

师资来源：本校教师、外聘教师。

（四）校本特色课程

我校的校本特色课程是借助信息技术手段，让学生了解和掌握更多的学习方式，通过在读中学、玩中学、做中学、听中学、思中学、合作中学、实践中学、探究中学，实现学习方式多样化的课程。

课程目标：实现学生的学习方式由单一性转向多样性，由片面学习转向全面学习。通过设计各学科在信息技术环境下不同的学习方式，引导学生进行正确决策，从而促进学生知识与技能、过程与方法、情感态度与价值观的整体发展。

实施策略：通过总结各学科在信息技术环境下的学习方式类型，探究出对大部分教学普遍适用，旨在培养学生良好的思维品质与问题解决能力的教学模式，通过信息技术的应用，培养学生独立观察、主动思考和良好的沟通表达能力，使学生能够自己发现问题、构思解决问题方案、归纳总结知识并综合加以运用。

课时安排：一是适时适度地与国家必修课程整合，进行校本化实施；二是利用自主课时统筹安排，每周确保不少于1课时。

课程形式：学科实践课、PAD实验课、社团课、融合课。

师资来源：本校教师。

校本特色课程模式框架：问题驱动—发现构想—探索体验—成果分享—综合应用。

校本特色课程模式释义。

学校聘请北京教科院、东师理想专家对参与课程研发的教师进行多次培训，共同研究，形成我校校本特色课程的基本模型，分为如下几个部分。

（1）问题驱动

利用多媒体的富媒性、交互性特点创设贴近学生生活实际的情境，给出让学生感兴趣、值得研究的问题或任务。所给出的任务应当是用已有知识无法完成，该知识点学习之后恰好能够完成，以此激发学生的兴趣，让学生由"让我学"变为"我要学"。

（2）发现构想

利用信息技术创设探究学习环境，提供丰富便捷的探究工具，支撑学生发现应用已有知识完成所感兴趣的任务；有解决不了的问题时，借助微课、提示栏等支架式内容，支撑学生在教师的引导下通过探究、归纳，总结出应用什么样的知识才能够解决所发现的问题，实现学生自主探究式学习。

（3）探索体验

利用学科平台创设探究学习环境与探究工具包或者有助于知识理解的多媒体学习资源库，借助电子白板或平板电脑的交互功能使学生经历、体验完整的探究过程，帮助学生完成对知识的意义建构，培养学生主动学习的意识。

（4）成果分享

学生课后可以通过个人网络学习空间共享个体学习成果，课堂上借助平板电脑时时上传、即时共享、统计评价等功能，促进学生集体智慧成长，真正体现学生为学习的主体。

（5）综合应用

利用信息技术的仿真性建立模拟仿真环境，为知识转化、操作训练提供支持。通过创设生活中复杂的综合性问题提高学生对知识的灵活处理能力，帮助学生熟练运用，体会知识的价值。

八、课程建设保障

在研究资金上，学校每年度根据课程建设方案按计划向市、区主管部门申请专项课程建设资金，专门用于学校课程的研发、专业课程培训，保障课程建设工作顺利发展。

学校专门成立以校长为组长的课程建设团队、课程指导专家团队、课程实施团队和课程保障团队，将学校各部门、各方面资源充分调动起来共同参与课程建设，以保障课程从不同层次和阶段都有负责人。重视课程的总体构架，更重视课程的实施、监控评价与课程成果的积累。

同时，学校还制定了相关的系列制度。一是研讨制度。围绕课程建设进行主题教研、学科教研活动，并形成规范的教科研制度。二是培训制度。积极开展校本培训，发挥教师主体能动作用，努力使实验教师得到不断提高和发展。三是激励制度。设计常规活动方案，为教师搭建展示平台，进行评优表彰。四是服务制度。学校出台专项服务方案对相关教师的课程研究工作提供各项支持。

九、课程建设效果

通过对智慧教育课程的不断研发与实践，我们可喜地看到了很多良好的效果。

（一）学生学习兴趣得到激发

智慧教育课程体系下的学习氛围变得轻松愉快，同时激发了学生的学习兴趣（见图2）。通过相应问卷调查的数据，我们发现课程体系下的特色课不仅丰富了学生的学习内容，同时也使学习方式变得更有趣，学生由被动学变成主动学，更增强了生生之间、师生之间的交流互动，学生参与度更高。

感受比例(%)

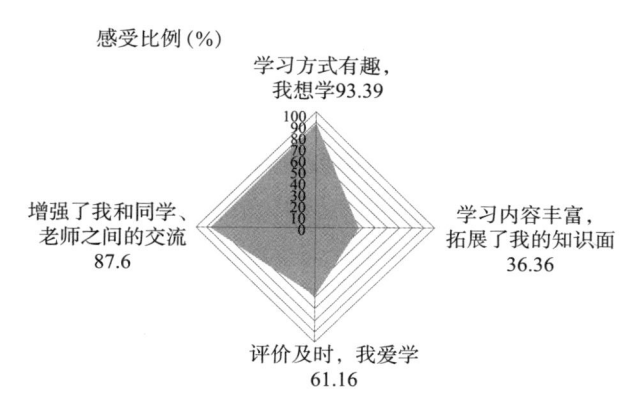

学习方式有趣，
我想学93.39

增强了我和同学、
老师之间的交流
87.6

学习内容丰富，
拓展了我的知识面
36.36

评价及时，我爱学
61.16

图2　学生兴趣调查数据分析

（二）学生解决问题能力得到提升

学生学习兴趣被激发的同时对知识的掌握更加高效、更加扎实。在情感方面，平时生活中学生能够主动地学习相关知识，愿意运用所学方法尝试解决生活中的问题。学生正是在这种学习过程中经历了发现—构想—验证—归纳—总结—迁移等思维过程，培养了学生解决问题的能力，积累了解决问题的经验。而且不同年龄段的学生会根据所学内容建立多种解决问题的方法，并且将自己解决问题的步骤或联想到的知识点以思维导图的形式展示出来，让自己的思维可视化地形成知识脉络图。

（三）学生学业水平得到提高

2018年我校第一次正式参加大兴区学生学业质量抽测活动，其中抽测四年级语文和五年级数学。从抽测反馈中我们看到，包括特殊学生在内，我校学生经过在智慧教育课程体系下的课程学习，学业水平提升效果很好。两个年级四个学科分别超区平均分3～6分。正因为有了这样的智慧教育课程，学生的学业水平不仅有了提高，幸福体验也有增强，这样更能促进学生喜欢学校的学习与生活，形成有序的良性循环。

（四）师生得到全面发展

几年来，通过在课程开发与建设上不断地努力探索，我校的智慧教育课程体系已成雏形，也锻炼和培养出一支智慧型的教师团队，他们在"启航杯"

"新星杯""卓越杯""全国信息技术融合课大赛"等多个赛事中崭露头角，取得可喜的成绩，展示了他们的成长。

2019年和2020年我校有多位教师参与了原创课程资源评比、课程成果评选，成果丰硕、成绩喜人。2019年原创课程资源获奖48人次，一等奖21人次、二等奖27人次。2020年原创课程资源获奖21人次，一等奖13人次、二等奖8人次。学校连续两年获得大兴区原创课程资源优秀组织奖。学校课程建设报告获得大兴区一等奖、北京市二等奖，校本课程建设成果评选获得大兴区一等奖2项、二等奖1项。

新冠肺炎疫情防控"停课不停学"期间，我校18位教师参与大兴区课程教学资源（微课）录制，38节课程教学微课被大兴区教育数字平台采用，效果良好。1名教师参与录制大兴区名优教师电视公开课活动。

十、课程的效果评价

一个课程建设得如何，效果怎样，体系架构是否科学合理，是需要一套良好的评价体系来检验的。针对我校的智慧教育课程，我们设计了多维度的评价方式。

（一）多主体评价

专家点评：学校依托北京教科院课程中心朱传世主任、李群老师以及各学科教研员和外聘的钟绍春、刘德武、杨修宝、谭晓培、冯兰艳、姜丽民等专家和资深教师共同参与课程指导与实践，在研究的过程中探索课程模型，提高课程活动实效。

同伴评价：教师以教研组为单位设计新课程的教研活动。依托学校"青年教师促进课"活动把各种课程研究活动纳入授课范围，各组成员在参与此教研组活动中进行课程效果评价，实事求是地分析评价授课过程并提出建议。

家长评价：利用"家长开放日"活动邀请家长参加课程展示，站在学生发展的角度对学校的课程形式提出合理化建议。

学生评价：每学期定期组织学生进行学校课程的课堂学习情况自评，学校设计相应的调查单或反馈单，根据学生的反馈了解课程活动的效果。

（二）量化评价

依据课程目标，从知识掌握、过程方法、情感态度、核心素养和学生课堂学习的参与度几个方面设计课堂评价量表。对课程目标、学情分析和把握、学生主体地位、学科思维培养、教与学方式变革等几个维度进行重点关注。

十一、智慧教育课程特色

智慧教育课程的特色在于在课程建设过程中不仅关注了三级课程一体化设计，同时也关注了具体课程的建模。根据课程特点把相关知识按类型进行细化，在实施过程中针对不同的知识类型，借助信息技术手段，设计个性化资源，为学生个性化学习路径的选择提供了有力支撑。这样的课程既落实课标的要求，又尊重了学生主体，启迪了学生智慧（见图3）。

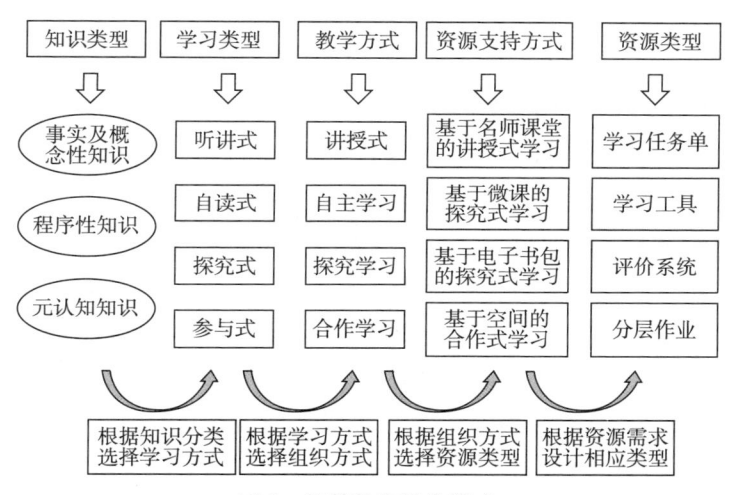

图3 智慧教育课堂模式

十二、课程建设反思与展望

建校六年来，围绕"开启智慧教育，奠基幸福人生"的办学理念，我们致力于开发"启迪智慧"的教育课程。我们对课程的理解可能还未达到一定的高度，课程架构可能还不完善，但是我们将在此基础上对已形成的课程体系继续探索实践，对发现的问题我们将聘请专家进一步进行论证、研究，巩固已有课程建设成果，逐步完善智慧教育课程体系。2015年我们加入北京市遨游计划项目组，我们会通过积极参加遨游计划项目的活动不断推进我们在课程体系建设上的思考与实践，努力为学生提供更实用，更受学生喜欢，更能为学生终身发展助力的课程。

非常"战役" 别样教学

——2020年春季学期"线上教学"管理初探

北京教育科学研究院附属石景山实验学校 万 丽

2020年的春季学期以一种特殊的方式拉开了序幕,"停课不停学""延期开学""线上教学""返校复课"……这些新名词伴随我们整整一个学期。面对新的教育形式,无人知晓下一步要做什么、怎们做。面对新问题、新挑战,尽快找到一条适合学生居家学习的全新路径势在必行。石景山实验学校根据市区级文件精神及教科院的指导及时调整教学思路与模式,从课程的顶层设计到学校干部的下沉指导;从学科评价手段到作业的批改;从技术手段的不断创新到工作任务的层层落实……在延期开学的不同时间节点,我校根据自身的实际情况进行积极改进与探索,逐步摸索出了一条适合我校发展的特色线上教学新路径,为学生们的居家学习保驾护航,帮助学生们顺利完成了本学期的全部学习任务,达成了既定的目标,得到了家长和社会的充分认可和高度肯定。

一、顶层设计,线上学习不缺席

面对突如其来的新冠肺炎疫情,每一个人都不能置身事外。虽然我们不能像医生一样奔赴抗"疫"最前线,但守好教育这方阵地,保障全校一千多名师生的身心健康和安心学习,是学校管理团队的神圣使命与责任。

学校自2020年1月下旬开始着手制备校级延学方案。教学部门率先在小范围内进行相关工作梳理,策划教学实施方案,通过视频会议的方式向一线教师传达会议精神,让教师对即将到来的"新型授课模式"有了大致的了解和认知。同时,各年级组、教研组积极行动,分年级制订"延学方案"。2月3日,学校整理、汇总,形成了学校的1.0版初级延学方案。伴随着新冠肺炎疫情的持续升级,1.0版方案几经修改后,在2月17日"延期开学"政策正式实施的第一天，2.0版方案应运而生。这版方案比1.0版方案在内容和细节上都有了较大提升和改进，趣味性也更加凸显。随着这版方案的实施，考虑到学生居家学习的局限性和特殊性，学校结合市区级最新文件精神出台了3.0版方案，即《居家指导性学习方案》。本着"学习·休息·预防"三结合的原则，小学部增加阅读经典、"我是家庭小主人""新冠肺炎疫情知多少"等活动的比重，初中部则是实施导师制，将班级学生打散，年级中的每一名学科教师负责任课年级中的一部分学生。这一调整在学科答疑过程中的实效性大大提高，教师对学生的管理也更具针对性。

"延学期间"，学校《居家指导性学习方案》从1.0版升级到3.0版，方案不断优化的背后是学科教师以及学校管理团队的集体智慧，为我校"延学期间"教学工作的顺利开展提供了重要保障。课程设置上，学校教学团队科学规划、五育并举；学习过程中秉持"重阅读、精练习；学探究、多交流；做游戏、培兴趣；练思维、养习惯"的基本原则，各学科大胆创新，一年级一案，开展了极富学科特点的线上学习活动。

4月13日，居家学习方式再次调整，不再是前一阶段的"复习巩固"，而是"线上教学"，学新知，讲新课。校领导考虑到我校学生的实际情况，在咨询了周边众多兄弟校的做法后做出了大胆的尝试，即语数英道四门主学科的线上课程由相应的学科教师带领学生一同观看，同时做到"一先三代"，即教师要先看，而不是放手让学生自主点播。这一做法在前期征得了家长的认可，在后期问卷调查过程中得到了绝大多数家长的肯定，这一细小的改变比起学生自主点播的实效性更强，学得也更为扎实。遇到特殊家庭、不能同步学习的特殊学生，不同学科也有相应的预案，确保每名学生都有所得，真正落实了"一生一案"的目标。

5月11日初三复课，6月1日六、七、八年级复课，6月8日四、五年级复课……分年级复课的节奏在6月17日戛然而止。随着北京新冠肺炎疫情的升级，短暂的线下教学继续回归线上教学。新冠肺炎疫情的反复始料未及，但学习的脚步不能停歇。再次回到线上，教师轻车熟路，教学秩序井然有序。一至三年级的线上乐考，四至八年级的学业评价都有条不紊地如期进行。这一学期的教学工作在紧张和忙碌中暂告一个段落。特殊时期的教育时不我待，要闻令而行。新冠肺炎疫情让我们学会了面对和应对。

二、管理先行，落实细节不盲从

如何保证在"延期开学""线上教学"期间学校各项工作能够落实到位？各年级工作在推进中出现问题该如何解决？针对一系列的问题，我校在2月17日前就进行了思考与部署。经校务会研究决定，学校的15位行政干部下派到各个年级"抵近指导"，干部就所在年级、班级出现的任何问题进行疏导、答疑、解惑，根据年级制定的《居家指导性学习方案》中的学习建议进行检查，并将反馈结果每天填表上报。同时不定期召开中层领导工作会反馈各年级情况，第一时间发现问题、解决问题。教学团队要逐一审核各年级的《居家指导性学习方案》，确保下发到学生手中的学习方案科学、准确。每周末，各年级的家长都会收到新一周的学习方案供学生和家长参考使用。严密的工作部署是我校"延学期间"教学工作持续推进的又一重要保障。学校创新"年级主体制""项目管理"等工作机制，持续推进"管理中心下移、领导工作下沉、权利范围下放的高站位、低重心、稳落实"的民主化管理模式。行政上，干部不论职务与分工一律为"年级联系人"，一人一年级负责到底；业务上，不论教育与教学，一律为"课程项目主管"，一人一领域扎实研究与实践，提升育人品质，成就师生发展。

三、信息手段，助力教学新模式

信息技术的不断引入在"延期开学"以及"线上教学"期间助力了我校教学工作的开展，成为一针强心剂。居家学习不同于面授教学，考虑到我校学生的年龄差异较大，学校遵循文件要求，同时信息部门经过多方测试与筛选，先后借助希望谷平台、微信、腾讯会议、腾讯课堂、腾讯文档等技术手段，并一次次地对教师进行培训与说明，引导教师掌握并熟练操作这些新技术，进而辅助学生的居家自主学习。与此同时，学校借助石景山教委推动小黑板使用的有利契机，对全校教职员工进行培训。小黑板功能强大，尤其是在家校沟通层面避免了微信刷屏导致重要信息家长"爬楼"找的尴尬；杜绝了群内信息所有人都可见，稍有不慎就会引起小摩擦的弊端；保护了班级中老师、家长和学生的个人隐私等。教师在摸索掌握新技术的同时，也经受了对自身专业素养提升的一次历练。

信息技术是用出来的，不是说出来的。线上教学期间，我校一线教师们掌握了诸多技术和手段，并在不断尝试中力争带给学生不一样的学习体会。基于以上各种信息手段的不同优势，我校教师们还在努力开发新功能，实现资源共享，在为学生"减负"的同时也为自己"减负"，以期实现信息技术手段助力教学新常态的趋势。

四、共塑愿景，宁心静气做教育

线上教研引方向，居家助学有策略。家校协同克时艰，附校学子初长成。

在2020年春季这一特殊学期里，学校及学科教师为了减少学生使用电子产品的时间，全体一线教师开动脑筋，集思广益，最终确定了"25+25"的模式，即25分钟观看网课，25分钟学科答疑的"双线学习"模式。学生们通过线上学习的方式，在学科教师的带领下进行自主活动探究，掌握相关知识，提升自身的学习能力、观察能力、分类与整理的能力，增强了自身的责任感与爱国情怀。

育"心"——突出德育实效。育"慧"——提升智育水平。育"体"——强化体育锻炼。育"情"——增强美育熏陶。育"行"——加强劳动教育。

生命教育在本学期的线上和线下学习期间均体现得淋漓尽致。借助"新冠肺炎疫情"这个特殊主题，学校组织并开展了形式多样的网上教育活动。结合身边的故事，讲述感人的事迹；拿起画笔，描绘心中的英雄；录制小视频，表达青少年的感恩之情；开展网上"班级音乐会"，用音乐和歌声传递美。

各美其美，美美与共。五育并举不仅体现在线下的教育教学实践中，在"线上教学"期间也同样适用，且不可偏废。

（一）合理分组，跟踪指导

为了不落下一个同学，培养学生自身的责任意识与组织能力，在分学习小组时，考虑到学生在校学习情况、学习习惯、性格特点以及学科差异等，并在每组中设立两位组长和一位家长志愿者，协助教师开展本组的学习。这样的分组有利于学生们课下讨论问题，开阔思维。建立组长群，班主任以及任课教师会第一时间和组长就学习内容、学习安排进行沟通，确保组长明确学习安排，协助教师督促本组同学完成相应的学习任务。网格状的班级管理模式全方位地助力学生们的线上学习。

（二）巧用同理，换位思考

新冠肺炎疫情突袭，学生延学在家学习，有部分家长也延迟开工，因此与孩子有了难得的相处时间，这可以说是加强亲子关系、实践家庭教育的绝佳时间。因此延迟开学之初，通过召开家长会，和家长沟通强调需要家长配合教师做好以下工作：为孩子营造良好的学习环境；配合教师密切跟进孩子进度；控制孩子用眼时间保证视力；及时上报信息，保证身体健康。

由于线上学习持续时间较长，学生们开始出现倦怠现象，并且随着家长复工，出现孩子独自在家不能自觉完成相应学习的状况，个别家长开始出现情绪急躁。基于以上问题，学校采取并调整了相关措施：首先，每次课前会和学生了解一天的学习情况，采用线上班会帮助学生树立学习榜样，与任课教师沟通，丰富课程内容，激发孩子学习的兴趣。其次，与家长积极沟通、了解情况，在沟通过程中和家长换位思考，平复家长情绪上的急躁，帮助家长分析形势，并随时关注独自在家学生的上课状态，有任何问题会第一时间和家长沟通。同时与任课教师沟通，将独自在家的学生告诉每位教师，从而更好地给予重点关注。

（三）密切协作，共克时艰

特殊时期亦是考验搭班教师协同能力的好时机，在线上学习期间，除积极准时参与年级会议外，班级中的学科教师间也建立了微信交流群，实时沟通、及时交流。每次线上教学时主讲教师负责授课，班主任负责组织教学、签到等辅助性工作，协助教师顺利开展课程。通过教师之间的密切协作，班级线上授课的实效性大大增强，整体运行平稳有序。

（四）线上线下，评价先行

为了有效激励学生不断挑战自己，学科教师制定多种有效的评价方式，通过树立身边的榜样让同学们见贤思齐、共同进步。本学期复课时间较短，但是教师也充分利用这段时间对线上学习表现优秀的同学及时进行表彰。

"停课不停学"的在线教学形式，对于老师、学生、家长来说既是挑战也是机遇，网络教学突破了传统教学的时空限制，其灵活高效的优势得到了凸显，但是其存在的不足也是不容忽视的，特别是师生之间缺少面对面的交流。但是线上教学的开展也为今后的学习拓宽了新的渠道。经过为期将近一学期的线上学习，我们对线上教学特别是对于学生学习有以下几点思考：首先要"学会学习，主动学习"。学生要具有规律的自主网上学习意识，养成良好习惯。其次要"博观而约取，厚积而薄发"。学生要利用互联网的优势，用最新的视角摄取对成长有益的知识。无论教学形式如何变化，只要我们立足于学生的成长发展，家校携手，纵使途中辛苦万分，但我们依旧动力十足，相信有"我们"共同用心守护的课堂一定是无比精彩的。

（五）巧手童心，创意无限

"延学期间"学校鼓励学生自主制定居家学习生活计划进行自主学习，培养良好的自主学习习惯，提高自主学习、反馈的能力，也可参考学校提供的《居家指导性学习方案》开展自学。五育并举，齐抓共管，停课不停学！

"危机也是契机"，越是危急时刻越显本色、责任与担当。新冠肺炎疫情期间，学校管理团队"下沉式的管理模式"；教学团队线上教学多版本方案的不断升级；学科教研组对新形式下课堂教学的大胆尝试与改进；年级团队的"网格化"管理；以及信息技术的不断加持……以上种种均体现出了学校平时管理的"精""准""细"。线上教学期间，各种消息、政策的上传下达都是平时线下教学的浓缩和升级。正是基于平日里各项工作的严格落实，各部门的紧密配合，才没有让这场突如其来的新冠肺炎疫情打乱学校的整体工作。各部门稳扎稳打，积极探索新方法、新途径，让"云端"教学在新形式下依旧绽放光芒！

在这次抗疫大战中，当太阳刚刚从地平线上升起，教师已经开始了工作；当夜深人静灯火辉煌时，他们还在电脑前汇总讨论。风雨同行，责任闪光。他们就是这样一群敢于担当的实干人。有人说人类在新冠肺炎疫情面前就如同一粒尘埃，但是教师用自己的努力和奉献擦亮了学校发展的底色，让教科附这个大集体显得熠熠生辉，他们用深夜霓虹和自己忙碌的身影绘制成一幅幅美丽的画卷，用人民教师的责任与忠诚谱写出一篇篇华丽的乐章！

坚持学生本位，在普通社区实现办学突围

北京教育科学研究院丰台学校　张广利

北京教育科学研究院丰台学校是丰台区南苑棚户区改造项目的配套学校，是北京教科院与丰台区政府合作成立的九年一贯制公办学校。2014年4月24日双方签订战略合作协议，2015年9月首次招生并借址开学。2016年3月15日正式搬入阳光星苑校区，2020年7月8日南苑一小并入我校。截至2020年，在职教职工97人，在校23个教学班、643名学生，生源大多是拆迁居民子女，学业基础相对薄弱，近60%家长为高中及以下文化程度。办学五年来，在北京教科院的智力支持和丰台区教委的领导下，我校克服借址办学、施工建设、生源基础相对薄弱和家长期望值过高等重重困难，坚持学生本位，开发每一个学生的潜能，实现了高质量的发展。

一、准确定位，做好学校理念与规划设计

在学校办学的定位方面，北京教科院方中雄院长提出教科院联盟校的办学定位是"在普通的社区办不普通的教育"，并提出了办学的"十大纲领"。教科院所办的实验学校不挑生源，严格按照划片招生、就近入学的要求，大多是在教育的洼地实施办学，通过实施SAP（学校加速优质发展计划）提高育人质量，以改变区域教育的发展格局，为北京区域教育优质、均衡发展做出贡献。

我校的筹建就是要在丰台教育相对薄弱的南苑地区建一所群众身边的优质学校。按照北京教科院对实验校的办学定位要求，在教科院领导和专家的指导下，一是我们首先对所招收生源和家长等情况进行调研诊断，并经全体教师讨论研究，确定了尊重教育的办学理念和培养目标，力求尊重每一个孩子，激发每一个孩子的潜能，使每一个孩子成为最好的自己。二是按照SWOT分析法，

在广泛征求教师、家长代表等意见的基础上制定了学校章程和第一个五年发展规划。按照"依法办学、自主管理、民主监督、社会参与"学校现代制度建设要求，完成了"三位一体"的学校内部治理结构建设。三是在教科院基础教育研究所和有关专家的指导下，完成了我校尊重教育的价值体系设计，并按照尊重自己、尊重他人、尊重社会、尊重自然四个向度设计了基础型、拓展型和个性化课程构成的尊重教育课程体系。学校办学的准确定位和良好的顶层设计为学校实现高质量的发展提供了科学的指南。

二、聚焦研训，以项目带动年轻教师团队快速成长

作为 2014 年筹建的新学校，我校招收的教师 90% 以上是大学本科或硕士研究生应届毕业生，如何尽快使年轻教师实现从学生到教师的角色转变？如何增强教师的课程育人意识？尽快提高教师实际的教育教学能力等问题就成为我们办学首要解决的问题。

在北京教科院专家帮助下，我校提出了"三高、三气、三情怀"的师德师能建设目标，制定了青年教师发展激励机制和师德师能考核办法。通过组织教师参加教科院一年一度的京沪基础教育论坛、高端理论培训和教科院联盟校研讨交流活动，提高了教师对职业和课程的认知与思考，确定阶段性的发展目标。在此基础上做好新教师的实习指导和试用考核，实施任务驱动，在实际的教育教学实践中锻炼成长。

在北京教科院的支持下，我校着力实施项目带动策略，设立了小学英语名师工作站，成为北京市中小学优秀班主任成长项目基地校、教科院第二批 A-S-K 课程实验校、学思维课程推广学校。

（一）聚焦能力提升，促进班主任专业成长

在北京教科院德育中心谢春风主任和优秀班主任研究室马金鹤主任的引领下，我们开展了 8 次班主任工作交流研讨活动，通过活动为青年班主任成长解疑释惑，并对班主任的工作案例给予指导。同时成立问题学生研究共同体，积极开展了个案研究和班级管理创新，如张涵双老师在班级管理中实施的解忧杂货店在师生间搭建起了心理沟通的桥梁；申雪老师组织的亲子间互写书信活动促进了亲子关系的和谐；王耽老师的学生人生规划设计与实践活动增强了学生发展的内动力等。在这一研究与实践中，班主任也实现了自身的专业成长，白

茹老师等 3 人在北京市班主任基本功大赛或班会设计评比中获一、二等奖，两名班主任被评为丰台区骨干班主任，三名班主任被评为区级优秀班主任，三名班主任成长为校级骨干。

（二）以"学"为中心，提高绘本运用拼读能力

在北京教科院基教研中心王建平副主任的引领下，在实践课程研究推进中，引导教师运用认知理论的研究成果，调动其多种感官，激发学生英语阅读兴趣，很多英语基础为零的学生渐渐地爱上英语课。同时，英语教师也收获了专业上的成长，英语组李颖姣老师、申雪老师、穆晓超老师分别在国家级和市区级英语教学比赛中获得一、二等奖，并多次在全国、区市范围内做课堂展示和典型发言。2015 年和 2017 年，我校小学英语教师团队分别参与了全国"十二五"和"十三五"规划教育部英语分级阅读体系课题研究。其中，英语组参与的教育科学"十二五规划"教育部重点课题子课题"低年级借助绘本感知音素"被评为优秀研究成果一等奖。

（三）聚焦 A-S-K 课程主题，推进学科重难点突破

北京教科院基础教育研究所张熙所长带领专家团队对我校的 A-S-K 课程推进工作给予了直接指导。A-S-K 课程特别之处在于通过一系列丰富、高效的游戏和活动，帮助学生突破平时难以接受的重难点，培养学生的学科思维和核心素养。我校重点针对小学低段数学、科学学科进行了 A-S-K 课程的初步探索，聚焦 A-S-K 课程主题，积极研究小学低段数学、科学学科重难点的突破策略。如针对低年级学生经常在图形与几何的认识方面出现困难，王若愚老师带领数学备课组研究设计了一年级的《平面图形》A-S-K 课程，让学生利用纸、笔、印章、橡皮泥等生活中常见的物品，以小组合作的方式尝试将立体图形上的一个面单独制作出来，通过这个小游戏让学生体会"体"和"面"之间的关系，体会到"面从体来"的概念，从而实现了教学难点的突破，也培养了学生小组合作、探索规律、归纳推理等能力，同时教师也得到了专业上的成长，其中王若愚老师的课例被评 2018 年度"一师一优课、一课一名师"活动教育部级优课。

（四）聚焦学思维课程主题，启动学思维课程项目实施

作为"学思维"活动课程的推广校，聚焦"学思维"活动课程主题，积

极发挥"学思维"活动课程的引领作用，通过教科院邀请陕西师范大学学思维课程研究与推广的核心成员张蕾老师到校，为全体教师讲授示范课"小蝌蚪找妈妈"，并对学思维活动课程的基本原理与意义进行耐心细致的讲解。在实施"学思维"课程的过程中，我们坚持以思维方法为主线，以学生日常生活经验和学科知识为载体，以活动为主要学习方式，活动内容由浅入深、由易到难、由简单到复杂，让学生在愉快的活动参与中掌握思维的基本方法。

在教科院的支持和项目带动下，有20名教师被评为市、区级骨干教师或教师新秀，一个由38名市区校骨干和新秀教师组成的年轻教师团队得以快速成长，开学以来，教师参加区级及以上业务比赛或评比就有431人次获奖。

三、关注学生，以课改促进学生全面有个性地发展

在教科院的指导下，面对相对较弱的生源基础，我们坚持立德树人的根本任务，聚焦每一个学生的发展，关注其发展的实际获得，按照"低起点、低难度、缓坡度、小步子、不停步"的教学实施策略，积极推进尊重教育课程的实施。

一是设计研发了"四向度三层次"的九年一贯德育一体化课程"尊重进阶课程"。四个向度为尊重自我、尊重他人、尊重自然、尊重社会，三个层次是按照学生的认知特点设立了低、中、高3个层次，由低到高层层递进。我们先后组织了五次尊重进阶课程研讨，进一步完善了一至九年级的尊重进阶课程主题，形成了尊重进阶课程实施的方案。举行了中小学尊重进阶课程公开研讨课，并通过与学科、班会、综合社会实践活动整合来抓好课程的落实工作。

二是在基础型课程的实施中，我们按照"问题设计为主线、自主学习为主体、小组互助为载体、交流展示为平台、能力提升为根本"的基本要求，建立和完善学生互助学习管理办法，借助每年的教科院基教研中心的教学视导开展了主题式"一人一课"展示活动，积极构建以"少教多学、问题导学、自主思学、互帮互学"为主要特征的以"学"为中心的尊重课堂，同时，借助学思维课程的实施，教师以情境与问题为导向启发学生思考，通过思维碰撞和问题解决培养了学生的良好思维品质。

三是在拓展型课程的实施中，一方面支持与鼓励教师从本学科的拓展出发，研发并实施了语文分级阅读、英语听说会话、旅游、体育舞蹈、数学史、航模、演讲与口才等课程。北京教科院基教研中心专家王彤彦老师结合具体课

例对我校初中语文组分级阅读项目进行了指导。王老师指出在实际的课堂操作中，教学目标需要教师通过对文本的研读来明确具体的阅读层级，设置真实的课堂情境，设计富有梯度的问题来达成。同时也建议在一课时内设计的层级切勿过多，设计的层级务必要精准透，找到达成层级目标的切入点和突破口，追求层级设计的情境的真实性及有效性。另一方面把各种专题教育与综合实践主题进行有机结合，把学科实践、综合实践和综合科学实践选课进行结合，通过行前准备、行中体验和行后展示等环节促进了综合实践活动的有效落地。

四是在个性化课程实施方面，每学年通过学生的兴趣爱好调研，组织教师或购买社会服务、家长志愿者等开设各种社团课程，最大限度地满足学生的兴趣爱好与个性发展的需要。据不完全统计，全校中小学已开设了近30门个性化社团课程。

五是每年"六一"，北京教科院实验校联盟成员共聚一堂，学生们通过结交朋友、跨校游学、诗词比拼、才艺展示等活动共庆节日，在新奇与兴奋中感受节日的收获。新奇的活动设计背后蕴含着专业的理论支撑与教育实践设计。北京教科院从自身的专业理论出发，提出"让教育在仪式里发生""让儿童站在中央"等理念。我校一直遵循教科院的教育主张，也在深度发掘每次活动的意义。例如，2018年，我校结合个性化课程创编快板说唱《我是一只小小鸟》，在传承与创新的过程中，以学生的视角，展现我校特色，诠释我校"尊道敬学、立己达人"校训与"尊重"教育理念的内涵。学生由此理解并践行尊重自我、尊重他人、尊重自然、尊重社会。"六一"活动真正实现了在开拓学生视野、锻炼学生能力、增进学生交流的基础上，将活动做成学生发展的加速器；真正做到了为儿童创设安全友好、支持学习的环境，让学生在与环境交互中获得丰富体验，在天性的释放中逐渐了解社会法则、理解知识与文化内涵。

六是按照"过程、多元、发展"的理念，一方面，先后建立并实施了学业成绩等级评价、多元评价、过程性的鼓励评价、展示评价、进步评价、延迟性评价等改革；另一方面，按照学生发展的核心素养要求，建立与落实了中小学综合素质评价制度，评价的改革激发并促进了学生全面而有个性的发展。

四、喜获成效，科研引领推进未来发展

办学五年多来，我们坚持在普通社区办不普通的教育的办学定位，坚持尊

重教育的教育理念，在北京教科院的直接指导与支持下，一切从教师发展和教育教学实践的问题出发，大力开展校本化的问题研究，着力抓好教师发展和课程改革两大主要任务的有效落地，从而实现了低切入、高质量的发展目标。一个由市、区、校三级骨干教师为龙头的年轻、热情、活力、奉献和专业化的教师团队初步形成，教师参加区级及以上业务活动评比共有431人次获奖，学生有508人次获奖，其中，学校夹包队参加北京市第十届传统运动会获团体总分第二名，并获体育道德风尚奖。2018年和2019年毕业的两届毕业生中考均取得优异成绩，并连续两年获得丰台区教学绩效评价优质校称号。

在学校对家长和学生的2019年无记名问卷调查中，中小学家长满意和比较满意为100%，中学学生喜欢和比较喜欢学校的为100%，家长没有不满意学校的，学生没有不喜欢学校的。学校先后荣获北京中小学文明校园、北京市义务教育管理标准化首批达标学校、丰台区优秀基层党组织、落实《体育工作条例》优秀学校、教学绩效评价优质校等荣誉，在社会上树立了良好的办学形象。我校编著的学校尊重教育行动研究成果《尊重的力量———一所学校的教育价值追求》已由福建教育出版社正式出版。《中小学校长》《基础教育论坛》《北京教育》《现代教育报》《教育家》等对我校尊重教育的办学实践相继进行了宣传报道，可以说在普通社区办不普通的教育的目标初步实现。这一切都离不开教科研领导的高度重视，一次次指导工作，教科院专家一次次智力支持。

目前，在课程建设中，宏观课程顶层设计已经基本完成；微观课程，老师们做了一定的探索；中观课程需要进一步完善。今后，在北京教科院的支持下，一方面从宏观层面进一步优化尊重教育课程体系，另一方面从中观层面大力加强基础型课程的生本化实施和从基础型课程中延伸出拓展型课程的开发与实施，努力将尊重进阶课程、学思维课程和A-S-K课程做成特色的课程，并不断丰富个性化课程，以进一步满足学生多层次、多样化发展的需求。同时尽快协调有关各方建设好我校的第二个新校区，为区域教育的均衡、优质发展做出新的贡献。

学校五育并举构造全面育人新生态

育英中学　徐素霞

北京市育英中学是一所有着红色传统的学校，在70年的发展中积累了丰富的教育资源。近年来，我校在北京教育科学研究院引领下，将这些教育资源有机融合到办学实践与探索过程中，在"尚红勇进，焜德常青"的文化育人核心价值的引领下，以人为本，构建科学育人的理念体系；并以课程建设为载体，传承红色文化基因，打造特色课程体系；以培养造就未来社会发展需要的积极而负责任的公民为目标，积极践行"让每个生命绽放光彩"的教育理想，从而打造新时代全面育人新生态。

一、以人为本，构建科学育人的理念体系

雅斯贝尔斯说："教育须有信仰，没有信仰就不能称其为教育。"新时代教育要求我们教育工作者建立什么样的教育信仰呢？笔者认为，最重要的是以人为本，尊重生命，全面关注学生的健康成长需求。我们提出的"让每一个生命绽放光彩"的办学理念，既是育英中学的文化品质，也是育中人所独有的教育情怀和文化自信。

学校是培养人的地方，既然是培养人，就得以人为本，就得研究人。"让每一个生命绽放光彩"的办学思想，充分体现了育中人以人为本的战略高度，是真正在研究每个生命，关注每个生命。从价值上看，其追求的是每个生命的幸福；从过程上看，其追求的是在教育的过程中充满人文情怀，彰显生命的活力；从内容上看，其追求的是让每个生命成为幸福人生的创造者所必备的知识、能力和情感。基于此，我们坚守"让每一个生命绽放光彩"的教育理想，发扬"敢于斗争、敢于胜利"的科学精神和"坚持依靠群众，坚持团结统一"的民主精神，用文化凝聚共识，使育中人能够做到不管面对什么样的客观条件

都展现出团结向上的正能量，做到学校在面对任何困难和挑战的情况下都能够勇敢面对，奋勇前行。

我们坚守育人底色，根据初、高中学生身心发展规律和认知规律，精心研发了独具育中特色的科学育人体系，培育德智体美劳全面发展的社会主义建设者和接班人。我们成立了学生发展指导中心，立德树人，立足社会主义核心价值观教育，充分挖掘红色文化的育人价值，激活育中学子的发展潜力。通过各类主题实践活动课程对学生进行爱国主义教育、开展校内外志愿活动，提高学生的社会责任感，开展法制教育、感恩教育、成人教育、提升学生的公民意识。通过校内外教育资源结合、家校资源结合，对学生开展德育教育和心理健康教育。如我校每年举办的艺术节、"红五月歌咏比赛"、运动会等校园活动，不仅丰富了校园文化生活，更展现了育中学子积极向上、朝气蓬勃的良好精神风貌。通过社会实践活动，我校充分利用校外资源促进学生积极主动地在实践中提高综合素质和人文素养。在认真组织"四个一"社会实践活动的基础上开展广泛的社会大课堂活动，增强实践活动育人，将社会主义核心价值观教育潜移默化地融入学生的日常学习和生活实践中。如我们不断拓展实践体验内容，为学生的健康成长搭建展示平台，每年假期军事博物馆志愿者服务活动锤炼着我校学生的实践能力，社区志愿服务活动凝聚着我校学生沉甸甸的社会责任感和服务社会的公民意识，传统主题团日活动活跃着我校学生青春的身影，学农实践活动让我校学生在学习和劳动中收获快乐……丰富多彩的教育活动更好地适应了学生的需求，一个个阳光大气、灵动活泼的青春学子满怀自豪与自信走来。

我们高度重视学校体育工作，在周转校区体育场地严重不足的情况下，采取多种措施保证学生体育运动时间和运动质量，切实加强训练，强健体魄。充分发挥金帆民乐团的引领带动作用，让艺术涵养美丽心灵。近年来，我校篮球队、学生辩论队、英文戏剧社在比赛中一路过关闯将，取得令人瞩目的成绩。以人为本，五育并举，科学育人。"让每一个生命绽放光彩"，我们把生命的"需要"看在眼里，放在心上，感受生命的尊重，丰富生命的内涵，为每个生命的全面、健康发展注入新能量，创设新路径。

二、文化兴校，打造红色基因课程

学校文化彰显着学校独特的气质和内涵，是学校历史传承的凝聚和创新。

在 70 年传承红色文化基因的办学实践中，我校始终坚持以西柏坡精神为核心，紧紧抓住课程育人载体，深化课程内涵，提升育人品质，打造特色课程。

"西柏坡精神"是育英中学红色文化基因，以西柏坡精神为指引，充分利用独特的文化传统，成立课程管理中心，有序有效推进新课程改革，转变人才培养模式。我们围绕"为谁培养人、培养什么样的人、怎样培养人"的核心育人价值，以中国学生发展核心素养框架为蓝本，采取顶层设计引领，学科实践积累为重点的推进方式，逐步完善课程结构。依托北京教育科学研究院，积极建构基础平台课程、拓展综合课程、专业引领课程三位一体的多元课程体系，助力学生全面而有个性地发展，形成学校特色课程群。通过特色系列课程的开发，资源的利用，形成既满足学生普及培养又满足深度需求的特色系列课程，提高学校办学品质。

尚红品质，激扬青春。为了丰富学生人文底蕴、培养健康生活的核心素养，我们积极建构特色课程体系，以国家课程校本化为基础，着力于打造学科拓展课程，如"寻根立志""中华文化""综合社会实践"等系列校本课程。我们每年带领学生追根溯源，重返学校西柏坡旧址，在感受历史积淀的厚重底蕴的同时，丰富革命传统教育、艰苦奋斗教育和历史责任教育的内容与形式。在学科实践活动课程的探索中，我们积极尝试学科联动，如语文学科尝试与社会资源结合，将初一年级的课堂搬到了圆明园，给学生上了一节生动的文化经典研读课，教学内容整合了生物、美术、音乐和美食、文学诵读、历史、书法等相关领域的知识，是一节既生动又深入地领略中华传统文化的跨学科实践课程，在学科融合中绽放精彩。同时，为了让红色文化更具有感召力，我们在课程建设中注重开发中华优秀传统文化及艺术课程。为弘扬中华传统文化，丰富学生人文底蕴，我们开展以传承民族文化为主线的研究性学习活动课程，让学生了解刺绣、瓷器、建筑、饮食、语言、文字、服装、戏曲等民族文化的各个方面，激起学生文化自信之情：走进老艺人家里了解二胡的制作过程、走进湖广会馆感受戏曲的文化底蕴、制作唐朝服装、戏曲服装、京剧脸谱等，培养学生崇尚民族精神，传承民族文化。

为了培养学生的科学精神和探究创新的能力素养，认真调研学生需求，开发职业生涯规划、科学创新研究等系列课程。基于北京教科院基教所"生涯指导"相关课题，在职业生涯规划课程中，我们尊重每一个学生的主体差异性，激发他们在尊重别人意愿的基础上形成独立自主的想法和观点。通过有针对性的生涯规划教育，逐渐引领学生充分进行自我认识，形成规划意识，从而推动他们生涯的高质量发展。面对人工智能时代的到来，2018年我们还与科大讯飞牵手，成为北京市第一所人工智能应用示范学校，通过人工智能科技课程启动创新人才培养实验班建设，携手走向未来。我们还竭尽全力满足学生兴趣发展的需要，为学生的个性发展搭建平台，有民族舞、京剧、动漫、琵琶、足球机器人、戏剧表演、民乐团、合唱团、绢人制作、传统茶艺、乒乓球、篮球、篆刻、3D打印、创课、日语、俄语、德语、法语、西班牙语等异彩纷呈的课程，让课程激发新时代育人的活力。

为了保障特色课程有效开展，我们着力提升教师的教研水平和教学能力，因为教师是实施课程的主导者。为了让教师成为育中课堂教学最美的风景，我们奉行"名师创名校、名校塑名师"，依托"中国好老师"项目打造区域名师、北京名师、全国名师，用名师引领学生发展，用名师带动团队进步，形成教师队伍建设的强大动力和活力；我们倡导"导师带教"，通过发挥北京教科院的资源优势，与市级专家"拜师""结对子"，让专家走进学校指导老师备课与科研，让专家走进课堂进行听课与评课，真正直指教师内涵，全面助力教师发展，让教师直接享受到最优质的教育资源；我们完善高品质的"校本培训"，秉承德业并进的指导思想，通过开展富有实效的校本研训，不断提高教师的专业化水平，使教师得到真正的成长与发展；我们以优势学科为重点，倾力打造育英中学的"课程符号"，使课堂真正变成了教师创新思维的沃土，新想法、新设计的摇篮；我们以精品课程为难点，全校教师遵循参与性、时效性、选择性原则，在教学及科研过程中不断切磋琢磨，打造属于育中独具魅力的教育教学旖旎风光。

"给我一个支点，我就能撬动地球"，我们给老师一个支点，就能激活课堂教学改革的活力。我们养正拓新，继续深化研教一体化内涵发展理念，逐步形成了用科研支撑学校改进、实现教师队伍浸润式的吸收提升和专业发展，进而促进学生获得感的提升，最终达成学校质量提升由内涵向外延链接的、具有育英中学特质的内涵发展路径。我们通过课题引领—研究课激活—校本转化—常态教学实践改进—师生发展的有效举措，取得了明显的成效。学校教师参与课程建设实践的积极性明显提高，10%的学科实践课程内容整合与实施方式、国家课程校本化实施的实践探索、小初衔接课程尝试、语文组根据学生能力发展的特点开发的校本化课程、英语戏剧课程、北京师范大学化学学院实验课程、国家蛋白质中心生物科技实践课程、首都师范大学物理实验课程、足球实训课程等课程探索，收到了良好的效果，为课程改进研究积累了丰富经验。

总之，通过构建科研型学校，使学校发展拥有无限的活力和源源不竭的动力，也使教师具有更开阔的眼界和胸怀，更敏锐的眼光和创新的思维，实现从"传授知识"向"培养人才"转变，从"单一型"向"复合型"转变，从"经验型"向"科研型"转变的华丽转身。时代潮流浩浩荡荡，唯有激流勇进才能扬帆远航。学校的特色课程从无形到有形，课程设计打破了学科课程、综合实践课程、社团活动的边界，实现了内容的整合，并通过深入研究学业生涯规划课程的建构与实施，重点开发基于科学意识与创新能力培养的校本课程，给育中学子提供了更多绽放光彩的机会，也给育中教师更多专业发展的平台。

三、久久为功，推进"五育并举"的育人文化

学校文化建设重在营造良好的育人文化。营造良好的学校育人文化是树立学校品牌形象、提升现代化学校核心竞争力的所在。为此，我们力求凸显"五育并举"的育人文化特色，坚守立德树人的教育根本，实现全程育人、全方位育人，持续用力，久久为功，让育人之树常青。将育英中学建设成为一所有文化、有气质、人文与科技深度融合的智慧型学校。

传承红色基因，加强活动育人成效。我们在每年坚持开展"寻根立志"的活动基础之上，开展了丰富多彩的"弘扬民族精神月"主题特色教育活动，通过多种活动形式宣传民族精神，让学生在人文素养中成就更好的自己。在养成教育中，我们坚持德育常规工作，注重将良好行为习惯的培养融入学生的生活，与北京教育科学院共同做好相关心理课题研究成为关注学生心理变化的"晴雨表"……德育的实效性渗透在平常的德育活动中。我们抓好日常活动，如升旗仪式、班队会、大课间等，以及开展好重大主题日纪念活动，如国庆节、一二·九等活动；抓好专题活动，如班主任节、成人礼等。正是如此，我们积极创建形成全员育人、全过程育人的浓厚氛围，进一步增强德育工作的针对性、主动性和实效性。而在这其中，"焜德常青"的核心价值文化正如金色的阳光温暖地洒向育英中学每个角落，洒向每个育中人的心田，让每个生命充满温暖、美好和希望。

树立崇高理想信念，争做时代有为青年。青年追求什么样的理想，承担什么样的使命，不仅决定着人生能走多远、走多宽，更关系到国家的前途、民族

的命运。要培养适应未来社会发展需要积极负责任的公民，就要求我们既要继承和发扬学校历史的丰富内涵，同时又能把握时代的脉搏，在传承中创新，勇于突破传统，在创新中发展，敢于挑战未来，这是我们教育的根本使命。我们相信：在未来的发展中，优秀学生应当热爱祖国、关注世界；崇尚科学、敢于创新；团结乐群、自律守信；达观自信、展望未来。使命在肩，我校将把这些特点作为学校培养目标的参照和补充，让学生勇担使命，崇尚西柏坡精神，传承红色文化基因，并传达给学生一种高雅的行为准则、一种博爱的精神、一种严于律己的道德要求，在创办优质学校的道路上不断求索，让每一个生命个体焕发独特的光彩。

多年来，我校始终牢牢坚守对学生革命理想信念的教育不放松，按照求实、创新而有成效的理想教育原则，继续开展扎实而又生动活泼的理想教育活动，坚定学生对中国共产党领导的信念和信心，引导青年学生逐步树立远大理想。通过"育中大讲堂"，邀请各行各业的专家名人演讲，以此开阔学生视野，激发青年学生的爱国情怀和时代责任感，构筑青年中国梦；通过举办模拟联合国大会，我校参会代表扮演所代表国家的外交官，分别在"联合国安全理事会"和"20国集团峰会"两个会场中，讨论"叙利亚危机的解决"和"世界经济的发展"等问题，在讨论的过程中增强了自身的政治素养，增强了自身的思辨能力，以及拓展了国际视野；我们开办少男少女课堂，在课堂上心理专家为同学们介绍了青春期身体和心理上的变化，对青春的成长起到了指导和帮助作用；我们开展义卖活动，将义卖所得款项全部捐给我校对口学校西柏坡中学以购买学习用品及体育用品，让善凝聚，让爱远扬；我们的社团活动异彩纷呈，有话剧社、新闻社、摄影社、羽毛球社、DV社等社团，鱼跃鹰翔，尽展学生青春风采……通过这些理想信念教育活动，让青春学子有着"苔花如米小，也学牡丹开"的梦想，默默无闻，绽放光彩。

育人为先一以贯之，立德树人久久为功。通过以"五育并举"的育人文化为核心的引领和渗透，强有力地印证了教育事业常青的蓬勃之力，为实现育人目标增添了有效动力。有的学生表示，"学校没有给我们大的操场，却给了我们大的舞台"；有的学生表示，"这是一所安安静静办教育的学校"；还有的学生表示，"因为传统，所以育中务实，实的不仅是教育质量，更是对学生全面发展的关注度"……我们的德育工作没有轰轰烈烈，而是朴实生动，落地生根，以其独有的魅力惠泽生命、塑造品格和提升素养，尊重每个生命，让每个生命遇到最好的自己，让育人底色更加澄净而美丽，让生命之树常青。

我们的校徽是双手托起的一轮红日，寓意为育中人肩负育人使命，托起明天的太阳，也有"得天下英才而育之"的深意。其中，绿色的双手表达的是我们育中的全体教师，而绿色是一种向往，希望我们用自己的努力践行这片绿色的教育主阵地，尊重教育规律，在科学育人中培养出个性、尊重、平等、合作、主动、创新的学生，打造全面育人新生态；红日犹如梁启超在《少年中国说》所言，"红日初升，其道大光；河出伏流，一泻汪洋"，我们培养的学生就像那红日，就像那明天的太阳，温暖心灵，绽放光彩，而红色也是我们育中那抹亘古不变的基因色。以红色和绿色为主基调的校徽寓意美好，激荡我们前行的梦想，从而塑造育英中学新时代全面育人办学实践与探索的金色新品牌！

笃行"向阳教育"，走向未来学校

北京教科院燕山向阳中学　韩玉彬

一、未来教育对学校办学提出新要求

2018年9月10日召开的全国教育大会确立了未来中国教育发展的战略，提出要扎根中国办"融通中外、立足时代、面向未来、具有中国特色、世界水平"的现代教育，要坚持以人民为中心，办公平、有质量的教育。由此，教育怎么面向未来，未来的教育应该是什么样，成为每个教育工作者需要思考的问题。

未来教育应该什么样？有专家学者指出，未来教育有以下四个特征。

一是未来的教育将更加公平。人人都有公平接受人类知识的机会，都有享有公平教育的机会。

二是教育不仅关注知识，更注重思维；不仅仅关注技能，更注重核心素养；不仅仅关注方法与能力，更注重情感态度与价值观。

三是未来的教育将更加开放。未来的教育将没有边界，学习将随时随地发生。教育是人类的基本需求，是人类的终身福利。以大数据平台、数字化学习、云计算等提供更高效、更便捷、更广阔的教育环境支撑。

四是未来的教育将更加温暖。未来的教育将满足每一个人的需求，温暖每一个人的生命。

未来学校应该什么样？目前大家比较认同的观点是未来学校应该是一个以学习者为中心、持续促进学生成长、满足多样化学习需求、重视学习的设计与重构、具有智慧学习终端和教学装备的智慧校园，是一个智慧的、开放的、共享的、泛在的学习体系。

面对未来教育的形式与需求，我们认为，向阳中学必须承前启后，做出学校办学全面规划。首当其冲要解决的问题，就是通过哪些路径与手段，尽早打通现实教育与未来教育之间的通道。

二、探索与实践走向未来的"向阳教育"

进入 21 世纪以来，世界各国对于未来学校的实践与探索愈加普遍，学校以 21 世纪技能的培养为目标，以现代教育信息技术为支撑，以基于个性化学习的教学活动为途径，培养能够适应未来社会发展的人才。

2017 年 3 月，北京市燕山向阳中学正式成为北京教育科学研究院实验校，从理念体系、课程体系、课堂形态、评价方式、教师能力、治理模式、学习空间、发展生态等方面，对如何构建"未来学校"开展探索实践。

借助北京教科院基础教育研究所这一优质教科研平台，向阳中学积极寻找通往未来学校的路径与方法。在专家的引领下，学校研究确立了"向阳教育"办学理念，着力探索构建"向阳教育"教育体系，直面未来做出全盘规划。在三年半的时间内，在特色办学、五育并举、课程建设、互联网＋教育等方面开展切实可行的探究实践。

2020 年年初，面对突如其来的新冠肺炎疫情，向阳中学教育教学工作沉着有序，线上线下教学顺畅衔接，向"培养尊重生命、热爱科技、崇尚审美的向阳少年"育人目标稳步迈进。实践证明，以学校文化建设引领学校内涵发展，以现代教育理念体系指导学校制定并落实中长期发展规划，以实践体系检验学生培养目标效度，是引领向阳中学走向未来的有效途径。

（一）办学理念指向未来人才培养目标

向阳中学直面未来学校内涵做规划，完成学校办学历史梳理、现状分析与未来发展主题定位，逐步确立了"向阳教育"的核心理念。

"向阳教育"以"为每个学生发展铺垫阳光之路"为办学理念，以"办有生命活力、科技魅力、审美能力的科技特色校"为办学目标。它的确立不仅源于向阳中学诞生于中国石油化工起步时期的红色历史，更是把"贯彻党的十九大会议精神，落实教育立德树人根本任务，培养德智体美全面发展的社会主义建设者和接班人"作为使命追求。

学校理念体系将"生命、科技、审美"作为学生培养的三个目标维度，旨在通过德育、体育、劳动教育，让每个生命都永葆身心健康、生命尊严，活出人生的意义；依托智育、科技教育和开放性科学实践提高学生的科学素养与创新能力，使之成为适应未来社会发展需求的人才；利用美育、艺术与阅读教育提高学生的审美能力与人文素养，使之成为精神富足的人。

面对未来科技社会人才培养需要，"向阳教育"立足夯实初中阶段学生核心素养，使每个学生全面而富有个性地发展，从而为学生形成创新意识、创新思维、创新能力以及积极向上的意志、品格奠基，为民族复兴大业人才培养奠基。

（二）"向阳教育"的特质：生命向中、科技向中、审美向中

"向阳教育"文化体系是向阳中学历史、现实和未来的文化通道，其最终目标是实现立德树人这个根本任务，为国家培养品学兼优的未来建设者和接班人。因此，学校的一切文化活动，始终围绕办学理念，落实学生培养目标，指向未来学校生态。

以课程建设发展学生核心素养，是现在和未来学校落实立德树人根本任务的一项重要举措，也是适应世界教育改革发展趋势、提升我国教育国际竞争力的迫切需要。中国学生发展核心素养以培养"全面发展的人"为核心，分为文化基础、自主发展、社会参与三个方面。我校将核心素养的三大要素进行交叉融合，形成了以"生命、科技、审美"教育为三大支柱构建的"格物向阳"课程体系。

1. "生命向中"

强健的体魄、坚定的意志品质、乐观向上的心理是学生健康学习、生活的前提，也是一生幸福的根本保障。我校生命教育课程包括：智育课程（包括国家课程、地方课程、校本课程）、心理课程（包括团队拓展、心理辅导、生涯规划）、运动课程（包括体育课程、素质锻炼、一校一品）、劳动课程（包括定岗值日、卫生保洁、社会实践）。以此锻炼学生身体素质、锤炼意志品质，帮助学生养成热爱生命、健康生活的观念。

为提升学生平均身高与体质、降低近视率，我校特别制定了"海拔计划"，无论寒暑学生每天入校晨练一刻钟后方可进入教学楼，此外还必须每天锻炼一小时、每人必须掌握至少两项体育技能。

我校积极加入北京市"一校一品"体育教学改革项目联盟，大课间改做素质操，开展全员运动会、进行全员安全演练。不仅提升了学生的身体素质，

同时也加强了学生思想品德行为教育和安全教育。2020年新冠肺炎疫情期间，学校体育工作仍未中断，坚持以微信公众号"体育联盟"的训练内容为指导，结合学校特色素质操练习，监督学生每天一小时运动，增强个人身体素质，提高身体免疫力。

健康的心理是学生不断成长、发展的基础。除心理健康课外，学校每学期要求学生做一次自我总结，不仅包括个人对困难挫折的应对措施、对学习生涯的规划和改进，还包括总结师生关系、同伴关系、亲子关系等人际交往方面的经验与问题，同时制订下学期个人发展计划。这种自评方式增强了学生对自我的认知，自评内容可与同伴共享以便学习其他人的优点，改进个人的缺点，为学生的心理健康与个性发展奠定了基础。

2. "科技向中"

没有科技就没有未来。在培养学生核心素养的实践探索中，"向阳教育"致力于打造"科技向中"，形成"人人爱科学、喜欢科学探索、愿意搞科技小制作、科学小发明"的校园文化氛围。我校科技教育课程包括：科普课程、竞赛课程（包括科技嘉年华、科技小组活动、科技竞赛）、实践探究课程（包括探究实践、课题研究、学生讲堂、主题研学），以此培养学生的科学精神、创新思维品质和创新能力。

学校大力开展科普教育——初一年级每周增设一节科技课，内容为普及生活中的科学现象、了解日常生活中科技产品的基本原理、动手制作科技小作品等。旨在培养学生观察现象、科学思考、大胆猜想、积极实践的精神品质。学校开设航模、科技制作、无人机、可编程机器人、STEAM-云霄飞车、绿植小创客、STEAM-小球马拉松、3D打印、PS制图、摄影等课外活动课，让学生有更多的机会接触前沿科技，开阔视野，提升素养。

在校本课程中，每学期安排两到三次科学家或科普专家进校园活动，既让学生了解当今前沿科技发展状况，又为学生创造近距离接触科学家的机会，进而激发学生对数学算法、科学技术、发明创造的兴趣，以及对科学家的崇拜与敬仰之情，也让学生懂得科技与生活息息相关，每一项科研成果都需要融合多学科的理论知识和实践研究。

学校还积极带领学生参加区、市各级各类科技创新比赛，如每年一届的"中国服务机器人大赛"、北京市中小学科技创新基本技能"STEM+"创意挑战赛、"北京市中小学科技创客活动"、北京市青少年工程师博览与竞赛等。

通过参加科技竞赛活动，让学生在实战中感受创新魅力，点燃科技梦想，培养学生敢于直面困难的勇气，锻炼学生积极探索实践的科学品质。

开设 STEAM 课程——在"格物向阳"课程体系中，学校遵循 STEAM 理念着重动手实践，在实践中学习并运用科学知识，在实践中验证科学原理，培养学生跨学科综合知识的应用能力与创造力，提升学生综合素养与创新能力。学校将 STEAM 课程融入科技教育课程，理综学科教研组教师结合中学教材理、化、生学科实验教学目标以及学科素养要求，按照"将科学和工程问题有效地结合在一起"的 STEAM 理念，开展跨学科知识整合，共同增补、完善了小学六年级科学课课程内容，实现了国家课程校本化。

我校还积极开展 STEAM 学习方式教育科研，申报了北京教育学会"十三五"教科研课题"STEAM 课程背景下向阳中学培养学生核心素养的实践研究"，从而使学校的教育科研紧跟时代教育步伐。

向阳中学拥有一支"少年科普队"，队员们不仅长年在校内担任校园科普宣传员，他们还自信地走进燕山向阳街道社区、走进房山区兄弟学校、走进北京市科技嘉年华现场进行科普宣传，深受观众欢迎，房山电视台时政要闻频道、《科普时报》都曾做过相关报道。

随着科技教育的不断深入落实，向阳中学的学生们在全国、北京市以及地区的各类 STEM +、创客大赛、科技竞赛中屡获佳绩，既培养锻炼了学生们的科技思维品质与创新能力，又增强了学生未来发展核心竞争力。在我们看来，未来学校不会是封闭的孤岛，学生只有走出校园、走进社会、走向世界，才能开拓视野、增强素质、提升能力，从而实现全方位发展。

3. "审美向中"

美育是学校教育的主线之一。我校审美教育课程包括：艺术美课程（包括艺术节、社区文艺节活动）、自然美课程（包括校园美化、环保公益活动）、人文美课程（包括读书节活动），以此培养学生的审美能力和追求人格发展、精神富足的品质。

学校既辅导学生积极参与地区艺术节（话剧、集体舞、韵律操、合唱等）活动，还举办艺术课程期末庆典、邀请民族艺术进校园，以此培养学生的文化艺术素养。另外，通过文学赏析类校本课程，对学生进行传统文化熏陶、配合参加街道社区等组织的诗朗诵和竞词汇等活动，提升学生人文素养。

为提升所有学生的审美能力与艺术修养，学校要求每个学生初中阶段至少掌握一项器乐。为此，初一年级专设了葫芦丝和巴乌课程，并成立管乐队、民乐队、舞蹈队、绘画小组等学生社团，实现艺术普惠，让学生各美其美、美人之美。

三、对接未来的教与学模式变革

（一）积极实践与探究混合式教学，走近智能化教育

人类社会的每一次教育技术的革命，都是对人类教育生产力的解放。当代科技浪潮必然重塑学校教育，未来学校教育将进入"人＋机器"时代，通过新技术重构学校教育教学活动流程。而这次新冠肺炎疫情的突然暴发加快了智能化教育的进程，学校教育的新生态正在形成。

新冠肺炎疫情防控期间，学生居家学习生活。向阳中学的线上教育教学遵循"五育并举，项目学习"的要求，围绕"生命、科技、审美"三维培养目标，以任务驱动方式对学生进行思想品德教育、劳动养成教育、心理健康教育、安全法制教育。学校开展线上科技节活动，组织线上全员运动会，多种方式共促学生全面发展。对于教师来讲，线上教学无疑是一种新的挑战，学校为此专门开通了"钉钉"工作群，强化教师线上授课技能，鼓励教师充分运用各种教育资源平台，积极探索线上线下、人机交互式学习方法进行有效教学。历经三个月的线上教学，取得了令人满意的效果。

在短暂的学生返校复课期间，学校及时召开"线上线下教学整合交流"校本培训，为教师们提供并培训钉钉、问卷星、mindmaster、学科网、教师在线等多种在线教学应用软件的使用方法，助力教师线上教学；寻找类似在线实验教学的人机友好互动技术，让学生不在学校也可以学习相关学科实验，进行生活小实验等；为学生提供多种优质的线上教育资源，并要求教师将优质线上教育资源整合到学科教育教学中；最重要的是改变教师的教学思维、提高学生的学习主动性，通过校本研修、课题研究的方式，探讨问题导向化、主题场景化、活动进阶化、小组合作化、评价多样化的教学策略，将传统的班级授课制改造为学生学习的共同体，将生活变成鲜活的教科书，让教师的教围绕学生的学、服务于学生的学，提高学生的学习兴趣，引导学生建设自组织的学习共同体，提高学生学习的主动性；通过学科课程整合，跨越不同学科之间的界限，围绕学生的真实生活设置课程内容，围绕学生需求为学生提供个性化的学习支

持体系，实现适应每个学生未来发展的"精准教育"。

（二）建设数字化校园，服务"教""学"精准评价

近年来，向阳中学一直在加快构建一个与实际校园环境既有对应关系又有本质不同的数字空间，拓展现实校园的时间和空间维度，并将校园活动延伸到社区、社会。同时，学校通过数字化过程重新构造、规范学校教学、管理活动，形成基于数字化背景和全新教育理念的先进校园文化，实现未来学校的数字化评价目标。

评价是一切改革的出发点，只有更精准、更客观、更全面、更及时地进行评价，才能为学校的长足发展给予明确的方向指引。近年来向阳中学一直在利用网络平台，每学期开展学生的学业水平评价、学生对教师的教学评价、家长开放日建言献策等活动。

在学生学业水平评价方面，学校利用智能化平台对学生在校期间的学业水平进行追踪量化评价，让教学负责人、学科教师、学生、家长等多种角色都能查询到基于自身的一系列评价数据，不仅有利于学校优化教学策略，同时也有利于各方改进教学方法或学习方法。

在学生对教师的评价方面，通过学生对教师的教学管理行为进行量化打分，一方面可供学校分析教师群体存在的共性问题和总结做得较好的经验，利于学校全方位地把握教师队伍整体状况；另一方面可以为个体教师在改进教育教学方式方法上提供指导性意见，起到规范和监督的作用。

在家长评价学校办学方面，全校家长每学期在家长开放日利用二维码问卷的形式参加家长建言献策。

今年开展线上教学以来，学校利用"钉钉"平台提供的家校本、班级圈、智能填表、线上主题班会、每日学习任务打卡等功能，使家校沟通变得更加顺畅，使教师的线上教学、作业评判等变得更加透明；所有一切利用"钉钉"平台发生的教学行为都能做到有据可查，有助于对师、生、家长进行全方位的评价。这种尝试让学校深刻认识到，只有将评价拓展到学校管理更多的维度中去，才能不断适应新形势新变化，才能达到以评价促进学校、教师、学生共同发展的目的。

（三）主动完善家、校、社共育渠道，融合未来学习边界

随着互联网时代的发展，移动学习终端的出现正在打破以固定的教材、教

师和教室为支撑的传统学校对人类社会知识传播的垄断，学习成为随时随地可以进行的事情。深度的学校教育、家庭教育、街道（社区）实践活动相融合，让教育在时间上无缝衔接，在空间上无处不在，有利于实现各种教育间的互补作用，加强并完善教育的整体化运行。

融合家庭教育——搭建学校教育与家庭教育的桥梁，向阳中学组建家长委员会参与学校管理工作，为学校教育教学、班级管理等方面提供建议，并在学校和家长之间发挥极大的沟通作用。学校每有重大活动，家委会成员悉数到场，帮助学校做保障、宣传工作。除此以外，学校还创造机会让更多家长参与到学生的学习生活中来。每学期我校都会组织家长开放日，邀请家长走进学校、走进班级，与学生共上课、共锻炼，并进行家校座谈，倾听家长的需求与建议。

为帮助家长提升家庭教育能力，学校除每学期家长会上校长做家教指导报告外，还安排"家长学校"活动，根据各学段学生特点，邀请校内外教育专家，以"不吼不叫，做高情商家长""有效沟通，平稳度过青春期""有家就有爱，有爱才叫家"等主题，为家长提供家庭教育方面的建议。此外，自2018年起，学校每学年都会组织七年级全体师生和家长开展一次"手拉手·心启迪"大型心理团建活动，在活动中拉近学生与家长、与老师之间的距离，帮助学生顺利度过青春期，同时也帮助教师和家长进一步理解、关心学生，增强家校教育合力。

联手社区教育——学校积极与街道（社区）联系，通过双向交流的方式开拓学生教育空间与途径。

一方面，学校以所在向阳街道和宏塔社区的"5·12防灾减灾日"和"119消防日"为固定主题活动日，开展入校安全培训和疏散演练，作为学校安全教育的有效增补；以"法制"教育为重点，开展入校宪法、监察法、税法、未成年防欺凌等主题法制讲座，强化学校法制教育效果。此外，街道（社区）还经常配合学校开展综合文体活动，积极协调场地、提供设备，并且安排有特长的志愿者做校外辅导员，为学校各项大型展示活动提供物质与人员保障。另一方面，学校也积极带领学生参加社区文化活动。学校为街道（社区）推送有文艺特长的学生参加丰富多彩的社区艺术活动，既为学生提供了舞台，也让社区居民了解近年我校育人成果。学校还有序落实学雷锋主题日、推广普通话等专项活动，为街道（社区）居民提供便民服务，宣传国家政策。

此外，我校还有一支"风之彩"学生公益志愿者团队，他们坚持利用周末和寒暑假开展社区公益活动：在重阳节走进养老院，利用卫生清洁日协助社区清理垃圾、清洁健身器材等。志愿者积极投入"垃圾分类"这一重要义务劳动工作中，自主设计垃圾分类标语与宣传画，向社区居民宣讲垃圾分类的相关知识和重要意义，以"小手拉大手"的形式进行居家垃圾分类实践。在全民共同战疫的特殊时期，志愿者们结合"三八"妇女节、"五一"劳动节、端午节等节点，以手作礼物和心语卡的形式为街道（社区）工作人员献祝福。

四、"向阳教育"成果和成效与面向未来的实践反思

在基教所专家关于学校改进的理论与实操指导下，"向阳教育"直面未来学校做研究规划、抓实践检验、重反思整改，通过全校教职员工的共同努力，向阳中学的办学业绩得到了本地区人民群众的好评和社会各界的赞誉。一方面，学校发展向着"在普通社区里办不普通的教育"的实验校办学总目标不断迈进；另一方面，学校对"未来学校"的探索与实践小有收获。

（一）成果和成效

1. 教育教学成果

随着学校课程建设不断向好，在全国、市、区级学生文艺、体育、科技比赛中我校都在不断进步。先后获得两届地区中小学足球赛女子亚军、艺术节合唱第二名。科技竞赛成绩尤为突出，获得2017年中国服务机器人大赛季军；2018年中国服务机器人大赛老人居室灭火及联动报警项目一等奖和助老助残创意赛项目二等奖、北京市第二届中小学技术创意设计展示一等奖、全国科技周"未来工程师博览"竞赛一等奖和三等奖；2019年在第三十七届北京学生科技节——北京市中小学生纸飞机比赛活动中荣获一等奖1名、二等奖4名、三等奖5名，在第三十六届北京学生科技节——北京市青少年未来工程师博览与竞赛"过山车"项目活动中荣获初中组一等奖等。

学校办学规模亦由2017年年初的8个教学班、200余名学生，发展到今天拥有15个教学班、480余名学生（截至2020年）。更有连续三届优秀毕业生被北京四中、八中、师大附中等优质高中录取。

2. 教科研成果

为适应教改和未来学校发展，学校大力倡导教师进行教育教学研究。课题

研究涉及初中社会综合实践活动研究、学科教育教学、班主任队伍研究等内容。三年多来，我校已立项开展了2项北京市教育科学规划课题"十三五"规划课题，3项北京市教育学会"十三五"课题，6项燕山地区教育科学研究"十三五"规划课题等共11项"十三五"课题研究。通过课题研究，明显提升了我校教师新时代中国特色社会主义背景下开展学校思政工作的能力，在互联网+教育背景下的教学能力，以及在培养学生创新思维、创造力的过程中教学方式的改变。

3. 管理成效

"向阳教育"理念下，学校班子施行"精诚合作、精打细算、精益求精"三精管理原则，学校治理取得显著成效。微信公众号平台发挥了宣传学校文化与办学情况的作用；《学生管理手册》《学生寒/暑假社会实践手册》等的研究制定保证了学校对学生全时段、全方位的教育管理；《学校章程》《班主任工作手册》《青年教师培养手册》《教师工作手册》的研制体现了科学、民主的学校治理理念。

向阳中学于2017年被评为"北京市中小学文明校园"；2018年入选北京市"一校一品"体育教学改革项目联盟校，评为"北京市基础教育科研先进校"；2019年理综组荣获房山区"青年文明号"称号，学校被评为"北京市首批《义务教育学校办学标准》达标校""燕山中小学科技教育示范学校"等。

（二）实践反思

1. 秉持科研兴校观，坚持教科研指导学校办学，赶上教育的时代发展步伐

在科学技术迅猛发展的今天，除常规教育问题研究外，学校更要注重研究人工智能发展对未来教育、未来学校、未来学习者的影响，提前做出预判与学校改进，使今天的教育服务未来社会的人才需求，使今天的学校无缝衔接未来学校。向阳中学形成了浓郁的教科研氛围，与北京教科院基础教育研究所紧密联系，能够聆听到最前沿的教育课题讲座，学校实验研究得到有效指导。

2. 加强师训，使教师保持与时俱进的"互联网+"教育观念与能力

铸造一支能够适应教育现代化发展需要的教师队伍是学校顺畅走向未来的关键。向阳中学通过校本培训，促进教师"互联网思维、跨界思维、数据思维"三大专业理念发展，积极创新课堂教学模式，实现信息技术与学科教学

的深度融合。这对学校未来发展意义重大。

3. 弘扬学校文化，永葆学校文化的时代性、先进性

学校文化有其相对固化的精神文化，主要体现在"三风一训"。学校文化必须顺应时代发展要求，不断进行改良与完善，尤其是课堂文化、课程文化、学生文化、教师文化等。具有时代教育价值、保持与时代发展紧密联系的学校文化才是鲜活的，对人的发展是有益的。

4. 紧跟时代步伐，不断开拓创新，让学校教育真正面向未来

当前，以人工智能为代表的新技术集群突破，一个新的教育形态和新的学校形态形成的时代即将到来，传统的教育形态、学校形态、学习方式已经到了必须变革的时候。学校对未来教育和未来学校的思考一定要超越现有的教育形态和学校形态。对于"承上启下"的中学教育而言，更要考虑培养出来的学生，是否能够适应人工智能时代的考验，是否适应21世纪对人才素质培养的需求。

面向未来，向阳中学将借助北京教科院基教所的优势，夯实"向阳教育"理念，顺应教育改革发展，适应教育环境变化，坚持创新之路，打造未来学校，培育时代新人。

规划引领下创新农村学校管理的探索与实践

北京教育科学研究院周口店中学　黄翠云

一、学校背景介绍

房山区周口店中学位于北京市的西南部，紧邻周口店北京人遗址，是一所大高中、小初中的农村完全中校。学校 1955 年正式招生，原名北京七十中学，迄今已有 65 年的历史（截至 2020 年）。在 20 世纪八十九年代曾经有过很辉煌的业绩。2016 年成为北京教科院的实验学校，为学校的发展提供了高层面的专业支持和专家引领，多了这块金字招牌的周口店中学吸引力更强，学校也进入了一个探索发展的新阶段。

在北京教育深综改的大背景下，针对房山区高中教育发展的现实需求，在北京教科院专家的引领下，我们对周口店中学的历史和现实进行了深入研究，对今后的发展有了新的思考和判断，决定从学校实际出发，依托规范的学校管理来实现农村学校的可持续发展。

二、学校现状调查与分析

（一）学校实际情况调查分析

1. 学生整体情况的调研与分析

按照进行科研实验的要求，在制定行动方案之前要进行充足的调研，掌握真实准确的基础性数据，为此我们进行了全面调研。在初中年级的学生中调查发现，初中学生完全来自农村家庭，生源学校每年毕业四个班，而我们只能招到两个班（43～75 人），且这两个班的学生中没有当过小组长的学生；部分学生来自生活困难家庭，甚至是低保家庭。按照北京市发布的关于留守儿童说明,我校初中的 184 名学生中有近三分之一是留守儿童,有近十分之一是单亲家庭;25 人是外地借读。高中学生都是在全区排名 2200 名以后的,只有 74 人是城镇学校毕业生,另外的 285 名学生都来自农村初中校,占到了 80%。

2. 教师整体情况的调研与分析

学校现在共有教职工 93 人,平均年龄 45 周岁,85 名任课教师中 26 名男教师,59 名女教师,20 年以上教龄的 47 人,41 人的初始学历是大专及以下,其中有 14 人是教非所学,58 人是本区人。与多数农村学校一样,学校的教师多来自农村,且有一部分就居住在附近的乡村中。学校的一大特点就是乡土气息浓,相对淳朴且乐于现状。教职工对自身现状和学校发展的满意和比较满意所占比例相对较高,一部分人有安于现状的心理倾向;另外因为在周口店地区,周中是唯一一所高中校,周口店镇的人均受教育水平偏低,所以老师们有一种心理优势。如何提升干部教师的士气,点燃大家的奋斗激情,给学校的发展注入持续动力,是我们深入思考的重要课题。

3. 学校发展历史调研

在周中 65 年的发展中,最高峰时学生人数也曾经达到初高中合计 2000 多人,在 20 世纪 90 年代也曾经有学生考上清华大学、北京大学。随着房山区中学布局的一次次调整,学校的初高中人数明显下降,到 2010 年以后初中维持在两个班 60 人左右,高中维持在每年级 4 个班 120 人左右。学校的整体成绩,初中排在农村后几名,高中在 13 所高中里排在七八名,在高中校撤并过程中被撤并学校的优秀教师多被兄弟学校聘走,2018 年高中的整体成绩依然排到了七八名左右。

(二)基于调研的问题诊断

1. 学生的情况分析

通过分析数据和观察,发现我校学生普遍存在没有良好的学习习惯;学习目标没有或目标不明确;家庭教育缺失,家长对孩子的未来发展没有明确的期许;行为散漫、视野窄;生活圈子很小,缺乏自信心等问题,且绝大多数学生没有参加过任何校外补课和少年宫的艺术班学习。

2. 教师的情况分析

通过分析调研结果,发现周中多数年龄偏大的教师初始学历为中师,缺乏专业学科背景,教非所学的现象普遍;教职工有一部分就是本校毕业生,有的教师一直在周中工作,有些就住在附近的村庄中,对学校有感情,80%多的人愿意一直在周中工作,部分教师(教龄10年以上)缺乏积极进取的意识,对自身专业发展动力不足,没有发展规划;除毕业年级教师工作负担重和压力大,其他教师普遍工作量不大,压力适中。教师队伍有很强的稳定性,学校属于超编单位,虽然是结构性缺编,但是短期内不可能更换年轻力量。

教育方式相对简单,以灌输式和说教式为主,目标不够明确,缺乏高位发展引领,不能激发学生的主动性。

(三)确定学校发展的切入点

如何克服长期稳定所带来的思想和行为惰性,冲淡人员老化所形成的暮气,提振干部教师的士气,点燃大家的奋斗激情,给学校的发展注入持续动力,是我们深入思考的重要课题。

在几次问卷充分调研的基础上,经过教科院专家的指导和系统分析,我们将学校发展的切入点定位在用规划来引领实现学校发展路径。

三、规划引领下创新农村学校管理方式的路径及实施

规划是实际行动的指导,因此学校规划必须具备确定性、合理性、有效性及可行性。确定学校的发展规划需要充分考虑实际行动中的可能情况,以及对未知的可能情况做具体的预防措施,以降低规划存在的漏洞所产生的不可挽回的后果或影响。合理的规划要根据所要规划的内容,整理出当前有效、准确而翔实的信息和数据,并对背景做充分的调研和分析,而后依据分析结果制定目标及行动方案,所制定的方案应符合相关技术及标准,更应充分考虑实际情况及预期能动力。

我们在充分调研的基础上制定了学校、教师、学生三个层面的整体发展规划,引导学生、教师按照学校总目标,向着自己的学业、职业发展目标努力。对学校未来三年的发展进行了明确的目标设定,我们将学校的发展定位为"根基厚实、质量优良、特色突出的美丽乡村学校",提出学校要争创老百姓心目中的示范校,教师要争当"品高业精,立己达人"令人民满意的标兵教师,学生要成为"遵守规矩、身心健康、学习进步、情趣高雅、勇于创新、报效国家的尚实学子"。

（一）制定学校发展行动目标：修订学校三年发展规划，制定十年发展规划

学校的发展规划既是学校整体发展的近期目标，也是教职工职业发展的动力之一，更是凝聚人心形成合力的重要抓手。根据北京市教育中长期发展规划和房山区区域发展的目标，结合学校发展的实际，我们将"建设学校成为根基厚实、质量优良、特色突出的美丽乡村学校。"作为我们的十年发展规划目标，将"把学校建设成为老百姓心目中的示范校"作为一个三年的发展目标。并且在教科院陈惠英老师等专家的多次指导下，我们结合南沟学校发展与评价项目的实施，对学校的教师、学生及家长进行了充分调研，将学校发展的文化建设、课程体系、德育目标、教学目标、队伍建设、党务工作、学校管理、教科研工作、服务保障等内容进行了分年度目标的详细阐述，便于各部门、各岗位对照规划设计本部门的工作目标及个人职业规划。三年发展规划的制定对于学校的后续工作具有非常好的指导意义。

（二）制定教师发展行动目标：教师制定个人职业发展规划

1. 制定个人职业生涯规划

每个人都需要进步。教师也是凡人，也需要目标的激励。结合相关工作要求，学校积极创造条件帮助教师心无旁骛地实现自己的职业发展目标，我们制定了《周口店中学教师职业发展规划书》，设定了基本资料、规划目标、可行性分析、综合分析、成功标准、主要差距、职业发展年度规划（方案）等主要内容，教师通常都有自己的职业发展目标。这些目标包括：成为更好的教师、成为具有更高职称的教师、成为更有名的教师、到更好的学校教书等。这些目标丰富而多元，可以激励教师在专业和职业道路上发展得更好。

尽管这场由新冠肺炎疫情催生的"在线教育实验"充满坎坷，与传统线下教学模式相比，新技术能提升教学效率与质量，随着在线教学平台功能的逐渐完善，传统教学场景中一些困扰教师的现实问题，如烦琐的非教学性事务、家校沟通、学生需求多样化等，都可以通过新技术找到对应的解决方案，最终提升教师的幸福感。原本对信息技术存在抵触情绪的教师为了实现自己的规划目标，在学校提出"利用学生听从要求的优势，抓住线上教学的干扰少、作业反馈及时等优势，精心实施线上直播间教学，化危为机"的要求，认真学

习直播课的操作，收集各种网络教学资源，通过备课组集体备课、学生分享交流、分层微信群答疑等多种方式，取得了相对较好的教育教学效果，教师的专业能力得到提升，完成了从普通教师向网红主播教师的转变，也丰富了教师对自己职业的规划内容。

2. 为教师的职业发展目标的实现创造条件

学校的任务是了解每一位教师的需求。为他们提供必要的或更好的条件，让富有经验的老教师保证年轻教师更快地成长，最终每一位教师都能实现自己的职业生涯目标。根据"2018年房山区南沟乡村教育联盟项目"中学校发展与评价研究项目组对周口店中学开展的学校自我评价和专家外部评价，在提供给我们的评价报告中也显示教师希望学校多为教师搭建专业发展的平台、提供学习的机会等，所以学校制定了教研组展示课、教育教学展示月、青年教师培养工程等。

周中的教师自信心不足，对于有一定难度的工作总有畏难情绪，这也是教师不愿意变化的一种心理。针对这种情况，学校硬性规定每个教研组每学期都要有区校及公开课展示，要有符合学生学习力的学科竞赛，要撰写至少一篇教育案例或论文等，以此来督促教师实现专业发展。

（三）逐步完善学校整体课程体系建设

1. 校本化落实国家课程

作为学校课程的主体，完成好国家课程的实施是规定动作，针对我校学生的基础，我们提出准确把握国家课程标准，适当降低课堂教学的知识难度，围绕教给学生基础知识设计教学活动，帮助学生掌握基本技能，不拔高。这样的要求也符合教师的实际专业水平和一部分教师的课堂教学习惯，符合绝大多数学生的接受程度。与此同时要求教师在初高三时留好分层作业，保证各层次的学生都有可以完成的作业量，保证了教育教学效果。

2. 有针对性地开设校本课程

结合学生现状和未来发展实际需求，我们开设了健体课和演讲课。利用每天早晨起床后的时间组织所有学生集体跑步、上下午的大课间体育活动、每周三、周四下午一节课的专项体育训练等全员参与的集体课程，还有初中12人的训练队、高中每个年级10人左右的训练队，训练队课程吸引了其他学生的积极参与。

我们的特色校本课程是《演讲与口才》，这是针对我们的学生不善于写作和语言表达而开设的全员课程，主要有语文老师利用早读、语文课、晚上的阅读课、周四下午的校本选修课等时间来实施。对于有专项播音爱好的学生，也可以通过这一学习过程提升自己的专业素养，甚至为自己将来的大学专业选择做出相应准备。对于绝大多数学生来说这是一个提高自己语言表达能力的机会。最终我们希望学生结合学校的校本课程实施，让学生结合自己的实际设定几项个人发展的可量化指标，围绕德智体美劳实现全面而有个性的发展。

（四）制定学生发展行动目标：学生个人发展规划

生源是决定学校办学质量的第一步，对于周中来说我们早就被确定为三类校，生源的情况是很难改变的，我们能做的就是面对现实，结合实际培养，帮助每一名学生成为更好的自己。为此结合学生的综合素质评价平台《入学初的自我评价》和心理教育课程，帮助学生了解自己，了解未来社会发展对人才的需求方向，做到知己知需。

对于我们初中的学生来说，所有的孩子不管聪不聪明，喜不喜欢读书都必须要上学。去学校上学是每个人无可逃避的选择，是成长的必经之路。所以我们这类学校的首要任务是吸引学生不流失，为此要帮助、指导学生了解自己，设定目标，鼓励大家学会坚持，砥砺前行。

过程中的学段目标：我们组织学生进行分学段学习规划，学年度学习计划、假期学习计划等，在六个学段的学习过程中及时对标自己的计划，对于完成计划的及时表扬鼓励，对于未达标的则要及时提醒督促，帮助学生做到"心中有目标，眼中有方向，行动有方法。"

毕业时的未来规划：结合每年为高三年级学生举行的十八岁成人仪式，在进行了爱国、责任、担当等教育之后，鼓励学生完成《写给十年后的自己》的规划，作为自己今后发展的目标呈现出来，激励学生实现"天天精彩，人人绽放"的培养目标，最终为国效力。

四、学校整体发展的效果与反思

在进行三年规划的设计和实施之后，教职员工知道了学校的未来发展方向，也更加明确了自己的教育教学、学生管理等发展目标，在规划引领下创新农村学校管理的探索与实践中，我们欣喜地收获到了不同层面的成绩和认可，距离我们预定的目标越来越近。

（一）学生发展稳步提升

体质方面：国家学生体质健康测试抽测成绩，周口店中学高中组第二名，初中组第七名；2018年房山区中小学生田径运动会高中组团体总分第四名；初中B组团体总分第七名。

参加比赛：在近两年的时间里积极组织学生参加市区级各类比赛，近两年每年都有百人次获奖，在拓展了学生视野的同时，学生的综合素质也得以提升。

学业方面：2020届的高三学生本科录取率达到了86.17%，比2018年提高了37%，中考成绩稳中有升。

（二）教师专业化水平不断提升

教师的干劲更足了，每天早晨、中午、放学后、高中的晚自习时间，甚至是周末休息，教师都在以不同的方式陪伴、指导学生的学习，帮助学生发展。周中教师始终能够得到学生和家长的高度认同和鼎力支持，产生了很好的社会效益。同时，借助于各方力量，促进教师的专业化水平不断提升。以张艳萍老师为例，在教科院专家的指导下，她和同事第一次申请到了市级课题，在实实在在的研究过程后，她代表英语课题组在中国基础教育的第三届英语教学与测评学术年会上做典型发言。还有的教师在教科院专家们的指导下，做课题研究、出版书籍，部分教师的课堂实录、教学设计等被教育部全国中小学教师继续教育网收录，用于教师国培项目等，而作为学生比赛的优秀辅导教师的奖励数量也在逐年攀升。

（三）学校实现可持续内涵发展

在规划引领学校管理的实践中，学校有了良好的教育教学风气，师生关系融洽，家校关系融合，社会评价越来越高。自2018年8月以来，学校荣获文明校园、房山区高考质量评价一等奖、北京市平安校园、北京市义务教育办学标准验收达标等多项奖励，2020年学校高一年级的录取分数线高于其他同类校11分。

这些成绩仅仅从一个侧面反映出在规划的作用下，学校实现着发展。更深层面的应该是干部师生思维模式和行为方式的改变。在规划引领下创新农村学校管理的探索与实践中，我们还在路上，我们既要把学校发展目标写在纸上，更要放在教职员工的心上，最终落实到行动上，只有这样，我们的管理才能发挥更大的效能，我们的学校才能实现可持续的发展。

第二篇　课程教学新探索

探索是研究未知事物的精神和过程。课程教学新探索是学校在科研引领下探索课程教学的新方向、新范式、新方法。

本篇包括 A-S-K 课程、友善用脑学科融合、思维游戏等课程教学探索；阅读素养、问题解决等关键问题的实践；信息技术背景下电子书包、线上线下相融合等创新教学模式方式的探索。

这些探索启发学校在内涵上更加关注课程的整合、课堂新生态、学生高阶思维培养，在外延上更加关注新技术、新方法等对课程教学的提升作用，以促进学校培养具有核心素养的未来人。

A-S-K 课程体系

——学生核心素养培养的新探索

北京教育科学研究院基础教育研究所　拱　雪

随着全球化、信息化时代与知识社会的来临,国力竞争开始加剧,以经济发展为核心,致力于公民素养提升的教育已成为世界各国共同面对的主题。

一、A-S-K 课程体系的提出

20 世纪中后期,世界各主要发达国家和经合组织、欧盟、联合国教科文组织等纷纷开展相关研究。经济合作与发展组织于 1997 年启动了"素养的界定与遴选:理论和概念基础"项目(DeSeCo),构建了以反思为核心的三大领域的核心素养框架。同期,国际组织及世界各国纷纷开始探索,相继在教育领域建立 21 世纪学生的核心素养模型及指标体系。2014 年,教育部颁布的《关于全面深化课程改革落实立德树人根本任务的意见》文件中,首次明确提出核心素养,并提出要研究制订学生发展核心素养的体系。2016 年,"中国学生发展核心素养"正式发布,其中对学生发展核心素养的内涵、表现等做了详细阐释,标志着我国基础教育开始从"知识本位"的时代正式走向以"核心素养"为特征的时代。

课程是一个国家或地区的教育系统中实现其教育目标的重要载体。课程是否具有先进性和科学性,人才的知识结构和能力结构是否适应未来的发展需要,对国家、社会的发展具有决定性的作用。核心素养代表了一系列知识、技能和态度的集合,它们是可迁移的、多功能的,这些素养是每个人发展自我、融入社会及胜任工作所必需的;在完成义务教育时应具备这些素养,并为终身学习奠定基础。因此从内涵上讲,核心素养是未来社会的关键能力,从学科属性上讲,它不属于任何一个学科,是跨学科、跨情境的,从功能上讲,它不仅能够促进个人发展更能够促进社会发展。❶ 因此，要实现对未来公民核心素养的培养，其重要途径是，通过课程改革将这些素养融入学校课程体系中。

立足于国情与北京实际，根据学生的成长规律和社会对人才的需求，北京教育科学研究院基教所研发了以发展学生核心素养为目标的 A-S-K 课程体系，并以此推动实验学校的改革与发展。

二、专注学生核心素养培养的 A-S-K 课程

为推进核心素养走进教育实践，许多国家与地区、国际组织都把核心素养视为课程设计的 DNA，努力研制基于核心素养的课程标准、课程体系，并以此推动课程改革。❷

A-S-K 课程体系，是以培养学生的态度（Attitude）、技能（Skill）和知识（Knowledge）为基础，以发展学生核心素养为目标，通过 PRE 课程、学科攻关课程、融通课程进行进阶式培养，为学生终身学习、自我的终身发展和适应未来社会奠定基础的课程体系。

（一）A-S-K 课程体系的设计理念

A-S-K 课程体系以现行学校课程为基础，以综合课程理论、综合学习设计理论、游戏化学习理论、认知发展理论、第四代评估理论为背景，以核心素养指标框架为导向，对课程进行综合设计、整体设计，以学生自主构建为主要方式，实现在学校对学生核心素养的培养。

1. 以核心素养指标框架为导向

学生的核心素养框架在一定程度上讲是教育目标的具体化，从人的全面发展角度出发，体现"促进人的全面发展、适应社会需要"的要求，按照学生的发展规律规定了一定教育经历后其必须拥有的基本素养和能力，解决的是"培养什么样的人"的教育问题。❸ 因此，基于北京教育现状及学生培养需求，A-S-K 课程体系以自行开发的核心素养指标框架为导向，从使用工具、自主行

---

❶ 张熙. 为学校优质发展而加速：SAP 学校优质加速发展的理论与实验［M］. 北京：北京出版社，2016：10.

❷ 邵朝友，周文叶，崔允漷. 基于核心素养的课程标准研制：国际经验与启示［J］. 全球教育展望，2015（8）：14－22.

❸ 辛涛，姜宇，王烨辉. 基于学生核心素养的课程体系建构［J］. 北京师范大学学报（社会科学版），2014（1）：5－11.

动、在社会异质群体中互动三个领域,语言素养、数学科技素养、信息素养、身心健康、学会学习、自我管理、创新精神、沟通合作、社会参与、国际理解十个方向,态度、知识、技能三个维度,着力培养"懂规划、用工具、会学习、善沟通、有动力、有能力、有方法、可持续发展"的人。

2. 以现行学校课程为基础

以学生的核心素养培养为导向的课程改革旨在推动学生核心素养培养的课程体系的完善、教育模式的生成。而这些变化需要以现行的学校课程、教育教学实践为基础,注重传统学科课程的调整,不同学科课程的整合,关注学生发展,强调适应现代社会所需能力的培养。

世界各国在推动课程改革的过程中也逐渐建立起以学生核心能力和素养为中心的新课程体系。而新的课程体系大致分为两类,一类是增补型,另一类是改进型。A-S-K 课程体系对于学生核心素养的培养有明确的定位与表述,考虑到现行的学科课程体系及学段特点,通过对现有学科课程进行调整,使其在实现学科知识培养的过程中实现核心素养的培养,同时对于学科教学较难实现的素养,A-S-K 课程体系进行增补。因此从整体看,A-S-K 课程体系易操作、易实施,可以最大限度地优化学校现有课程。

3. 综合学习,进阶式培养

综合学习包括知识、技能和态度之整合,涉及对本质相异的各个组成技能进行协调,同时综合学习还强调将学校环境中所学的东西迁移至日常生活与工作情境中去。❶ A-S-K 课程体系以问题为中心,重视学生的个体经验和需要,把学科内容和学习者所处的情境相互渗透,把理解情境中的真实问题或者完成现实生活中的真实任务作为学习和教学的驱动,采用游戏化或者活动的教学方式,在激发学习兴趣的基础上,充分帮助学习者整合知识、技能和态度,促使学习者协调各种技能,更好地将所学内容迁移到新问题中去,解决教育中分割化、碎片化和迁移悖论等问题。

同时,A-S-K 课程体系强调进阶式培养、一贯式培养,对于不同素养,其知识、技能、态度要求的程度螺旋式上升,并在不同阶段有所侧重,从而实现通过九年义务教育,培养学生适应终身发展和社会发展需要的必备的关键知

---

❶ 范梅里恩伯尔,基尔希纳. 综合学习设计 [M]. 盛群力,陈丽,王文智,译. 福州:福建教育出版社,2012.

识、能力、态度。A-S-K 课程体系提供教育经验和资源，包括课堂所讲授内容的结构、组织安排、重点处理及传授方式，以保证受教育者的学习质量。

（二）A-S-K 课程体系的开发

A-S-K 课程体系建设是在考虑该学段基本特性的前提下，以目标为基础和核心，围绕目标的确定、实现和评价来具体实施的，即目标模式。这种建设模式由美国著名的课程论专家拉尔夫·泰勒在 1949 年出版的《课程与教学的基本原理》一书中提出，之后众多的研究者以此为基础，简化出四段渐进式的课程开发流程，即确定目标、选择学习经验、组织学习经验、评价。❶ 在 A-S-K 课程体系的开发过程中将四段式流程进一步细化，主要包括：确定培养目标、了解学生需求及教师状况、明确建设原则、构建课程结构及课程内容、开展课程研发、推动课程实施、完善课程评估、提供课程资源服务八个环节。

（三）A-S-K 课程体系的结构与内容

课程结构是课程目标转化为教育成果的纽带，是课程实施活动顺利开展的依据。课程内容是一系列比较系统的直接经验和间接经验的总和，是根据课程目标从人类的经验体系中选择出来，并按照一定的逻辑序列组织编排而成的知识和经验体系。纵观国内外国家和地区已有的实践经验，基于核心素养的课程内容结构大体上呈现出两种实践样态，即一门课程或者一个领域体现所有核心素养以及一门课程或者一个领域体现部分核心素养。从各国的实践来看，采用第二种实践样态的国家较多。

A-S-K 课程体系主要包括三大部分：A-S-K PRE 课程、A-S-K 学科攻关课程、A-S-K 融通课程，每块各有侧重。A-S-K PRE 课程侧重幼小衔接，基于已有的儿童认知发展理论基础，并利用现代信息化教育技术手段，针对学龄儿童"学习品质"和"认知基础"两方面为学龄儿童打造一系列以游戏化为特色的幼小衔接过渡课程。A-S-K 学科攻关课程以点、面结合的形式在学科教学中实现学生核心素养的培养。针对学科重难点，明确其涉及的知识、技能，通过游戏化教学、活动设计等方式优化教学方法，在突破学科重难点的同时实现核心素养的培养。A-S-K 融通课程针对学科课程中较难实现的部分素养，以模块进

---

❶ 李介. 国外校本课程开发模式带给我们的启示［J］. 教育理论与实践，2010（9）：18-20.

阶的方式进行一贯式设计与培养，注重学生的生活体验和学习经验，强调学生发展的主体性，满足学生的发展需求与核心素养的培养。

三、A-S-K 课程体系的实践

课程实践是课程建设的一个关键环节，课程实践是一个动态的过程，是把一项课程改革付诸实施的过程。课程实施的焦点是实践中发生改革的程度和影响改革程度的那些因素，也就是说课程实施不只是课程方案的落实，还是学校和教师在执行一个具体课程的过程中按照实际的情况对课程进行的调适与改进。

A-S-K 课程作为指导学校落实学生核心素养培养的有效方式，首先要保证课程能够有效地实施，实现在多所学校整体地"标准化"推进，在此基础上充分考虑学校的基础及发展方向，形成 A-S-K 课程体系的不同实践形态，实现对不同学校的"量身定制"。

（一）A-S-K 课程的实践保障

在 A-S-K 系列课程的实施过程中，从课程培训、课程跟踪指导、课程评估反馈、课程修订四个环节，确保课程有序、有效地进行，实现课程的"标准化"推进。

1. 课程培训

每个模块课程的培训包括四个环节，基于认识、定位的通识性培训；针对关键点及教学流程的针对性培训；关注教学效果、实践改进的实战性培训和典型引路的示范性培训。确保授课教师能够实现从完成一节 A-S-K 课程到上好一节 A-S-K 课程。

2. 课程跟踪指导

A-S-K 课程设有跟踪指导机制，对课程实施过程中学生的发展进行持续追踪记录，详细生动地刻画学生在整个课程实施过程中的能力变化过程。具体的追踪包括以下三个环节：课程开始前，对每个参与课程的学生进行相应的认知能力水平测试，了解每个学生的初始学习水平；课程开展中，收集每个学生在课程各教学环节中的学习数据资料，主要包括学习中留下的纸笔痕迹、操作学习软件的信息等。课程结束后；对每个参与课程的学生再次进行相应能力水平的测试，了解每个学生的最终学习水平。

依据课程跟踪情况，专家进行点评指导。点评指导主要针对教师课上对教学内容、教学方法以及师生互动等环节开展，为提高教学有效性提出进一步的改进建议。A-S-K 课程体系开发课程跟踪指导工具，以 A-S-K 融通课程为例，课程的跟踪指导主要借助于实践活页。实践活页指导协助教师把握活动目的、设计、记录、评估四个关键环节，使每一个活动有明确的活动目的、清晰的设计思路、充实的活动记录、完善的活动评估，从而提升活动质量，保证活动的有效实施。

3. 课程评估与反馈

A-S-K 课程体系评估与反馈机制主要由两方面构成：一是对学生参与课程的情况进行全方位评估，包括 A-S-K 课程会在课程开展前后对学生进行认知发展水平评估，在课程实施后对学生、教师、家长进行课程实施情况调查；二是对教师实际的授课情况进行定性的反馈，并给予持续改进建议。课程反馈面向的对象群体包括四个部分：学校主管领导、教师、学生和家长。

4. 课程修订

A-S-K 课程体系根据课程的实施情况不断进行修订。A-S-K 课程体系提供工具，在每个模块课程实施后，授课教师要对课程进行反馈。依据教师反馈及课堂跟踪、评估等情况对课程进行修订与调整。以 A-S-K PRE 模块注意力课程为例，提供教师反馈表。教师反馈表为课程的修订提供了准确的信息与基础。

（二）A-S-K 课程体系的不同实践形态

A-S-K 课程是针对学生核心素养培养的系统设计，实施过程中要充分考虑学校的基础及发展方向，形成不同的实践形态，从而实现课程的"量身定制"。

1. 引进式

A-S-K 课程体系是完整的学生核心素养培养课程，目标明确、内容丰富、操作性强。学校可引进全部或部分模块课程来补充、完善学校已有的课程体系，从而使学校课程能够更好地实现对于学生核心素养的培养。

2. 共创式

A-S-K 课程体系针对学生核心素养培养，有较先进的课程开发理念与较好的研究基础，为学校在"核心素养"时代如何重新规划与定位提供有效的支持。学校可以 A-S-K 课程体系为基础，结合自身基础与特点，合作共创能够推动学校发展的课程体系，实现学校整体的提升。

四、A-S-K 课程的实践效果

A-S-K 课程由于明确的定位、科学的设计、完善的实施保障，实践效果显著。从学生来看，以实验学校开展的 A-S-K PRE 注意力模块课程为例，在课程开展前后分别对学生注意力发展水平进行前测、后测，平均分由 65 分提高到 69 分，注意力较高水平比例由 63.13% 增加到 80.03%，前后测评差异显著，学生注意力明显提升。从教师来看，实验学校的教师体验了从完成一节 A-S-K 课程，到上好一节 A-S-K 课程，再到共创一节 A-S-K 课程的成长历程，对于学生核心素养的培养有了深入的体会与实践。从学校来看，从模块课程的引进，到课程体系的实践，再到 A-S-K 通州、A-S-K 大兴、A-S-K 石景山等不同实践形态的形成，学校实现了"核心素养"时代的加速发展。

课堂教学中教师的基本角色再探

北京教育科学院基础教育研究所　张理智

对课堂教学中的教师角色的探讨是一个老问题，为什么又把这一老问题拿出来重新考量一番呢？笔者和北京教科院大兴实验小学王学武校长就该校参加2020年7月13日实验学校云论坛选择主题和提交材料一事进行交流时受到触动。大兴实验小学在此次云论坛上发言的主题即为"线上学习阶段教师的角色定位"。王校长在其发言中提出的观点颇具新意，对笔者思考同类问题有很多启迪。虽然有关教师角色的讨论是一个老旧话题，但随着时代的变迁，仍有常论常新的价值。教师身兼多种角色，有些角色与时俱进，有些角色逐渐退出，但有些角色是否具有恒久价值呢？如教师的知识传授者的角色。一些专家放言在信息化、网络化、智能化时代，学校在消亡，教师要退出，教师的知识传授者的角色更要淡化，笔者认为即使这一设想成真，那也是未来之事。在可预期的将来，教师不会退出，教师的知识传授者这一基本角色不会淡化。

特别需要指出的是，教师的知识传授者的角色并不排斥教师的全面育人的角色，更准确地说，教师应该是全面育人者的角色。全面育人自然包括教师传授知识，教师引导学生学习和运用知识，否则，教师的育人就失去了凭借。而教师传授知识又是在全面育人这一根本职责指引下进行的，不能背离育人这一根本目标，也不能和其他领域、其他环节对立、脱节。从这一角度看，传授知识是教师承担的全面育人任务的一部分，但这部分任务应该是基本任务。

家庭、社会和国家也是育人者，但这种育人者的育人方式、手段等与学校、教师育人是不一样的。学校是专业育人机构，教师是专业育人人员，教师的育人者的角色具有专业上的特殊性，教师的育人目标是通过引导并帮助学生系统地学习、掌握和运用知识实现的。舍此，教师就混同于社会上其他人士，教师这一职业也就没有必要存在了。

一、新时期教师角色基本定位：以知识传授为手段的全面育人者

本文所说的教师的角色实际上是指全面育人者的角色，而教师的全面育人又是以知识传授为基本方式的。为行文的方便，也考虑到学校和教师的专业性、知识传授这一基本任务的重要性，本文重点阐述和探讨教师的知识传授者这一基本角色，并非说教师就仅仅是知识传授者，这是笔者首先应该向读者解释的。

众所周知，以"教师中心""教材中心"和"知识中心"这三个中心为标志的传统教育存在着很多弊端，它们难以适应新形势的需要，因而成为众矢之的，受到众多责难和批评。在这一背景下，2001年，教育部颁布了《基础教育课程改革纲要》，正式启动了基础教育领域的课程改革。新课程改革提出了六大改革目标，其中"改革课程过于注重知识传授的倾向，强调形成积极主动的学习态度，使获得基础知识与基本技能的过程同时成为学会学习和形成正确价值观的过程"被列为首要目标。少数学者并不完全认可这一观点，认为所谓"过于注重知识传授"的说法有简单化之嫌。但多数专家学者则认同这一观点，纷纷撰文批评传统课程的弊端，如一位学者认为，"现行课程的主要弊端是以知识为本，过分注重知识的系统传授，忽视对学生态度、情感和价值观的培养。"[1] 当时的学界整体上确似有淡化知识传授的倾向。随着课程改革和相关研究的深入以及信息技术的快速发展，综合素质、核心素养和智慧教育的概念和框架也成为基础教育界近些年来非常热门的话题，很多专家把关注点聚焦在核心素养的理论构架上，并认为学校教育的目标应放在学生的核心素养的培养和发展上。但因为核心素养这一框架理论色彩颇浓，缺乏厚实的载体，因此，这一主张在一定意义上仍然有虚化系统知识的价值和知识的系统传授的重要性的嫌疑。

知识传授是通过人进行的。认为传统教育和传统课程的弊端在于过于注重知识的系统传授的观点其实是与轻视或忽视教师作为知识传授者的角色的价值的认识分不开的。新课程改革启动以来，教育学界和基础教育界也在深化对教师的研究，也在探讨信息化背景下的教师角色的变化，但网络、报纸、书籍、专业刊物上登载的文章和会议发言都不太强调教师知识传授者角色的作用，不

---

[1] 靳玉乐. 新课程改革的理念与创新 [M]. 北京：人民教育出版社，2003：18.

太注重教师在知识传授方面努力的方向和重点。在他们看来，知识和知识传授在中国已不是一个重要问题，因此，比较多地强调教师要当好课堂导演、课堂活动的组织者和协调者、学生学习成果的评价者，等等。我们自然不能仅仅凭借几句话就武断地认定这种观点不重视教师作为知识传授者的角色的重要性，但这一观点以及与此类似的观点确实不强调教师要注重传授知识。笔者从以下几个方面对这类观点进行简要剖析。

其一，此类观点将教师作为知识传授者的角色与其他角色对立起来。在学校教育活动中，教师常常集多种角色于一身，这些角色也常常难以分开。以课堂教学为例，教师是作为知识传授者出现在课堂上的，同时，教师也是一个教学活动的组织者和协调者、学生学习过程和学习结果的评价者。也就是说，教师既要传授知识，也要组织学生参与教学活动，还要对学生的学习过程和结果进行评价。一次完整的教学活动和一个教师的参与决定了教师的角色多样性。而且这些角色之间并非对立的关系，教师既可以是知识传授者，也可以是组织者，而不是只能在知识传授和组织活动之间选择其一。

其二，此类观点无视或混淆知识传授者的基本角色与非基本角色的区别。在教师的多重角色中，知识传授者的角色应该是基本的，其他角色则是附着在这一基本角色之上的。这一角色之所以说是基本，首先源于学校教育的基本功能在于传授系统的学科知识，学生接受学校教育的基本目的是学习知识。有人辩解说，如果说到学校的基本目的是学知识，那在家里也可以自学知识啊。在家里的确可以自学知识，但很难系统地学习，也很难学习各学科的系统知识，缺乏教师对难点、重点的指导和点拨，缺乏教师对关键原理、概念的讲解，也缺少同学之间的相互激励、相互切磋，"独学而无友，则孤陋而寡闻"。正是学校这种特殊的组织才给学生提供了系统学习各科知识的场所和机会，也因如此，传授知识成为教师的基本职能，知识传授者的角色才构成教师的基本角色。从知识与人的发展的其他方面如能力、素质、素养之间的关系来看，传授知识者的角色也是教师的基本角色。教师当然应该培养学生的基本能力和全面素质，特别是思维能力、实践能力和创新能力，但这些能力是建立在一定的知识基础上的。我们都知道，能力、素质、素养与知识之间有密切的关系，知识是能力的重要基础，知识是素质和素养的重要部分，也是其他素质和素养的基础。我们无法想象没有相关的知识，一个人会有特有领域的能力。显然，要想培养某方面的能力，必须掌握那方面基础知识。而要系统掌握那方面的知识又离不开教师的指导、点拨。因此，从知识与能力、素养关系这一角度看，知识传授者这一角色也是教师的基本角色。

二、教师传授何种知识的依据：学生高层级知识与高阶认知的不足

从学校教育实际情况来看，所谓"过于注重知识传授"的论述很武断，建立在这个判断基础上的淡化教师的知识传授者这一基本角色的观点和实践更不利于学生的知识学习。一些学者批评我国的课堂教学注重知识传授，不太顾及学生其他方面的发展，并认为我国学生知识基础牢固。从一般情形来看可能如此，但如果深究，所谓知识基础牢固这一结论并非牢靠，学生所学的和所掌握的知识和知识学习的认知水平方面存在的问题其实也不少。

关于知识的研究在西方有着长达两千多年的悠久传统，成果异常丰硕。近几十年来新的成果中比较著名的是美国心理学家布鲁姆的"教育目标分类学"，该理论将知识划分为事实性知识、概念性知识、程序性知识或方法性知识和元认知知识，并将认知水平划分为记忆、理解、应用、分析、评价、创造这六级水平，虽然上述分类在逻辑上不尽合理，有待商榷，但仍有可取之处。如果用布鲁姆的"教育目标分类学"中提出的知识四个维度的理论来审视学生所学的知识，我们会看到，我国学生在事实性知识方面掌握情况最优，概念性知识掌握情况次之，程序性知识和元认知知识的掌握情况较差。从认知水平这个角度来看，整体上说，学生的知识记忆状况最佳，理解、应用、分析、评价稍次之，创造最次。将四类知识和六级水平结合起来看，学生的知识掌握的强项、次强项和弱项与学生的认知水平的高、次高和低是相互照应的。严格说来，两者是因果关系，后者为因，前者为果。

有研究者在其撰写的一篇文章中指出，根据教育部重点课题"国际阅读素养框架下的我国小学阅读教学和测试改革的实践研究"课题组确定的阅读能力测试框架，他们自己研制了一套四年级阅读能力测试卷，并在四所课题实验学校的四年级实施了两次测试，学生阅读能力得分的基本情况是检索等低层级阅读能力得分率较高，高层级阅读能力测试题（运用、评鉴、质疑与创新）得分率偏低。阅读能力的形成自然离不开所学和所掌握的知识，阅读能力的高下能反映出所掌握的知识状况和所具有的认知水平。这一研究结果实际上再次表明，我国学生知识掌握方面和认知水平方面确实存在着一定的缺陷。[1]

正如上面那位研究者所说的"影响学生阅读能力测试成绩高低的原因在阅读教学"。可以说学生的知识掌握状况和认知发展水平是他们所接受的教育的结果。这里所说的教育是一个广义的概念，不仅包括教学活动，也包括教研员对教师的指导，还包括学科课程标准、学科教材、教学参考书和其他辅助教学材料。在一定程度上，除教师之外的教育因素对教学产生的影响非常大，从而间接影响着学生的知识掌握状况和认知水平。考虑到本文的写作目的，这里不打算探讨教师之外的因素，只把重点聚焦在教师这个因素上。

三、教师知识传授的价值选择：利于学生思维的知识类型与水平

不管专家学者和行政部门强调综合素质和核心素养如何如何重要，一线教师每天所做的基本工作还是传授知识，通俗点说就是教知识。过去偏重于"教教材"，现在的时髦提法是"用教材教"，这一提法实际上并没有解决教的对象问题，也就是教什么的问题。不管是"教教材"，还是"用教材教"，其实质都是教知识。"教教材"是教教材里的知识，"用教材教"也主要是教教材里的知识，但是不局限于教材。也因这些原因，再加上受其他因素的制约，很多老师不太关注"教什么知识"和"什么知识更重要或更有价值"的问题，更重视研究"如何教知识"。[2]

实际上，思考和研究"教什么知识"的问题和思考与研究"如何教知识"的问题同样重要。这与学生"学到什么知识"和"如何学到这些知识"之类的问题是正相关的。我们常常困惑于下面的一些问题：知识与能力的关系，知识与思维能力的关系，知识与理解能力的关系，知识与运用、应用、迁移能力之间的关系，知识与创造能力之间的关系。当我们思考并尝试解决这些重要问题的时候，我们习惯的做法是思考和探讨：如何理解、如何运用、如何应用、如何迁移、如何创造等的方法、技能、技巧，而很少去思考和研究：什么知识或哪类或哪级水平的知识有助于思维能力、理解能力、迁移能力等的提升？教的是什么知识，教的是哪类知识，教的是哪级水平的知识？对于教材中的知识，自己思考到了哪层级水平，又教到哪层级的水平？学生学到了哪个层级水

---

[1] 黄国才. 改进课堂提问 促进深度阅读 [N]. 教育文摘周报，2017-10-25.
[2] 季苹. 教什么知识 [M]. 北京：教育科学出版社，2009：2.

平的知识？等等。❶

  我们现在比较重视学生综合素质和核心素养的培养，又主张不能"过于注重知识传授"，这就有可能导致综合素质和核心素养由于缺乏载体而常常落空。显然，问题不在于系统传授知识，而在于我们传授给学生的是哪个层面和哪个层级的知识？这种知识或这一知识在多大程度上有利于学生的思维能力、理解能力、迁移能力和创造能力的提升？对这种问题进行探讨和对"如何传授知识"和"如何培养学生思维能力"进行研究同样重要，我们万万不可忽视或轻视。

  在注重核心素养和核心能力的今天，重视知识传授不意味着要认同和实施单纯听讲的知识学习方式，至于采用哪些或哪种方式有助于在掌握知识的基础上发展核心素养，是另一个需要着力研讨的话题，本文不再讨论。

---

❶ 季苹. 教什么知识［M］. 北京：教育科学出版社，2009：2.

A-S-K 项目引领下的主题课程实践

——探索勾勒未来课堂生态的新方法

北京教育科学研究院通州区第一实验小学　徐　宏　赵　波

A-S-K 课程是北京教科院研发的以培养学生的态度、技能和关键概念或知识为基础，以发展学生的核心素养为目标，通过 PRE 课程、学科攻关课程和融通课程进行进阶式培养，为学生终身学习、自我的终身发展和适应未来社会奠定基础的课程体系。在基教所专家引领下，从跨学科化、主题化、生活化三个方面探索在 A-S-K 项目中勾勒未来课堂新生态的新方法。

一、A-S-K 项目跨学科实践

在实施中打破学科界线，沟通学科间的逻辑，实现学科知识的系统传承。在我们的教学实践中，A-S-K 项目组积极研究、实践，在教学中打破学科界限，实践学科化的教学实践，使学生的学习更具综合性。我们以一节金老师英语学科攻关课为例说明学科之间相融互通的策略与教育实践。

本课是在讲授了第六单元的基础上进行知识的整合，教学的关键是在突出生活性和游戏性的过程中，把单一枯燥的学科学习转化为丰富多彩、充满智力挑战的发现式探究学习。

①金老师激发学生兴趣，带领学生进入"引导寻觅"环节，在教学中打破常规英语教学模式，让学生主动学习，让学生在游戏中主动获得知识，基于游戏活动的攻关课程难点。

②金老师课前针对本单元所学做了前测，学生对于四个季节的英文单词认读不太熟悉，有读不准，不敢读的现象。对于本单元功能句"Do you like…"仅限于听懂和能回答，但是却不能与同学进行简单的交流。所以，在设计教学环节时采用逐个攻破的方法，由词到句再到对话逐步攻克本课难点。

Bomb game，学生在紧张刺激的游戏中快速把注意力集中到课堂，在头脑中复现本单元学习过的单词，为后面连词成句打下基础。

Guessing game，小组齐上阵，开动脑筋解谜题，通过对句子的理解与分析完成挑战。

Dice game，学生分小组活动，按顺序扔骰子进行简单的口语交际，先完成的组得到奖励。在游戏过程中，学生体会到了小组合作的重要性，并在游戏中主动把所学知识在头脑中进行整合。

Beat game，学生结合所学和对四季的理解，创编歌谣并加上不同的节拍，在与音乐节奏融合的同时发散思维。

Drawing pictures，学生利用材料创作"季节画"，与美术思维共同发展，拓宽对知识的理解。

③通过活动设计引导学生在游戏中梳理知识系统，学生在一次次的活动中逐步深入理解相关知识点，最后达到学生的幂次提升。一个情境把学生带入小画家课堂，学生在任务驱动下主动攻克难点，收获知识，收获乐趣，提升多角度思维。在交流反馈环节，学生交流学习方法，反思学习过程，组织能力、表达能力和概括能力都有了提高，同时感悟到了合作的美好。

二、A-S-K 项目主题化教学实践

（一）整合学科知识主题打造学科主题化教学活动

语文教学中习作教学和阅读一直是教学的难点，项目组的教师将 A-S-K 课程特点与语文教学实践相结合，针对学科重难点明确其涉及的知识、技能，通过游戏化教学、活动设计等方式，优化教学方法，进行学科主题画教学活动，在突破学科重难点的同时实现学生核心素养的培养。

教师在教学中以游戏为突破口，将 A-S-K 学科难点攻关课程理念引入课堂，利用游戏环节做好铺垫，学生在描写同学时就能抓住关键性的特点，把人物通过文字展现给大家，学生在分享习作时，大家都能猜出主人公是谁，甚至笑声不断。可见，这样的设计符合学生的认知特点，通过游戏的形式将难以理解的概念以较为直观的形象呈现给学生，帮助学生突破了难点，同时激发了学生的习作兴趣。

结合 A-S-K 学科难点攻关课程理论，项目组安老师尝试了小组合作互评的

方式，以学生为主体的作文评改方法充分发挥了学生集体合作的优势。学生在平等、融洽、自由的气氛中讨论、修改、评价同龄人的习作，有利于学生取长补短，促进相互了解和合作，共同提高写作水平。这种由教师组织、指导，由学生既写作又参与批改的"双向实践"活动，是对新教学观"活动化教学"基本理念的大胆尝试。每个学生都参与到互评互改的实践活动中，能激发学生作文批改的兴趣，让大多数学生初步掌握作文批改的方法。在小组合作评改作文中，每个学生都可以把自己作文中的闪光点读给其他同学听，与大家分享成功的喜悦，也可以提出疑问，寻求大家的意见，寻找最佳的方案。学生在主动积极的思维和情感活动中探索，积极体验，相互交流，相互评价，相互影响，相互赏识，从而启迪自己思维的发展，真正实现了共识、共享、共进。

（二）突破单元难点设计单元主题化活动

A-S-K 项目研究中，教师团队着力于怎样利用 A-S-K 理论设计单元知识的整合，并突破重难点。以项目组张老师的一节语文课为例，难点关键就在突出语文工具性和活动游戏过程中，力求把单一枯燥的学习模式转换为任务驱动式的学习模式。

①在这节课上，项目组张老师在尝试了一节 A-S-K 的课程"一个都不能少"课程后，延续了《海底总动员》的故事情节——在鱼父子重聚的几个月后，他们一起去游泳。父子俩聊天时就谈到关于陆地上虫子的一系列事情，从而触发本节课的开始。学生对父子俩的情节记忆犹新，他们很快再一次沉浸在"续篇"的热情当中，开启了快乐的学习之旅。

②老师采用任务驱动，突破单元重点，突破重重"谜"团的方式，激发学生的求知欲。

A-S-K 课程理念中提倡引导学生探究，在体验、合作的过程中让学生有所获得。因此在本节课中，张老师设计了两个团队合作任务。

任务一：结合甲骨文资料进行猜字。

任务二：利用字典给生字注音，总结、验证这一类偏旁的含义。

通过任务驱动的方式，学生大量积累生字并熟悉造字规律，突破了本单元识字难点的同时最大限度地丰富学生的语言积累，提升了学生的语文核心素养。不仅如此，团体合作的形式又让每名成员参与其中，发挥群体智慧的同时还锻炼了学生的协作能力，使每一名学生都能充分发表自己的见解，最终学生不再是课堂的无关者，而是课堂的收获者。

③在回顾历程中，收获成长的甜蜜，在课程即将结束之时，老师播放了鱼爸爸的语音，引导学生回顾前面的知识收获，掌握学习秘籍——学会主动、独立学习；要善观察，勤思考；多和小伙伴交流合作，成为见多识广的小学生！本节课学生在任务驱动下攻破重重难点，收获到了成长的甜蜜，感悟到了合作的快乐与美好。

A-S-K 项目组的数学课照样精彩纷呈。在高老师的数学课堂上，老师执教的 A-S-K 数学与思维（一年级）——齐心合力一课是魔法课堂系列的一节 20 分钟的短课。在进行这节课前，首先对学生进行合理的前测，然后结合学生的前测情况与 A-S-K 的三个层面来确立学习目标。即：A，态度目标，让学生在游戏性的学习活动中体验灵活运用知识解决问题的快乐。S，技能目标，通过游戏性活动让学生练习凑十法的运用，并达到熟练运用"凑十法"进行运算。K，知识目标，通过课程活动让学生熟练运用凑十法，并掌握 20 以内加法的计算规则。

在课程设计过程中，考虑到一年级学生的特点，有序地进行活动难度较大，王老师创新地为每个小组增加了一名小裁判，以保证活动有序进行，更主要的是，王老师用学生的视角来进行活动评价。这也是这节课的创新点之一。

课程结束后，王老师又设计了当堂小测验，对比前测与当堂测试，结果显而易见：经过课程的实施，学生活动后对知识的掌握提升了，解决问题的能力也得到提升。

三、A-S-K 项目生活化实践

（一）到生活情景中开展实施项目课程教学活动

我们的教学都是来源于课本，但是有些知识离学生的生活很远，项目组的教师集思广益，进行了 A-S-K 项目生活化教学实践，比如：丈量我们的操场来认识距离，种植蔬菜形成班级小菜园来丰富学生的认知，并锻炼学生各方面的能力，等等。

（二）在主题课程教学中进行生活化教学实践

我们的教学实践和研究实践在教师团队中逐步推行，教学中也逐步体现教学的生活化。结合当代学生每天生活在钢筋水泥的屋子里，很少有亲近大自然的机会这一学情，教师在班级布置迷你小菜园，让学生每天都能看到绿油油的植物在窗台上竞相生长。一年有四季，蔬菜各不同，学生们在小菜园前驻足、观察，小菜园的蔬菜给他们展现了一个不同的世界，让他们知道了许多书本上没有的知识。迷你菜园不仅增加了学生的知识，还提升了学生能力，成为学生习作的热门话题。

将生活融入教学中后，学生的观察能力、绘画能力、表达能力等都得到了不同程度的提升。

A-S-K 课程实验改变了传统课堂的模式，我们项目团队将基于教科院的理论依据，让学生站在课堂的中央，以尊重学生的实际获得为前提，以提高学生的综合素养为目标，继续深入研究，在教学实践中不断前行、不断探索，深化 A-S-K 项目未来课堂新生态。

友善用脑学科融合教学案例研究

北京教育科学研究院通州区第一实验小学　张春红

教育部《中国学生发展核心素养》《关于深化教育教学改革全面提高义务教育质量的意见》等文件的出台，将教育教学改革全面推入了一个新的时代。我校深刻思考学习的本质，并以发现教育为引领，以学习者为中心，结合教育场域与教育策略的转变与知识结构的创新，实施了友善用脑学科融合教学策略。

友善用脑学科融合教学策略，以国家课程中每个具体学科的课程目标为依据，梳理清晰各学科本学期课标要求和单元内容，找到学科之间的核心交叉点和具体内容，理出相关知识点背后的学科内在逻辑，进行教学设计。策略以主题学习和实践活动设计为支点，拉近学科之间、学科与学习者、学科与生活之间的内在联系，促进学生全面发展。

一、深刻领悟学科融合，积累探索基础

1. 教科院助力推进"A-S-K"研究项目，促进教师创新理念

2015年，在教科院领导和专家引领下，我们学校开始了"A-S-K项目实验"实施。几年来，通州区第一实验小学在教科院领导和专家温暖、扎实、科学的支持下，A-S-K项目从1.0发展到2.0时代。在进行A-S-K融通课程研究中满足学生的发展需求与核心素养的培养，也让教师树立了学科融合的新理念。

2. 学校开展"项目+"主题研究活动，帮助老师积累经验

"项目+"主题研究活动，是跨学科的综合学习，是各领域之间的相互渗透，具有整体性、实践性、开放性、生成性、自主性。我们学校从2017年开始就在各年级开展了主题研究实践活动，教师积累了设计主题活动、指导实施

主题活动的经验。

3. 学校开展友善用脑课堂教学实践研究，助力教师掌握友善用脑教学范式

我校从 2013 年开始进行基于学习科学的友善用脑课堂教学实践研究。友善用脑的课堂是突出学生主体地位，以团队为单位，在教师的设计和引导下学生自主达成学习任务的课堂。友善用脑课堂要求教师把对知识的理解把握和对孩子们的了解高度融合，设计出相应的学习活动，并通过严谨的活动规则让学生在更加真实的场景中落实知识，获得素养和能力的提升。通过研究，教师已经掌握友善用脑"一三八"课堂教学范式，这就便于教师进行学科融合教学设计和实施。

二、确定研究路径支架，设计学习过程

结合科学友善用脑的已有研究成果，专家为教师提供了学科融合教学主题选择过程及靶子目标确立的逻辑思路，以及课堂实施的步骤流程等工作图表，以保证教师能够科学、深入、高效完成实验任务。

支点一：主题的选择

学科融合首先是主题的确定。但学科融合没有教参的辅助，教师必须牢固树立课标意识，依据学科课标，结合大单元（大概念、任务群）主题和学科具体要求，明确每科内容的知识点，再找到不同学科的交叉知识点，搞清学科之间以及交叉知识点背后的逻辑关系。融合学科核心交叉知识点背后的逻辑关系是确立目标和设计课堂活动的重要依据。

支点二：目标的确立

选定主题后，各学科要在明确的教学目标基础上转换成学生的学习目标，并确定融合后的靶子目标。不论是学科学习目标还是融合后的靶子目标，表述都要具体清晰、恰如其分和一语中的。目标不宜过多过杂，因为一节课承载不了太多的内容。

支点三：过程的设计

靶子目标确定后就要围绕靶子目标和结合学生学情，设计对应的课堂活动和制定活动规则。课堂活动是为让学生自主获得知识和能力，根据融合学科间的逻辑关系及核心知识背后隐藏的知识逻辑创设引导学生思维和探究的场景。活动是要实现从教师"讲"到学生"动"的转变。活动顺利开展需要规则保障。活动规则是与课程教学活动相匹配，以学科要求为基础，确保学生能够自

主生成的相关知识点的评价依据，是学习活动中为学生思维画的"跑道"，为学生突破困难搭建的"脚手架"，也是教师在课堂教学中所讲授有关知识内容的抽象概括。规则是学生通过活动达成目标的保障，活动与规则共同构成发挥学生元认知，实现学生前拥知识产生正迁移的"有用情景"。

支点四：教学的实施

在具体的课程实施中，已经被广泛实践验证的友善用脑"一三八"课堂教学范式是教师的具体抓手，能够帮助教师很好地解决从"教"到"学"的转变。

三、纵横推进学科融合，进行立体研究

学科融合秉承打破课程边界与跨学科融合的思想，以大概念、大单元、任务群为基本形式整合学科内容，兼顾统一教学和学生个性化需求，指导学生适应不同教学环境特点，努力不让任何一个孩子掉队。在学科融合研究的过程中，我们以专家引领、团队研究、个体研究三个维度为支点，建构立体研究支架，设计学习的过程，定义学习的目标，开启核心的问题与内容，激发学习者的内动力，引导一个个学习任务与活动，在过程中识别学习的状态，评价学习的过程。在适应教育发展趋势中积极推进个体纵向深入研究与横向联合实践的结构过程，应对解决任务不减但时间缩短的现实难题，完成学期教学任务与学生发展需要。

1. **专家引领**

在学科融合项目立体支架式研究实践中，专家引领作为最关键的支点之一，为我们指明了研究设计的方向，带领我们建构纵横相间的思维网络与逻辑关联，在整合与优化中助力我们从稚嫩不断走向成熟。

北京市学习科学学会专家走进我校，给予我们面对面的指导。针对教学设计中的学科间逻辑关系、融合点、学生的学习活动设计等方面进行详细的解读并给予全面的指导；在我们学科融合研究过程中多次通过微信形式给予我们建设性的意见与建议，例如针对"动物情缘"融合教学设计给予肯定的同时，对一些个别点提出修改意见。在专家的引领下，我们在学科融合中不断形成课堂教学范式，并在纵横研究实践中不断提升教师团队的整体专业素养。

2. **团队研究**

延期开学期间，我校成立校内学科融合实验小组，陈金香校长为组长，张

春红、奚志会、赵春露、黎燕妮、李云华、于洪春、刘亚玲七名教师为组员。实验小组八名成员参加了北京市学习科学学会组织的四次培训，深度认知学科融合的内涵，实践完成"语文+英语""科学+道德与法治+数学"两个融合教学设计。

在陈金香校长的带领下，我们进行了团队研究活动。第一次团队研究时，五位老师依次发言，分别介绍了四年级语文、数学、英语、道德与法治、科学这五个学科的"基础、主干和核心"内容，列出了这五个学科的"大概念、大单元、任务群"的学习内容，并以课程为参照，勾连相关概念与知识点。

综合个体研究汇报内容，在交流共享中，我们选择具有共同动物描写特点的语文+英语学科，确定"猫"与"LESSON 2"进行学科融合。基于两课内容中外显的对话表达与内隐的人与动物情感诠释，我们将单元主题定为"动物情缘"，靶子目标定在激发学生对动物的喜爱之情，培养学生书面和口语的表达能力；我们结合新冠肺炎疫情防控时期科学合理饮食提升免疫力的需要，将科学、道德与法治、数学三个学科中关于营养、合理搭配、小数计算的知识点相融合，制定"做一顿有营养的早餐"的单元主题，靶子目标定为"通过设计有营养的早餐、做一顿有营养的早餐、评价所做的早餐"等活动，让学生知道什么是营养，通过计算合理消费选择有营养的食物。

在明确融合点之后，为了更加科学准确地做好学科融合，我们在专家的指导下又进行了第二次、第三次团队研究，对融合点进行反复讨论，对学生的活动要求、活动规则进行设计思想的碰撞，并在教学实践的研究中提升学科融合的能力。

3. 个体研究

教师在纵深学习与个体研究中阶梯化实现融合课堂设计。首先，深刻理解各学科 2011 版课程标准、北京市中小学学科教学指导意见，以教材为焦点进行研读，并在交叉学科中进行整合，精准找到"大单元、大概念、任务群"；其次，深入学习"一三八"课堂教学范式，为融合课堂之中学生学习活动内容与活动规则的设计奠定扎实的基础；最后，深化落实融合课堂设计的三个原则，暨以靶子目标为核心点，无缝衔接"符合学科间和知识点的逻辑"与"紧密联系学生的生活实际和前拥知识"。

四、学科融合，助推教育发展繁荣

学科融合将不同领域内的学科知识和技能的教与学整合到一起，将学生习得的零碎知识变成一个互相联系的整体，使不同学科的课程内容呈现开放性，使学生的学习充满自主性、合作性、创造性、趣味性，是有利于提升学生核心素养和创造性思维的教学方式。

1. 学生解放天性，深度学习

友善用脑学科融合促进学生提升和提高自己学习、独立思考、主体判断、探究问题、解决问题的综合素养和综合能力。真正做到了让学生在活动中解放天性，自由成长，通过合作交流让孩子学会表达自我认识和感知世界，走向一种深度的基于生命体验的"全身心学习"之路。

因新冠肺炎疫情问题，我们是在线上多次开展融合教学活动的，但学生参与的积极性很高，对这种创新的教学模式十分向往并努力参与，学生也全方位地培养了自己的思维、表达、合作等诸方面的素养。

2. 教师精心设计，提升专业素养

学科融合可以使教师提升对学科教学本质的分析和把握能力，教师在实验研究过程中也很好地提升了自己的专业素养。

科学课老师、道德与法治老师、数学老师上完融合课"我是小小营养师"后谈道："本次友善用脑融合课程的尝试，给我们展现了全新的上课思路与课堂模式。我们在今后的教育教学工作中也可以选择适合的课堂内容进行再次实践。"由此可见，友善用脑学科融合教学案例创作研究使教师有了很大的收获。

我们的现实生活是复杂的、多元的，学生的核心素养需要是综合的，这就要求我们在教学中弱化学科界限，打破学科壁垒，把多种学科的知识背景、思维方式、学习能力、操作技能等方面通汇交叉，构建起更为完整的知识体系，在知识的融会贯通中构建起学生的核心素养，由此创造性地分析问题、解决问题。唯有坚持学科融合，教学才会有真正的突破，实现新的生长和跨越。

赋予学生思考的力量

——思维游戏课程的实践与思考

北京教育科学研究院丰台实验小学　张冬梅　郑文明　王朝晖

一、面对未来社会的挑战，基于原有实践反思，对标核心素养的落位

随着科学技术的迅猛发展，当今社会正在发生着深刻的变化……面对未来的复杂挑战，我们作为教育工作者不得不思考：应该给孩子们做好哪些准备呢？教育又该何去何从？

自 2014 年起，我校在教科院专家的指导下开始进行"动力课程"的研究，旨在开发一套有趣的课程激发起学生学习的力量，推动学生学习的发生与发展，为所有学科教学提供动力和能量。

在开发初期，以"巧手健脑""启智激趣"为定位，从"激趣"入手，研创了一系列游戏。学生喜欢游戏并沉浸其中，自得其乐。在解决"有意思"的问题后，我们将培养观察力、记忆力、分析力、创造力、表达力作为重点进行课程开发，努力强化"动力课程"对于学生的意义。在这过程中实现"动"与"思"的平衡一直是研发的重点和难点。2016 年，《中国学生发展核心素养》正式发布，我们开始思考动力课程如何与核心素养对标。通过学习和分析我们意识到，教育逐本溯源在于"立德树人"，使学生心智成熟获得智慧。回归教育本质、彰显教育内涵、培养创新人才是新时期教育的发展方向与目标要求。因此，动力课程需要进一步升级。

2013 年，我们在教科院专家的帮助下，借鉴了以色列教育学家、心理学家、国际象棋大师以及优秀教师合作研发的"麦博思考力课程"，开始着手研究开发我校的思维游戏课程。

二、开展思维游戏课程，系统规划课程体系，建构课堂教学模式

1. 整合数学活动课，系统规划课程体系

我们力求以"麦博思考力课程"所提供的思维游戏为载体，通过思维游戏的教学帮助学生构建思维模型、提高元认知思维能力、增强问题解决能力，进而引导学生在学校更好地学习，在未来生活中更好地立足。因此，我们规划出一至六年级数学思维游戏课程的校本课程体系。

2. 设计教学模式，培养学生高阶思维

通过一年多的教学实践，我们总结建构了我校思维游戏课堂教学模式，思维游戏课堂教学可以分游戏体验、建构思维方法、迁移应用、游戏创新四步来进行。

（1）游戏体验

在课程的开始阶段，让学生自主阅读游戏说明书、探究游戏法则、不断试错。在此过程中，学生充分参与游戏、享受游戏的乐趣，激发起学习兴趣。我们借此培养学生解决问题的一种能力——试错思维。

在此过程中，我们遇到的问题有三个：课堂嘈杂无序、学生自由散漫、教师组织引导不力。有些时候，学生不能认真倾听游戏规则，不能在游戏中遵守规则，甚至在课堂上打闹起来。另外，部分学生出现"赢得起输不起"的心态，不能正确面对失败，不能很好地控制情绪。因此，如何组织课堂教学，如何让学生懂得倾听并遵守规则，如何帮助学生学会控制情绪、面对失败、反思自我，便显得至关重要了。

针对此类问题，我们带领教师学习佐藤学的"学习共同体"，参与了吴正宪老师的"合作与分享"课题组的研究。在学习与实践、互动与交流、总结与反思中，我们总结出倾听模型，声音控制规则等。

（2）建构思维方法

美国学者大卫·乔纳森曾指出，思维建构需要工具。创新思维大师德·博诺也强调了思维工具的重要性。我们借助游戏这一介质，开发了十大法则和十大策略。我们认为，游戏只是介质，是创设学习情境的工具，是体验和参与学习的途径。学生应在"活"的游戏情境下学习"活"的知识，建构"活"的思维。很多时候，思考与行动是结合在一起的，每一个游戏的背后都是一个解决问题的思维模型。

例如红绿灯法则：

红灯：停！控制冲动，观察、收集与识别相关（不相关）信息。

黄灯：内省！根据在红灯时收集到的信息精心思考、分析和计划。

绿灯：行动！依据黄灯时拟定的计划和可能性采取谨慎的行动。

这些基本的"指令"将生活中的红绿灯与决定的思考步骤紧密关联，创设了一种足以改变人们行为习惯的有序思考过程。此过程要求注意周围的环境，依次完成收集信息、分析和规划行动、最后决定和执行的步骤。红绿灯法则指引我们首先关注外界与周围环境，而后再转向内部。它既培养了学生集中注意力的能力，帮助学生进行经过思考的理智的行动，又训练学生克服冲动和以自我为中心的思维方式。作为广谱法则，红绿灯法则意味着一切有意识活动的遵循，而无论具体行为如何。在每一节思考力课堂上，红绿灯法则都会得到应用，它渐渐转化为学生的思维习惯，培养着一种良好的思维品质。

思考法则是游戏课程的核心工具，每一个法则都是一个让学生受益终身的思维模型。这一模型创设了一种足以改变行为的有序思考过程，帮助学生形成经过思考的理智的行动。

（3）迁移应用

北京师范大学教育学部郭华教授在《深度学习及其意义》中写道，"有学习就会有迁移，甚至学习就是迁移，学习为了迁移。""应用"则是"迁移"的表征之一，也是检验学习结果的最佳路径。如果把学习活动看作一个闭环系统，那么"迁移"便在学习的闭合处，既是开始的端点，又是结束的端点，自别处迁移来，又迁移至别处去。"应用"也是如此，既将已有学习结果应用于此，又使应用开启新的学习。

同时，我们也意识到在游戏中学生的收获不应止步于游戏，还应获得思考的方式，以及解决问题的方法、态度和品质。学习应将它们迁移应用到学科知识的学习中、学校的学习生活中，以至日常生活的方方面面。唯有如此，十大法则和八大策略，以及学生学习的主动性、积极性、自觉性，方能在"迁移与应用"中得以彰显。

迁移与应用主要有两个路径：一是类情境迁移与应用，即在游戏的进阶中迁移和应用。由于游戏有多级关卡，建构思维方法之后，学生必须应用思维法则才能不断成功挑战更高更难的关卡。因此在游戏进阶中，学生会自觉应用法则与策略。二是跨情境迁移。一方面，课程结束环节后教师引导学生在建构了思维方法的基础上共同回顾游戏中学到的思维策略、元认知方法，并联系生活实际展开讨论；另一方面，学生努力向学科知识迁移，借助思维策略，在面对学科的知识难题时，解决也变得简单易行。

例如，狼和羊的游戏课上，学生了解到候鸟法则，联想到我校"体育+"课程中的"九连环"和"协力板"，并想到它们都可以应用"候鸟法则"。于是，在此后学校运动会上我们特意设置了这两个班级竞赛项目。又如，在五年级红黄蓝游戏中，教师首先帮助学生掌握侦探法则，而后与数学课中数字谜和逻辑推理相结合，引导学生把侦探法则迁移到数学课堂的学习中。

迁移与应用是把学习过程转化为应用思考法则游戏的过程。与此同时，它组织和建构学生的思考，引导学生有意识地梳理思考、反思并调节思考策略，从而使思考过程有序合理，形成一个个解决问题的思维模型。这些思维模型最终在循环往复的应用中上升，成为优秀的思维品质，成为孩子们应对未来的核心能力。

（4）游戏创新

创新能力，可以理解为特定主体为达到任务目标而提出的新颖且适用的理念、想法、程序或者事物。创新能力是一种高级行为能力，是人类心理机能的高级表现，强调成果的新颖、有用。

创新性思维是由发散性思维和聚合性思维、批判性思维、元认知能力这几个基本要素构成的。在思维游戏活动课中，我们主要采用的是发散性思维方式，通过大跨度联想的方式培养学生的微创新能力，引领学生走向高阶思维。

例如，在思维游戏课程中引导学生创造新规则新玩法、创作游戏绘本、创编游戏戏剧等。

3. 规划授课时间，集中与分散相结合

在时间的规划上，我们采用集中与分散相结合的方式来保障思维游戏课程的有效落实。

（1）集中的半日课程——每月一次

每周四下午的半日课程时间，学校统一安排学科+课程、综合实践活动课程、STEAM等课程，我们把思维游戏课程也纳入半日课程，每月一次，每次教学一个新游戏。

（2）分散的动力十分钟——每天一次

每天早晨晨检前，我们有"动力十分钟"时间让学生分小组来玩游戏。

4. 创新激励方式，自主与自律相结合

（1）提前完成学习任务——可自由组合玩游戏

教师可根据学生和教学实际情况，以奖励的形式让提前完成学习任务的学生在晨读、午休、社团等时间自主选择、自由结伴玩游戏。

（2）获得表扬的同学——周末或假期可把游戏带回家

当学生在某方面有突出进步时，作为激励，我们允许学生把游戏带回家和家长一起玩。

我们以激励的方式使自主与自律相结合，不但调动起学生的积极性、提升学生的成就感和自信心，还推进了和谐的亲子关系、促进家庭良好氛围的建立。

5. 星级评价方式，竞赛与进阶相结合

星级评价即依据不同要求、给予学生不同星级。比如，能够做到遵守规则，奖励一颗规则星；能够善于观察思考、运用法则和策略、与学习生活联系，奖励七颗思维星。

竞赛包括：个人挑战赛（可向同班同学、同年级同学、高年级同学、教师）；双人默契赛（可同桌、也可以自由组合）；团队配合赛（可以四人小组、班级大组、也可以是班级之间）。

三、思维游戏课程实施，促进师生共同发展，初显成效获得认可

（1）育英才

思维游戏课程引领学生在一个充满快乐的问题解决的过程中形成一种游戏的精神。胜不骄败不馁、君子和而不同、战胜困难的勇气、体验合作的快乐、坚持不懈的品质等健全的人格在孩子们心中慢慢形成。

（2）强教师

在思维游戏课程的研究与实践中，教师的思维方式、教学方式也在发生着转变。"体验、兴趣、质疑、思考"以及教学环节"以学习者作为学习过程的主导"，强调教师作为学习过程中的"引导者""合作者""支持者"等，这些正在成为教师的一种自觉的追求。教师正在变成具有研发开创能力的教学专家。

（3）创特色

课程利用思维游戏，创造近乎生活的学习情境，通过十大思维法则、十大

思维策略让学生在游戏过程中主动梳理思考过程，反思、调节思考策略，进而帮助学生建构有序、合理的思考过程。这种直接经验的意义建构对改善和提升儿童元认知能力、促进思维模型化发展具有积极意义，也逐渐迁移到其他教育教学活动中，成为我校教学的特色之一。

小学低年级学生英语音素意识培养的实践研究

北京教育科学研究院丰台实验小学　闫庆锋　孙宏志　赵　罂

一、音素意识培养的背景

北京教育科学研究院丰台实验小学英语教研组在学校领导的支持下持续进行阅读教学研究，在中国英语阅读研究院"十三五"规划第一期专项课题"小学生英语阅读素养培养途径与方法"课题研究中，以"小学低年级学生英语音素意识培养"为子课题展开了为期三年的实践探索。课题研究以低年级学生音素意识培养为突破点，基于学校学生实际及英语学习中的问题展开，主要体现在三方面。第一，我校学生英语水平以零起点为主。我校地处宋家庄，学生在入学之前很少有或没有英语学习经历，入学后除校内的英语课程以外很少有机会能接触英语。因此学生英语学习能力的培养需从基础能力抓起。第二，基于前课题的研究成果。2014年我校开展以培养学生阅读习惯为目标的课题研究，经过三年实践，学生对绘本课兴趣浓厚，并有一定的阅读习惯。为此我们期望学生进一步提升能力以实现独立阅读。但在实施过程中我们发现学生在单词拼读、句子朗读等方面存在困难。第三，学生口语能力有待提高。由于我校学生没有很好的语言学习环境和语言积累，导致学生口语表达能力不强。

因此，我们选择音素意识为突破点，通过加强环境的营造和音素意识培养的方法指导学生逐步解决"会发音"这一核心问题。

二、音素意识培养的途径与方法

实践过程中，依托我校绘本课程，结合京版教材语音板块，以行动研究为指导，以培养音素意识为目标，我校积极开发音素意识培养体系，设计外显的技能活动，推进课题深入开展。

（一）融合拼读绘本资源

基于我校"每一个都重要"的办学理念，在校长的支持和全体英语教师的努力下，英语学科在国家一级课程课时规定的基础上增加了一课时的绘本阅读课。以常规英语教材语音知识设置线索为主线，嵌入拼读绘本的思路，最终在低年级开设阅读校本课程。课程强调音素意识培养，使学生逐步形成拼读能力，为最终实现独立阅读、终身阅读打好基础。

王蔷教授在《中国中小学生英语分级阅读标准》中提出小学起步阶段（一、二年级阶段）学生音素意识能力标准，根据此标准，我校将一、二年级教材语音内容进行梳理，结合能力目标，匹配难度相当、音素相同的绘本资源。其目的为：第一，发展学生阅读素养。第二，有效解决音、形、义问题。音素意识培养指向学生拼读能力，通过音与形的对应帮助学生解决单词发音问题。绘本资源的融入可以帮助学生有效理解单词和句子，同时解决学生音、形、义三方面的问题。

基于以上分析，结合能力目标与课程内容，我校一、二年级英语教学具体规划如下。

1. 一年级上学期定位为"磨耳朵"阶段

通过补充与教材语音内学习内容相同的《丽声唱学自然拼读》中的歌曲、音素意识培养的活动、游戏和习题等帮助学生磨尖耳朵，培养学生的音素意识。

2. 一年级下学期为 26 个字母音的学习阶段

学生需要掌握 26 个字母的字母名与字母音，快速进行音素识别，并在文本中定位该单词。这一学期字母内容较多，除了教材中的学习，绘本课我们选用北师大出版社的《攀登·有趣的字母》系列中的几组字母绘本重点学习。如：a、e、c、s、f、v、q、u、r。选择这些字母的依据主要有三个：①发音类似容易混淆的；②语文拼音和英文发音不同的；③中文没有相应发音的。

3. 二年级上学期，学习 A、E、I、O、U 五个字母长元音及发音相同的字母组合

学生此阶段需要熟练掌握长元音发音及辅音字母发音，能够熟练进行音素的识别、分离及组合。此阶段我们选择《我的第一套自然拼读故事书》中的绘本进行学习。

4. 二年级下学期，学习 A、E、I、O、U 五个字母短元音及字母组合 ar 的发音

由于本学期的学习内容在一年级下学期时有所涉及，内容相对简单，因此学生需要达到的能力目标为能够指出押韵词并了解部分字母组合发音，同时能够拼读单音节单词。此学期我们匹配大猫自然拼读系列一级及大猫分级阅读系列中的绘本，并根据学生的学习情况匹配出学音与用音两个层次的绘本内容。

（二）设计外显的技能活动

教学目标的达成需要有具体的活动作为支持，音素意识是一项技能，因此需要通过活动进行外显的练习与反馈。刘宝胤教授提出的音素意识的八个能力为：音素分离、音素识别、音素归类、音素组合、音素切分、音素删除、音素添加和音素替换。在实践过程中我们发现音素培养的八个能力有着相互连通、相互影响的效果，我们着重培养学生的音素识别、音素分离、音素组合和音素归类四个方面的能力，在学习过程中另外四个能力也可以触类旁通。

1. "拼读版"实现音素分离

音素分离主要表现为学生可以听辨单词中的单个音素，并能辨别出目标音素在单词中的位置。在培养音素分离能力时，教师可以使用拼读板，教师说一些含有相同发音的单词，学生将该字母贴在相应的位置上。如教师说含有"d"发音的单词，如 dog、pad，学生听后将字母 d 贴在拼读板中的相应位置。音素分离活动还有"我说你做""我说你选"等。

2. "趣味拼读"实现音素组合

音素组合能力要求学生能够将单词中的单个音素组合在一起，发出一个完整的音。在培养音素组合能力时，教师同样可以使用拼读板。学生可自行挑选音素进行粘贴与拼读，相关活动还有趣味拼读、跳舞的单词等。

3. "找间谍"实现音素归类

音素归类要求学生可以从 3~4 个词中找出不同类的一项。在培养音素归类能力时，最常用的活动为"找间谍"。教师首先明示所练音素，然后出示词汇，发现未含有该音素的单词则将手摆成枪的形状，并发出"biu"的声音击毙间谍。相关活动还有分篮子、盖房子等。

在教学时，教师可以结合课程内容将活动"包装"，与绘本的情境、情节、主题等勾连。让学生在故事学习中进行音素意识的培养更符合学生的认知规律，从而实现技能与素养的双落实。

（三）引导学生迁移应用

有学习就会有迁移，学习就是迁移，学习是为了迁移，迁移是检验学习成果的最佳路径。音素意识的培养同样需要迁移，学生在教材中学习的音素可以在绘本中进行迁移和应用，反之亦可。例如，一年级下学期，在教材中学习字母 e 的发音时，我们运用教材中的韵文培养学生的听辨音能力，同时进行字母音的学习。在学习绘本《Red Ben》时，我们引导学生迁移与应用 e 的发音规律进行绘本的学习；在二年级下学期，学习字母组合 ar 的发音时，我们利用大猫分级阅读中的绘本《The Very Wet Dog》进行音素的学习。在学习教材第 24 课语音内容时，我们引导学生运用已学发音拼读教材中所涉及的词汇。教材与绘本学习内容、方法的迁移极大地促进了学生的音素意识提升，实现了技能的固化与应用。

三、音素意识培养的效果

经过三年的实践与研究，我校一、二年级的学生基本达到了我们所设定的目标，掌握了音素意识的 8 个能力，学生在识字速度、拼读能力、阅读流利性和阅读理解能力等方面体现出明显的优势，开始尝试家庭独立阅读。大量实践也进一步证明音素意识培养对于提升学生阅读能力，培养学生阅读素养有促进作用。因此教师在小学低年级阶段应结合情境有效进行音素意识培养，通过活动进行技能的评估与反馈，并通过迁移应用、固化技能让学生在有意义的语篇、活动与任务中体会英语学习的快乐、提升阅读的能力，从而实现独立阅读，为终身阅读打好基础。

构建阅读生态体系　促进学生未来成长

——结合教学实践工作浅谈阅读教学

北京教育科学研究院大兴实验小学

杨　薇　纪　晶　陈飞宇　宋婷婷

一、创设阅读环境

（一）校园阅读环境

苏联著名的教育家苏霍姆林斯基曾经说过："我们要努力做到使学校的墙壁也能说话。"北京教科院基教所张熙所长也多次向我们提到"校园空间"的多元功能。因此，我校多年来精心打造"让学校到处弥漫着读书氛围"的校园环境，不同于一般的图书馆，不仅藏书众多，也更符合学生年龄特点，学生或躺或坐，可以全身心投入其中。除此之外，走廊、楼梯下方、班级后墙都可以随手拿到书，这样一来，学生目之所及都是书，迈入学校即可徜徉书海，让学生真正与文化结缘，时时刻刻呼吸着文化的空气，得到审美的启迪。

读书时间的保障也是必不可少的，我们的读书时间有规划：早晨7点25校园萦绕的是"经典古诗"。长此以往，不用刻意背诵，学生已经能够将古诗烂熟于心。另外，固定的每日阅读时间、每周阅读课也给学生提供了专门阅读时间，持之以恒学生就会形成习惯，从而养成阅读的自主性。

（二）家庭人文阅读环境

要孩子爱读书，先要让他在读书之前爱上读书的气氛，父母们要努力在家庭中营造读书的气氛。父母首先要自己热爱阅读，以自身读书的热情感染幼儿，因此在我校每一届的一年级入学前，学校都会专门针对"亲子阅读"进行专项的问卷调查和访谈，并且定期对这些数据进行动态追踪，作为指导亲子阅读的一种重要的参考。2019年，我校针对"亲子阅读"中父母陪孩子阅读的时长、频次，阅读的观念，阅读的方式，阅读的书目，阅读的节奏等内容进行深入调查，并针对这些数据进行深入研究、讨论，制定出学校层面的指导亲子阅读、社区阅读的推动策略。我们打通校内外壁垒，把"亲子阅读""阅读习惯""社区阅读"在潜移默化中渗透给家长。通过入学前和入学半年后的调查走访发现，家长在阅读时间保证、阅读环境的创设的观念上有了很大转变。不仅如此，家长也更多地陪伴学生读书，不论是低年级的亲子阅读，还是中高年级名著阅读的家庭分享，都让学生和家长受益匪浅。

二、多元阅读指导

（一）课堂学习，渗透方法

课堂是学习的重要阵地，把语文教材作为例子，在日常课堂教学中注重通过"例子"教会学生一些阅读的方法和技巧，引导学生在课外求拓展、求提高。

低年级的学生要从小养成语言积累的意识和习惯，他们记忆力强，熟读成诵。我们可以利用这一特点发挥教师的引读、范读作用。我们在内容上鼓励学生多读多记忆朗朗上口的古诗文内容，如《三字经》《弟子规》或者是浅显易懂的古诗等。中年级的学生要继续练习朗读，他们已经有了一定的理解能力。这时我们对于学生朗读的要求，不仅是要读准字音，更是要通过适当理解课文内容，让学生带着自己的理解来朗读出自己的特色。我们在鼓励学生注重语言的积累中帮学生归纳一些好的语言素材，积累记录下来，作为学生自己的语言运用资源，此时在内容上可以安排学生阅读一些浅显易懂的古诗文，要求大致了解诗文的意思，还要能够熟读成诵。在时间的安排上可以是随课文拓展阅读，也可以是学生利用课余时间积累阅读，利用语文课前课后的分享时间进行展示，互相启发，互相鼓励学习。在课间，学生可以多读一些班里小书架上的传统文化的书籍，分享阅读体验。高年级学生已经具备了一定的阅读能力，这时我们就要随着学生能力的提高逐步提高阅读的要求，阅读量要加大，速度要加快，质量要提高。在内容上，我们更多地要鼓励这一阶段的学生阅读有一定内涵和深度的内容，通过阅读引发学生的思考，了解我国传统文化的历史背景、作者的思想情感等。对于文言也可以有一定的了解，学生知道一些简单的文言使用方法、古诗的格律，了解我国古诗文的深层次的文化。此外，还可以鼓励学生培养质疑解疑的意识和能力，有自己独到的阅读体会、独到的主张见解，能分辨善恶美丑，能辩证地看待问题、处理问题。

　　基于此，我们也尝试着设计了低中高三个阶段的阅读课的基本教学过程。低段阅读课在学习课文的过程中引导学生带着问题深入读书，入情入境地朗读课文（自由读、指名读、表演读、分角色读）。中段阅读课充分调动学生小组学习的积极性，以多种形式的读为基础，引导学生围绕话题、选择重点，发现段、词句之间的内在联系，一步步熟读课文，把课文语言初步内化为学生自己的语言。高段阅读课在品词析句过程中先要给学生一个或几个统领全篇的主问题，像一根可攀爬的"绳子"，借此引导学生更深入地理解课文内容，从而使学生能力一步步得到提升，并且通过"学生独立思考""同学互助启发""教师适时点拨""借助媒体资源"等方法来实现。

　　当然，上述的方式方法是我们结合课堂教学梳理出的概括性、建议性的内容，最终课堂的呈现还是要结合学段特点、学生特点、文本特点等具体情况而定。教师要时刻把学生放在中心，让他们成为阅读的主人，所有的课堂学习是希望他们能在习得方法后放眼课堂外，有更广阔的阅读空间。

（二）"单篇—群文—整本书"，层层深入

　　课内的篇章教学是语文阅读教学的主阵地，我们除扎扎实实地做好教材内语文阅读教学要素的梳理与落实之外，还特别注重方法的迁移与运用。最近几年在群文阅读与整本书阅读中，我们进行了一些有益的尝试。

　　群文阅读教学中，我们会从题材、体裁、语文要素等方面进行群文教学的尝试。例如，古诗文教学是进行中华传统文化教育的一大抓手。除在传统教学中让学生体会到诗歌的韵律美和意境美之外，我们也在作者、作品、时代背景及风俗文化方面进行深入挖掘。在学习《滁州西涧》之后，学生们对韦应物这位充满着矛盾而又从大自然的启发下得以释怀的人物产生了浓厚的兴趣，我们因势利导，研究了韦应物的多重身份。他还是一位好父亲、好臣子、好丈夫，而这些身份的挖掘都是学生们通过搜集资料，在诗中读出来的。在了解这位山水田园诗的代表人物之后，我们又对比他与王、孟、柳三人的作品，真正做到了"以文带文，以人带人"的拓展。再如学习《元日》之后，我们对

"春节"习俗的起源和演变进行探究，并结合学校的元旦庆祝活动开展了"春节习俗的游戏大闯关"，在比较了春节等传统节日风俗与西方节日风俗之后，学生们还对如何更好地传承中国传统风俗进行了探讨。

整本书阅读，特别是一些长篇文学作品对于学生的阅读能力要求更高，因为学生所要处理的信息、前后文的联系、思考的内容要更加深刻、立体，运用的阅读策略要更加纯熟。更重要的是整本书阅读有一个对学生阅读意志力的考察，而这一点是篇章阅读基本上做不到的，所以在目标设置上、教学的环节上要有不同。我们所做的重要工作之一就是探索和实践了整本书阅读的三种课型：一是导入课，即教师带着学生一句一句地读其中的开篇，边读边启发学生思考。这一种课型的目的侧重于激发学生的阅读兴趣，开启学生的阅读期待，为学生课下的自读进行示范和引领。比如《俗世奇人》这本小说其中的一小篇《苏金伞》，里面有天津方言，带着学生猜意思，里面有神医艺术和怪异性格的传神描写，带着学生一起做笔记，示范如何做笔记。二是交流课。教课思路很重要，可以简单地将整本书的主要情节串联起来，交流一些重要的情节。比如《城南旧事》中对关于惠安馆中秀英到底是不是疯子展开交流，让学生拿着书本证据说话。教师将重要的段落打印出来带着学生一起品读。三是深入转化课，这是在联结交流课基础之上的一种课型。例如《水浒传》，我们可以促使学生思考这些好汉的结局是偶然还是必然？作者为什么要写这样一本书？这可以上升到对一本书的文学鉴赏，一种文化的欣赏。

（三）得法于内，得益于外

以课内促课外就要做到课内阅读与课外阅读的有机结合，让学生逐步感受语言文字之美，学生的文学素养会大大增强，阅读兴趣也会大大提高。

《语文课程标准》鼓励学生自主选择阅读材料，找出课文相关的材料。当学生面对浩瀚无际的书海时，教师指点是非常必要的。例如，在第十二册教材的《鲁滨孙漂流记》一课中，学生第一次接触写梗概，不得其法。于是通过以下方法帮助学生学会写梗概：一是厘清书籍内容的基本框架，把握要点，作品的体裁不同，角度也不一样（游历地方、人物不同、心路历程）；二是保留主干，去除枝叶，突出人物形象、性格，关键要素等，用简明的叙述性语言概括重要章节内容，对一些简短的、不影响文章表达的次要段落则大胆地舍去；三是适当补充过渡语、补充能够吸引读者兴趣的部分，自然过渡，使语意清楚连贯。

有了方法的习得，学生课外读《汤姆索亚历险记》等读物，可以从阅读中学到更多的有关知识。

三、丰富阅读活动

（一）学校搭台，各显神通

学校几年下来都有"共读一本书"的传统：即以班级为单位，每个学生都要读同一本书，读后要进行交流，每人分享自己的读书心得。

在学生大量、系统读书的基础上，如何让学生把学到的知识、能力进行"外显"是学校、教师思考的问题，于是我们先后开展了"汉字听写大赛""古诗词大赛""书法比赛""手抄报比赛""读后感展评"等形式各样的活动。学生通过班级初赛、年级复赛、校级决赛一路过关斩将，整个活动也形成了全校学生取长补短、互促双飞的局面。

（二）以"趣"激"趣"，各有特色

相比较学校的活动，每个班级的读书活动、比赛也是层出不穷：低年级学习完故事单元，班级内开展"我和动物"的讲故事比赛；中年级学习了辩论技巧，开展针锋相对的辩论赛；高年级学生学习了经典名著，进行课本剧展演，从道具制作到改编剧本，小组成员互相讨论，乐此不疲……

从2017年至今，我校先后获得大兴区"书香校园""阅读优秀校""阅读示范校"等称号；在市区级比赛中获奖240人次；教师也是多次发表文章：陈飞宇老师的文章《班级读书会——以〈蓝色海豚岛〉为例》发表于《大兴教育研究》、杨薇老师的课题"在第二课堂提高低年级学生阅读中外名著有效性的研究"在"十三五"北京教育学会立项并结题，语文教师作大兴区展示课10人次，获得市区级论文好评的有35人次，团队现有区学科带头人1人，骨干教师1人，区级中心组教师3人。

"操千曲而后晓声，观千剑而后识器"，阅读素养的形成绝不是一蹴而就的事情，我们正在不断探索的路上努力前行。这就需要我们带着改革家的勇气大胆实践，需要我们带着哲学家的思考小心求证，需要我们带着鉴赏家的眼光不断审视我们所做的是否背离、是否契合当时的初衷……相信不久的将来会有关之不住的满园春色，会有生机勃勃的万紫千红！

聚焦问题引领式学习，发挥儿童数学教育价值
——小学数学综合实践活动课程的建构与实施

北京教育科学研究院大兴实验小学　耿　聪　王　敬　张金星　崔洪涛

一、课程体系

（一）理论依据

综合实践课程是一门注重学生亲身体验的实践活动课，强调以学生的经验、社会实际、社会需要的问题为核心，倡导学生主动参与、乐于探究、勤于动手，从而提高学生综合运用知识解决问题的能力、交流与合作的能力、创新意识与实践能力，同时培养学生的人文素养和科学素养。

综合实践课程兼具"课程形态"与"学习方式"两种教育功能，将这两种教育功能"融合"是综合实践活动课程的发展趋向，既要引导课程形态的综合实践活动与学科课程融合、互动，更要以学科课程为"根"接"研究性学习"之枝，凸显学科课程的实践取向和综合取向，充分发挥综合实践活动的课程形态优势。

根据综合实践课程的性质和发展趋势，我们以提升学生综合素养为目标，在理论、课程、实践间搭起了桥梁。

（二）数学综合实践课程体系

儿童的学习是他们主动建构的过程，在这个过程中他们的新旧经验不断"斗争"，不断发现、提出、分析和解决问题。为了给学生提供"好吃而又有营养"的数学，我校搭建了基础类和拓展类的数学综合实践课程体系：基础课程为北京版教材的相关内容，拓展类课程是根据教材中的教学内容，结合我

校现有的校外资源，从"数学文化""生活场景""学生需求"三个角度出发设计的课程（见表1）。我们尝试让学生在真实问题情境中开展学习，鼓励学生提出真问题，并基于学生的问题开展学习，运用学生的问题来引领学习。

表1 基础类与拓展类课程

年级	课程目标	年级	基础课程	拓展类课程
低段（一~三年级）	1. 通过实践活动，感受数学在日常生活中的作用，体验运用所学的知识和方法解决简单的过程，获得初步的数学活动经验。2. 在实践活动中，了解要解决的问题及解决问题的办法。3. 经历实践操作的过程，进一步理解所学的内容	一（上）	新年游艺会	1. 走进绿兴农场（春种）2. 图形的分类 3. 生活中的轴对称图形 4. 面包DIY——北京义利面包厂 5. 再次走进绿兴农场（秋收）6. 为学校花坛设计栅栏 7. 游大兴麋鹿苑，做自信大兴人 8. 中国古人如何使用计算工具 9. 中国古代如何测量质量
		一（下）	旅游购物	
		二（上）	身上的"尺子"去游乐园	
		二（下）	装扮教室 超市里的小调查	
		三（上）	测量篮球场 做聪明的时间管理者	
		三（下）	闰年 围绿地	
高段（四~六年级）	1. 经历有目的、有计划、有步骤、有合作的实践活动。2. 结合实际情境，体验发现和提出问题、分析和解决问题的过程。3. 在给定目标下，感受针对具体问题提出设计思路、制订简单的方案解决问题的过程。4. 通过应用和反思，进一步理解所用的知识和方法，了解所学知识之间的联系，获得数学活动经验	四（上）	1亿张纸摞起来有多高 魔术纸圈	1. 推进农耕课程，感受农业文化——走进绿兴农场 2. 走进首都博物馆 3. 用"密铺"设计图画 4. 走进孔孟故里 5. 中国古代怎样计算土地面积 6. 天坛游学——感知圆在生活中的应用
		四（下）	设计和装饰《数学小报》"周末一日游"旅行计划	
		五（上）	节约用水 实际测量	
		五（下）	包装中的数学问题 家庭生活中的碳排放	
		六（上）	设计存款方案 跑道中的数学问题	
		六（下）	绘制校园平面图	

二、课程实施

综合实践活动课程是教师问题引领、学生全程参与、实践过程相对完整的学习活动，其教学注重学生自主参与、全过程参与，重视学生综合应用数学与生活实际联系、数学与其他学科交叉、数学内部知识融合。因此，我校教师在设计教学时从多种维度考虑，为学生留下足够的思考和探究空间，促使学生在问题的引领下不仅仅动脑思考，更要用手操作、用眼观察、用耳聆听、用嘴表达。也只有这样，学生才能充分、自主地参与到综合实践活动中去，从而积累数学活动经验，展示学习过程，激发探索潜能。

（一）以"问题"提出为起点，引导学生全场景数学思维体系萌发

"问题"是数学的心脏，它不只是一种解题对象，还是一种蕴含创造力的数学发现。以问题解决为核心的数学教育就是如何引导和鼓励学生在问题意识的驱使下发现问题和提出问题，使学生有足够的时间和空间经历观察、实验、猜测、计算、推理、验证等活动过程，通过自主探究、合作交流获得基本的数学活动经验。为了有效达成教学的基本目标，我们借助数学情境把激发学生的问题意识作为教学的逻辑起点和主线。

（二）以"情境"设计为载体，搭建学生数学知识自主学习平台

问题源于情境，情境是产生问题的沃土。因此我们创设了贴近学生认知水平和活动经验的数学实践活动，让"真实情境"发生，利于学生从现实情境中发现问题，尝试去观察、分析和质疑。

（1）基于数学传统文化的问题式学习

数学伴随人类进步而发展，经历了几千年的文化积淀，现在的我们是站在巨人的肩膀上接触、探索数学世界，数学的学习离不开数学的历史和文化。因此，我校基于各年级的学习内容，通过与数学知识相关的历史事件、数学家和数学的发展开展综合实践课程，使教师和学生对数学的发展过程有所了解，通过回顾古人解决问题的过程发展数学思维，激发学生触摸、开启、探索未知的数学世界的热情。

例如，二年级学生学习"认识算盘"时，以"中国古人如何使用计算工具"开始，回顾石子计数、结绳计数与数位、数码计数的过程，在认识古老

的计算工具算盘和小巧而功能多样的计算器的过程中，感受我国劳动人民的聪明才智，品味数学的历史，激发学习的热情。在三年级学生学习完"吨的认识"之后，我们以"中国古代如何测量质量"为切入点，认识古代人民解决衡量物体质量时使用的方法。人们从"手捧为升"测量粮食到用"升、斗、合"来测量，再过渡到"石、钧、斤、两"测量。学生在获得知识的过程中了解质量单位的历史。在五年级学习"三角形和梯形面积"时，以"中国古代是怎样计算土地面积"为题，共同重温《九章算术》中求面积的方法。四年级学生则走出了校园开展"走进孔孟故里"的游学活动。通过游览曲阜三孔，学生们了解到有关古代圣人的很多知识，既开拓了视野又感受到了儒家文化，同时学生通过详细的数据感受三孔丰厚的文化积淀、历史的悠久和宏大的规模。

通过一次次与古人的"对话"，教师与学生一起打开数学历史的窗口，品味古今中外数学家一生的成果，感受数学世界的人、文、情，逐渐成长为有数学素养的新时代公民。

（2）基于生活场景的问题式学习

数学问题除了来自与数学发展有关的历史背景，更多地来自对现实问题的数学思考。《数学课程标准》要求："要重视从学生的生活经验和情景中学习和理解数学。"我校教师在综合实践活动设计中通过数学教学结合生活场景的方式调动学生自主学习意愿，引导学生在综合实践活动中探索生活中的常见问题，进而引入数学教学，尝试将生活场景中的问题转化为数学问题，通过数学解决问题。

例如，在我校开展的农耕课程中，学生参与春种、夏管、秋收、冬藏的过程，并按照前课、中课、后课实施。各年级分别根据学生提出的问题进行研究，低年级主要内容为"我们怎么种这些农作物""种植过程中会用到哪些劳动工具，怎么使用"中年级在有过劳动经验的基础上研究"怎样计算种植田地的面积"，高年级学生已有四年在绿兴农场的种植经验，因此学生提出"如何确定恰当的株距、行距以及种植的深度来提高农作物的产量"这样的问题。

通过活动前的精心准备、活动中的实际经验以及活动后的交流讨论，学生充分感受到了数学知识与实际生活紧密相连，有利于培养学生用数学眼光看待现实问题的能力和意识，同时也让学生在实践过程中感受到数学带给大家的无穷魅力。

（3）基于学生需求的问题式学习

在我们的综合与实践课程中，仅学习系统性知识是不够的，学校现实生活中的各种生活事件随时发生，因此教师要注意把握时机，抓住教育的切入点和结合点，然后结合教材内容和学生实际情况促进生活世界和科学世界的统一。例如，二年级学生学习《收集数据》时在班级同学间展开调查："早餐一般吃什么，喜欢吃什么"，很多学生选择了面包，并且讨论得兴致盎然，比如面包有什么形状的，面包是如何制作的，制作面包需要什么材料，每种材料要用多少？基于学生的需求，我们与北京义利面包厂联系，开发"面包DIY"的综合实践课程，以学生已有的知识作为背景，在实践的过程中对生活中不好理解的知识进行再一次的尝试，让学生习惯、乐于将课本的知识运用到生活中，从而引领学生对知识技能进行综合运用，激活学生的思维，提高自身的数学素养。

（三）以"成果"展现为反馈，形成学生数学知识学习闭环管理

数学综合实践活动课程中我们注重对学生学习的过程性评价和终结性评价，全面了解学生数学实践活动的过程与结果，帮助教师充分了解学生，不断改进教学方式，同时使学生了解哪些知识、哪些技能和哪些能力是重要的，使之了解自己现阶段的学习情况，促使学生自我调节。

1. 过程性评价

任务单：在每个数学实践活动中，学生根据活动内容和感受填写任务单，落实活动目标。

后课分享：在数学实践活动后，在班级或年级间开展后课展示活动，学生在活动中分享收获、感悟及反思。

实践活动过程评价见表2。

表2 实践活动过程评价标准

评价指标	评价等级			得分		
项目	A	B	C	个人评价	同学评价	教师评价
合作学习	积极主动参与组内活动，能和组员团结合作并有效率地完成任务	能够参与组内活动，尝试与组员合作，能够完成任务	较少参与组内活动，不能与组员合作完成任务			

续表

评价指标项目	评价等级			得分		
	A	B	C	个人评价	同学评价	教师评价
问题意识	在解决问题的过程中，积极主动思考，能够借助已有知识寻找解决问题的方法	在解决问题的过程中，较为主动地思考，有意识地借助已有知识寻找解决问题的方法	在解决问题的过程中，能够思考问题，尝试寻找解决问题的方法			
学习效果	能够较好地总结经验并反思，呈现的作品有创意	能够总结自己的收获，呈现的作品有想法	有一些自己的感悟，能够记录自己的感受			

2. 终结性评价

课程结束后，学生自主选择汇报方式，可以是小作文、小调研报告、数学小报、美术作品或者思维导图等形式。通过将活动中的感悟、获得的经验进行总结与输出，学生的思维更加条理化、清晰化、概括化，从而促进学生的思维获得更高层次的发展。

智慧教育视域下教师专业发展的有效探索

北京教育科学研究院旧宫实验小学　孙　唯　钟　华

随着信息技术的发展,学生获得知识的渠道呈现多样化,学习方式更加个性化,原有的教学模式已经发生变革。2019年6月,国务院颁布《关于深化教育教学改革全面提高义务教育质量的意见》,明确指出:"要优化教学方式";"融合运用传统与现代技术手段,重视情境教学;探索基于学科的课程综合化教学,开展研究型、项目化、合作式学习。"可见在新的教育形势下,更新教育理念、创新教学方式、重塑教师角色是教师专业发展的新任务和新要求。

一、智慧型教师培养的背景

北京教育科学研究院旧宫实验小学于2014年6月建校,隶属北京市大兴区,是北京市教育科学研究院附属学校,是大兴区教委倾力打造的一所现代化高端小学。学校招生范围内的学生家庭多为旧宫地区回迁户和外来创业的新北京人,六成以上的学生为非京籍,生源结构差异大、层次明显。由于家庭背景不同,家长希望学校能为孩子提供适合的教育。

基于此,我校建校之初便提出了"开启智慧教育,奠基幸福人生"的办学理念。智慧是在占有丰富知识、技能基础上能迅速、灵活、正确地理解事物和解决问题的实践能力。智慧教育就是在智能化环境下以培养人的思维品质和解决问题的能力为目的的因材施教的教育。我们用这样的理念承担起教学生六年,为学生想六十年,为国家民族想六百年的教育使命和责任,培养慧做人、慧求知、慧思考、慧生存的智慧型人才。

截至2020年,学校有在编教师77人,其中,研究生36人、本科生41人,党员(含预备党员)42人,平均年龄29.6岁,特级教师1人、区级学科骨干教师 6 人、区级骨干班主任 2 人。从整体看，学校的教师队伍是一支年轻的、富有朝气的团队，其优势是研究生比例较高，研究能力及学习能力强，有较强的文字表达能力和逻辑思维能力；有崇高的职业理想；精力旺盛、工作热情高；住校人数较多，每天投入工作时间长，有较充足的教研时间和学习时间；非京籍教师人数较多，珍惜职业，团结友爱，能与同事建立伙伴关系。但由于具备教学经验的教师少，存在一些劣势，如职前缺少对小学教材课标的了解，教材内容不熟，难易程度把握不准；关注自己的教，忽视学生的学，重视对知识的传授、技能的训练，忽视对学生能力的培养；虽然比较了解社会主流思想，价值观现实，知识比较丰富，但是实践能力较弱，处理人际关系能力较差，团队融入性弱，协调配合能力不足。

综上所述，结合学校的智慧教育目标、教师高学历的特征及成长需求，我们找出了一条快捷高效的新教师成长路径，即培养智慧型教师，以帮助他们在专业发展之路上实现弯道超车。

二、智慧型教师的内涵及特征

智慧型教师应该有博、专的学科知识和文化素养，能够解决实时生成的教育问题或偶发情况，对教学规律有反思和感悟，并能充分发挥主动性、积极性，同时自身具有职业归属感和幸福感。从教育信息化方面来看，对智慧教师的理解集中在：以智慧学习环境作为背景；注重学生思维品质的提高；注重教师的信息素养和终身学习能力。

基于智慧教育理念下培养的智慧型教师应该具备以下特征：有为学生的学而教的理念；有全面而通透的学科知识；懂得信息与教学融合的技术；有个性化因材施教的能力；有与人和谐共处的沟通技巧。

三、智慧型教师培养的策略

基于智慧教育的理念，我校创新了教师培养的内容和方法，探索了智慧教育环境下的教师专业发展路径。

（一）教师培养的内容

1. 更新理念，转换角色

好的学习不是来自教师找到了一种好的教学方式，而是来自给学习者更好的机会去建构。教师应从学习者的角度出发，通过学习任务驱动，让学生主动学习；在学习过程中，通过提供学习资源、工具及学习所要完成的步骤促进学生展开学习过程；通过互动交流场景促进学生优化学习结果，提升解决问题的能力。在这个过程当中，教师的角色始终是为学生的学提供服务。

2. **梳理教材，夯实知识**

我校青年教师多，对教材内容不熟，课堂教学知识碎片化问题比较突出。因此，我们要求教师熟悉本学科的课程标准，了解教材编者的意图，清楚整个学段教材的逻辑线索，引导教师了解知识脉络，准确捕捉核心知识点，了解学科知识的思想和方法，并能驾驭自如。教师把学科知识横向重组、纵向贯穿起来，从而得到全面透彻的理解。

3. **开发资源，有效融合**

智慧教育下信息技术的应用，不仅需要支撑教师的教，更要支撑学生的学。根据学生需求，教师要有效利用合适的信息技术手段为学生提供适配的学习任务和活动，提供学习资源、环境和平台，助力学生自主学习、探究学习和协同学习，引导学生进行正确决策，促进学生的智力发展和智慧生成。学校开展一系列教师信息技术能力培训，如，用VR/AR技术帮助学生深度理解知识；利用人工智能和大数据建立个性画像，分析学生个性学习情况；利用微课推送教学资源；利用电子书包创设个性化学习环境，促进学生个性化学习。

4. **创新模式，因材施教**

在教学过程中，教师应对学情有充分的了解，要充分考虑学生兴趣、认知水平、知识水平，帮助学生按照自己的认知水平、知识水平、兴趣爱好等选择合适的方式学习，并为学生提供有效的资源。学生学习知识的基本路径有：听老师讲、自主学习和合作、探究学习。由于学生的水平各不相同，教师也应该因材施教，选择不同的教学路径帮助学生最有效地获取知识。为了使学生的个性化思考得到充分的延展，给学生提供足够的学习时间，让学生展开较为充分的自主思考、体验和探究，我校通过不断的教学实验研究，创设了基于电子书包环境的探究学习模式（见图1）。

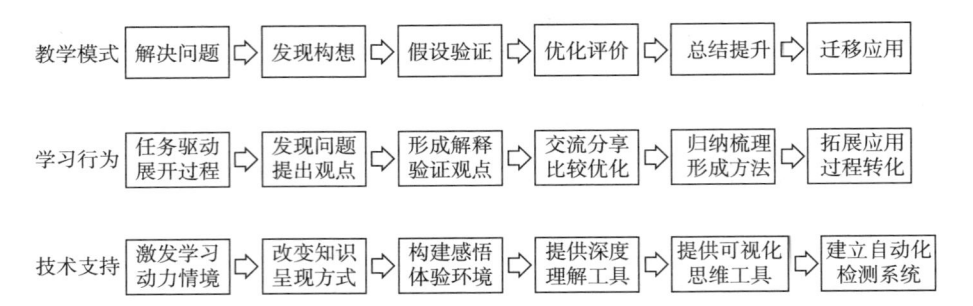

教学模式	解决问题	⇨	发现构想	⇨	假设验证	⇨	优化评价	⇨	总结提升	⇨	迁移应用
学习行为	任务驱动展开过程	⇨	发现问题提出观点	⇨	形成解释验证观点	⇨	交流分享比较优化	⇨	归纳梳理形成方法	⇨	拓展应用过程转化
技术支持	激发学习动力情境	⇨	改变知识呈现方式	⇨	构建感悟体验环境	⇨	提供深度理解工具	⇨	提供可视化思维工具	⇨	建立自动化检测系统

图 1　创新教学模式

5. 专业引领，提升情商

教师应当充分认识到自己在面对一个个鲜活生命时该承担的压力和责任；要与学生、同事、家长和谐共处；要学会在有负面情绪时积极乐观，主动消解和管控压力；面对突发情况时不慌不忙地灵活应对；面对沟通时要换位思考，相互尊重，求同存异。我校对教师进行教育学、心理学培训，实施专业引领，帮助教师在处理人际关系和教育教学工作时做到游刃有余。

（二）教师培养的方法

1. 科研引领，驱动发展

课题是教学中的问题，也是教育教学中的任务。我们以课题研究为抓手，从教育理念、学科知识、教学方法、现代教育技术等角度对教师进行全面的培养。比如，我校开展了"基于电子书包的自主探究学习模式及实验研究"课题，通过课题研究来转变教师观念，重构课堂生态，应用技术创新教学模式。这样不仅引导教师带着研究的眼光研究教材、研究方法、研究新技术与新手段对教学的创新与融合，促使教师把教学和研究有机结合起来，更重要的是提升教师现代育人水平，丰富教师的知识内涵，促进教师智慧成长。

2. 自组教研，主动发展

针对教师主动发展热情不高的问题，我校创新了教研形式，进行自组教研。自组教研立足于各学年学科组，教研内容、教研时间由各组自主安排。学科组长组织自己的组员制定本组的教研计划，找出要重点教研的内容，指定好人选。在各组实施教研活动前会在教师群中邀请干部和教师参与他们的活动，活动之后，参与教研的干部教师会在活动量化表中进行不记名量化评价，填写打分表。期末对各学年各学科组的教研活动从数量、质量、效果、校内影响力多方面进行绩效量化考核，这样大大促进了教师的自主发展。

3. 以老带新，促进成长

针对青年教师多的情况，学校定期聘请学科专家入校指导。每年请教科院基础教育研究中心教研员深入课堂进行全学科指导。信息技术与教学融合专家也每月定期指导，其他学科每学期不定期进行指导。学校采取个性化指导与集体指导相结合的形式跟踪教师的教学能力提升过程。我校虽然骨干教师不多，但作用却发挥得很充分，经常举办各种形式的经验交流会，带动和培养青年教师积极投入教科研活动中，这种培养方式使青年教师的专业素质得到较快的提升（见图2）。

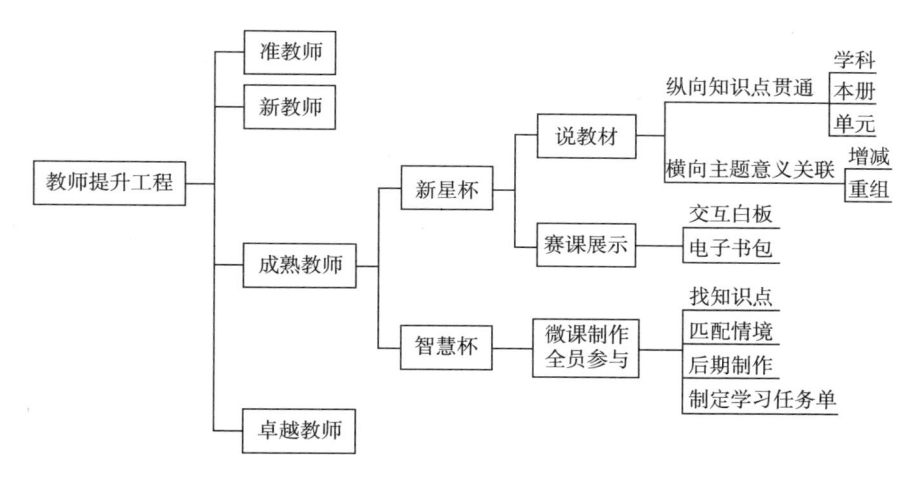

图2　教师分类培养

4. 走班上课，磨砺本领

针对教师教学经验不足的问题，学校组织各学年学科组进行横向"走班式"教研。"走班式"教研活动打破了"备一课上一课"的传统模式，让每个组的教师在每个单元都选择一个内容进行同轨班轮流上课，给教师"备一课上多次"的机会。教师通过"实践—反思—再实践"这一过程切实掌握课堂教学技巧，提高教学技能，积累因材施教的教学经验。

5. 搭建平台，统筹推进

针对不同阶段入职教师的发展需要，我校借北京市、大兴区各种"杯赛"平台为教师提供发展机遇。准教师借助"苗苗杯"进行学习培训和实践体验，尝试模拟课；新入职教师借助"启航杯"进行基本功训练，争创合格课；成熟教师借助"新星杯"创新教学方式方法，争创优质课；卓越教师借助"卓越杯"研究个人教学风格，争创特色课。

四、教师培训的成效

借由智慧教育理念，我校形成了比较成体系的教师培养模式，即"科研驱动—自组教研—专家引领—实践打磨—大赛展示"。这一系列的培养路径不断促使教师形成新的教学应用能力和教育智慧。

近年来，我校涌现出一批优秀教师，其中新增区骨干教师7名，多位教师在北京市和大兴区各项"杯赛"中获得优异成绩。2019年上半年"启航杯"比赛中，我校3人参加市级评比，2人获一等奖。在2019年全国融合课大赛上，我校5人参赛，3人获一等奖，2人获二等奖。2018年"新星杯"比赛中，我校9人参加区级评比，3人获一等奖，5人获二等奖。在中央电教馆组织的全国中小学创新课堂教学实践观摩活动中，我校5人参赛3人获奖，其中1人获得现场课一等奖的好成绩。在新冠肺炎疫情期间，我校结合"抗疫"背景，教师自主开发了170多个不同主题的活动课程，充分展示了教师的创新意识、课程建设能力和社会担当的大格局。我校于2018年被评为大兴区校本教研示范校、北京市教育科研先进校等荣誉称号。

截至2020年，智慧教师培养的系列举措已经初显成效，教师的专业发展水平、职业理念、敬业精神和取得的优异成绩得到了家长的赞誉和学生的喜爱。学校已经成为家长认可的家门口的名校。在未来我校将会继续立足于教师成长的要求，满足教育发展的需要，扎实有效地推进教师培养工作，孕育出更多优秀教师，为学生的成长护航。

电子书包环境下创新教学模式的实践探索

北京教育科学研究院旧宫实验小学　孙　唯　朱会宾　吉淑娟

随着教育改革的不断推进及现代信息技术对教育教学影响的逐渐显现，基础教育教与学方式的变革势在必行。2010年颁布的《国家中长期教育改革和发展规划纲要（2010—2020年）》提出要加快信息化进程以及电子书包试点的开展；2018年颁布的《教育信息化2.0行动计划》强调要强化以能力为先的人才培养理念，将教育信息化作为教育系统性变革的内生变量，推动教育理念更新、模式变革。面对高速发展的社会和冗杂的互联网环境，学生的成长需要的不仅仅是掌握学科知识，更要拥有解决复杂问题的思想和方法，课堂作为学生学习的主阵地，教学模式变革已迫在眉睫。

在北京教科院专家的指导下，我校确立了以课题研究促课堂教与学变革的策略。2016我校立项北京市"十三五"规划课题《基于电子书包的自主探究学习模式及实验研究》，在教科院张熙所长和左慧研究员的多次指导下，以创新自主探究学习模式为切入点，开展以培养学生良好的思维品质、提升学生解决问题的能力为目的的实验研究。课题研究通过创设电子书包环境，以语、数、英三个学科为主，构建自主探究学习模式，让学生经历探究学习的过程，实现从"学会"到"会学"的转变。

一、电子书包智能化学习环境的搭建

电子书包进入教学领域，一方面，使人们所期待的"教育无处不在，学习随时随地""个性化学习""因材施教"等教育理想成为现实；另一方面，随着云技术的发展，能为学生提供日益丰富的学习资源、多样化的学习工具、极富个性的学习服务。我们借助电子书包构建智能化环境，首先，利用平板电脑搭建网络学习空间，实现资源共享，促进合作交流；其次，构建个性化、智能化的学习工具，支撑学生探究学习；最后，推送丰富的学习资源，让学生有内容可学，有兴趣乐学。

1. 搭建互动的学习空间

基于云平台，我们为每位师生搭建了个性化的网络学习空间，在空间内，师生可以利用互动操作、邮件、留言等手段推送、共享学习资源，以实现教学效益的最大化。学习资料的上传及分享为学生学习资源的获取和传递提供了便利，同时促进了师生、生生之间的相互交流。

2. 构建智能的学习工具

我们构建了集学习任务、学习资源、编辑工具和评价系统于一身，以学生为本，以学生自主探究式学习为出发点的智能学习工具，满足学生探究学习的不同需求，如围绕学科教学内容建立的体系化的多维智能电子教材。

3. 推送丰富的学习资源

我校教师通过分析学科知识点、重难点和易错点，设计、制作了丰富的学习资源，含140余节微课。这些微课具有还原知识的形象化、追求知识的生活化、学习过程的激趣化和信息呈现的立体化等优势，不但能激发学生的学习兴趣，而且能够支撑学生自主选择学习的时间、地点和学习的强度、频率。

二、自主探究教学模式的设计与应用

基于电子书包的自主探究教学模式的设计主张实现由知识本位向素养、思维、能力本位的转变，由低阶学习、浅层次学习向高阶学习、深度学习的转变。促进学生经历发现、构想、探究、验证的过程，自主建构知识的规律和方法，以达成培养学生的思维品质和解决问题的能力的目标。

1. 总模式设计思路

以建构主义为基本理论支柱，创设贴近学生实际生活的情境，给出让学生感兴趣、值得研究的问题或任务，进行任务驱动；创设探究学习环境，提供丰富便捷的探究工具，支撑发现构想；借助电子书包的交互功能使学生经历、体验完整的探究过程，实现探索体验；搭建网络学习空间，共享学习成果；模拟仿真环境，支持综合运用。

2. 总模式框架解析

教学模式研究的目的是教师引导学生在电子书包的支撑下展开学习行为，经历自主探究的学习过程，完成知识建构，获得学习方法。学习模式、学习行为和电子书包三者的关系是：学习行为是学习模式下学生的具体表现，学习模式是学习行为的流程化，电子书包是展开学习行为和构建学习模式的保障，如图1所示。

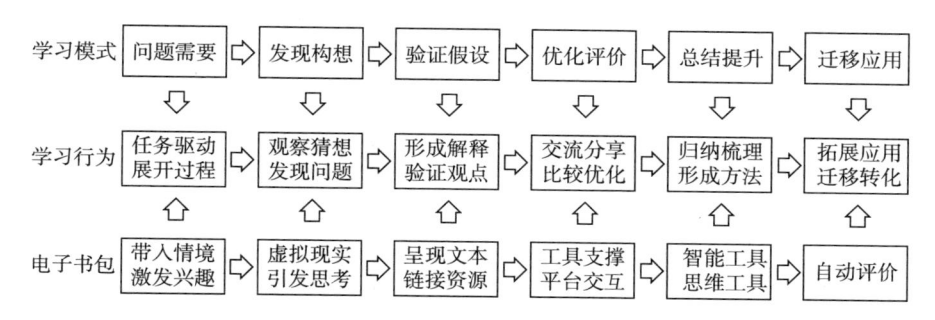

学习模式	问题需要	发现构想	验证假设	优化评价	总结提升	迁移应用
学习行为	任务驱动展开过程	观察猜想发现问题	形成解释验证观点	交流分享比较优化	归纳梳理形成方法	拓展应用迁移转化
电子书包	带入情境激发兴趣	虚拟现实引发思考	呈现文本链接资源	工具支撑平台交互	智能工具思维工具	自动评价

图1 学习模式、学习行为和电子书包三者关系

在电子书包问题情境、探究学习工具、交流共享平台等教学媒体比较完备的条件下，我们建立了"问题需要、发现构想、假设验证、优化评价、总结提升、迁移应用"的自主探究学习活动框架。

问题需要：引导学生发现应用已有知识却无法完成的任务，产生问题情境，激发问题需要。

发现构想：学生在教师的引导下，猜想解决问题的方法，得出初步的结论。

验证假设：提供探究环境与工具及有助于知识理解的资源，帮助学生完成对假设的验证。

优化评价：通过共享学习成果，配合多样化的评价方式，修改、完善知识获得技能。

总结提升：教师引导学生梳理方法、规律，通过生活中复杂的综合性问题训练学生对知识、方法的掌握情况。

迁移应用：帮助学生实现方法迁移，拓展方法应用。

3. 分模式设计应用

在构建总模式的基础上，我们根据语文、数学、英语的学科特点，对每个学科1~2个专项内容进行了深入的研究。在分析教学规律、学生学习中存在的困难和常规教学的不足之处的基础上，发挥电子书包多模态、个性化的优势，构建了支撑学生进行自主探究的学科模式（见表1）。

表1 不同学科模式框架

学科	研究领域	模式框架
语文	字族识字	观察猜想—自主探究—合作交流—发现规律—拓展应用
	绘本阅读	猜想假设—自主阅读—互动体验—成果分享—拓展阅读
数学	图形与几何	任务驱动—观察猜想—形成假设—交流分享—归纳梳理—拓展应用
	统计与概率	
英语	自然拼读	兴趣激发—问题发现—方案构想—交流分享—提升应用

以电子书包环境下语文识字学习模式为例,从模式建立的基础分析和实践流程两方面展开介绍。

(1) 模式建立的基础分析(见表2)。

表2 语文识字模式的基础分析

研究思路	研究结论
识字教学特点规律	需要突出汉字的构字规律特点,借助各种辅助教学"媒介",运用有效且合理的识字教学策略,努力提升识字教学效果
识字存在的困难	低年级小学生年龄小、记忆力差、精力不集中,如何提升识字兴趣、提高识字效率、保证识字质量是当前亟待解决的问题
常规教学不足之处	1. 未能充分调动识字主动性 2. 音形义之间的联系不够紧密 3. 思维训练不足
电子书包的优势	利用电子书包创设游戏式的识字方式,让学生亲自动手操作,可以提升识字兴趣;电子书包便于设计活动,进行归类识字,由识记一个字转而到认识一类字,能够提高识字效率;借助电子书包,学生对生字的认知过程都是通过自主建构的,因此学得快、记得牢、用得好,充分保证了学习质量

(2) 模式应用的实践流程

语文组教师设计了基于电子书包的专题识字课,形成"观察猜想——自主探究——合作交流——发现规律——拓展应用"的框架模式。以《客人到家我说请》为例,各环节设计如下:

① 观察猜想环节,根据教学需求,应用虚拟工具、图像与音视频,为学生营造任务情境,提供表达问题的思维工具。该课利用电子书包的绘画功能设计出以"青"字根为花芯,"氵、日、目"等部首为花瓣的"青字族"花朵。教师鼓励学生猜测这些偏旁部首与"青"结合时会形成哪些字,这些字又该

怎样读。

②自主探究环节。利用电子书包给学生提供的丰富资源，提供拖拽、模拟操作等工具，促使学生通过自主探究的方式验证猜想。该课引导学生结合"青"的学习方法，通过语音范读自学读音，通过画面体会语言环境、了解字义，利用电子书包完成"青字族"字音、字形、字义等自学任务，验证猜想。当学生发现猜想正确时，不仅收获了学习自信心，更巩固了猜想途径。

③合作交流环节。小组成员交换前一环节的思考过程和思考成果，与其他组员碰撞出思维的火花。该课中有的学生根据经验积累，利用电子资源，能够发现字音、字形和字义之间存在关系；有的学生没有这种将各方面联系起来的敏锐感，这样他便可以在轻松的互助学习氛围中安心地说出"我不懂"，精心地倾听"学生老师"的发言，充分体现了核心素养时代要求的合作学习。

④发现规律环节。学生在教师指导下完成新知的最终建构过程，学生在此获得的是规律性的知识。该课通过对"青字族"字的观察、比较，教师引导学生发现这些字的一部分和意思有关，另一部分和读音有关的共同点，感受形声字的构字规律。依据这一方法，学生可以认识其他字族，迅速提高识字速度。

⑤拓展应用环节。通过通答、抢答和随机答题三种方式，以条形统计图的形式即时地呈现学习结果，便于老师做出有针对性的诊断和评价。该课根据本次识字教学内容的特点，教师引导、组织学生活动，有意识地让学生主动去观察、比较、归纳、验证，积极思考，并真正参与到讨论之中。

对实验班和对照班学生的认读字量进行检测，得出实验数据（见表3）。经过平板电脑识字教学实验的学生在生字量的积累上要大大高于未进行实验的学生。同时也发现经过实验的学生在平时生活中有主动识字的意愿，能够掌握一定的识字方法并愿意运用所学习的方法进行尝试，说明实验无论是在识字量、识字方式上还是在学习生字的兴趣上都起到了促进作用。

表3 语文识字认读字量检测结果

检测对象	测评字量（个）	正确率 100%	正确率 99%~90%	正确率 89%~80%	正确率 79%~70%	正确率 70%以下
实验班	372	36.25%	53.37%	7.41%	2.97%	0
对照班	372	15.30%	35.82%	32.63%	12.12%	4.13%

三、自主探究学习模式实施效果

经过历时近五年的课题研究，我校教师在电子书包环境下创新了教学模式，通过模式的课堂实施和实施效果的调查分析，我们发现模式的应用不但能够培养学生的思维品质，提高学生解决问题的能力，对教师、学校的发展也起到了促进作用。

1. 促进了学生的高阶思维发展

我们从八个行为能力维度出发进行描述性分析（见图2），发现前后测样本的八个行为能力均呈现出显著性，意味着前后测样本对于高阶思维行为能力表现的八个方面均有着差异性。

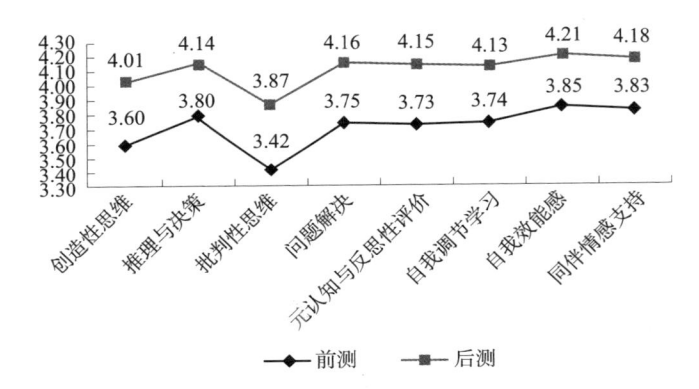

图 2　基于行为能力的描述性分析结果

从五个思维品质出发进行描述性分析（见图3），发现前后测样本对五个思维品质全部呈现出显著性，意味着前后测样本对于高阶思维品质五个方面的表现均有着差异性。

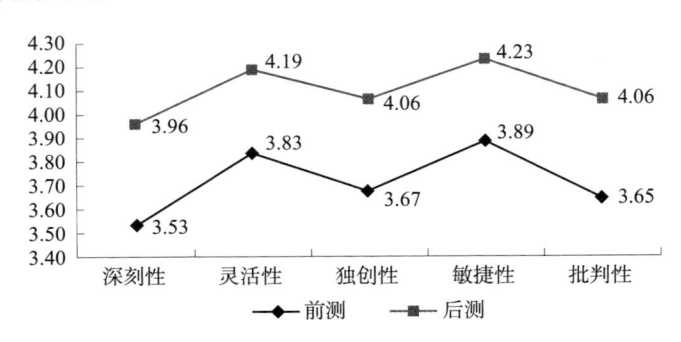

图 3　基于思维品质的描述性分析结果

通过对学生高阶思维发展的调查分析，证实模式的实施有利于培养学生的高阶思维。参与模式研究的学生推理与决策能力、创造性思维能力、自我调节学习能力、问题解决能力、元认知与反思性评价能力、自我效能感、思维的批判性与独创性表现稍好，很大程度上与学生对学习模式的认同、自信相关；同伴情感支持、思维的灵活性与敏捷性表现最好，主要得益于各学科总结的具体教学模式的有效实施；思维的深刻性、批判性思维能力表现相对较差，需要进一步开展研究。

2. 带动了教师和学校的发展

教师参与课题研究提高了自身使用现代教育技术的积极性及技能，使教师能够适应教育现代化的改革要求。经过不断的理论、经验的学习，教师理论水平逐步提高，科研能力日益增强，驾驭课堂的教学艺术水平也有了可喜的进步。这推动了我校教师的专业发展，全面提高了学校的教育研究整体水平，起到了科研兴校的作用。

电子书包环境下的学科教学模式使得教师的教与学生的学发生变革，得以更好地延展。在今后的教学中，我校教师将以学生的发展为本，继续开发好、利用好现代教育技术，构建好、完善好电子书包环境，帮助学生持续、主动地获取知识，培养出更多的创新型人才。

引入绘本课程　提高低学段学生的语言表达能力

北京教育科学研究院附属石景山实验学校　谭　泓

语文教学离不开"听、说、读、写","说"在四大要素中占有重要比例，它既是语文教学的起点也是归宿。语文课堂是对学生口语表达能力进行培养的重要渠道，但长期不被重视。语文教材关于口语教学的内容也非常单薄，只有关于内容的寥寥几句，没有故事性的叙述，也没有专门课程以供教学，因此学生无法进入教材编者所设定的口语情境中去，导致学生对于口语教学课缺乏兴趣。

绘本是创作者站在儿童的角度进行绘制与构思的，对于儿童来说，有亲切感，儿童能够积极融入故事中。同时绘本文字的排列、潜在的节奏、细节、留白、价值取向等，处处包含着"说"的元素。绘本为口语教学提供了新的思路，我们拟将绘本教学融入课堂，运用多种教学方法提高学生口语能力，弥补课堂教学中被轻视了的口语教学。

一、低年级学生口语发展亟待加强

小学低年级学生喜爱表达、愿意表达，低年级是学生学会运用规范的语言进行表达和交流的重要阶段，是学生口语能力发展的重要时期。但是从了解的情况来看，很少有学生能做到准确、完整、连贯地表达，甚至有的学生以自我为中心互相乱说，不分场合，说个没完没了。口语表达能力是语音、语汇、语法三者综合运用的能力，是学生运用语言对自身的想法进行表达，阐述自身的意见、观点或者是抒发情感和思想的一种能力，是动态的行为过程。小学课堂教学要抓住这一时期，抓住这一动态过程，大力发展学生语言，包括认真倾听的能力、有礼貌回答问题的能力和语言表达能力，为学生今后可持续发展奠定基础。

二、绘本课程引入是新时代学生发展的需要

现代社会要求公民具备良好的人文素养和科学素养，具备创新精神、合作意识和开放的视野，具备包括阅读理解与表达交流在内的多方面的基本能力。表达与交流在当今社会应用中显得越来越重要，而绘本教学正可以提高学生的口语能力，二者的供需关联正可谓丝丝相扣。

《义务教育语文课程标准》也明确指出，"口语交际能力是现代公民的必备能力。应培养学生倾听、表达和应对的能力，使学生具有文明和谐地进行人际交流的素养。"这就要求教师要运用灵活多样的教法，拓宽口语的时空和渠道，激活学生的思维，开阔学生的思路，让学生乐于思考、乐于表达，尤其让低学段的孩子也有话可说，使口语真正成为低学段孩子童心童趣的流露。借助绘本故事来进行口语训练，能够使学生对说话感兴趣，能充分发挥学生的想象力，说自己想说的话。学生通过阅读绘本故事可以丰富自己对生活的体验，把自己对周围事物的认识和感想通过口语表达出来。

三、教科院引领下的口语教学观念的改变

自 2017 年以来，在北京教科院各位专家、学者的引领下，我校教师无论是教学观念还是教学方法都有了质的飞跃。

2019 年，张立军老师在我校执教《古诗两首》，采用了口语交流方式教课，即与学生聊天教课。在聊天中自然而然地引导学生大声发言，引导学生准确用词表达（如李白病逝一词的准确运用）。这种口语交流是贴近学生生活的，不仅拉近了师生间的距离，更具口语的引导作用，处处体现了以学生为本的素质教育思想。

后来北京教科院的李老师、闫勇老师的评价中多次谈到学生的口语表达。李老师在听完笔者的《会跳舞的长颈鹿》的教学后曾对笔者说，语文课堂就是要让学生把文本正确流畅有感情地讲出来，把每句话清清楚楚送到听者的耳朵中去，不急于赶快，不急于拔高。闫勇老师在评价时也说，课堂上就是要让学生尽情地表达自己的真实想法，这也是语文教学中人文主题与核心素养的统一。

一次次的培训、一个个实例展现、一句句谆谆教导使我们受益匪浅，无论是课堂上遵从学生主体意识，还是对口语教学的重视，都使我们内心深处受到

震撼,这种震撼使我们的教育观念有了质的飞跃,为我们在语文课堂培养学生的口语表达能力指明了方向,也更让我们坚定了把绘本引入课堂教学的信念。

四、绘本课程引入课堂

绘本由"picture book"翻译而来,顾名思义就是"画出来的书",是17世纪诞生于欧洲的儿童文学形式。绘本是以绘画为主,辅以少量文字为引导,主要由连贯性、叙事性的图画和简洁精炼的文字(或没有文字)组成,图文互动结合、完整地诠释和传达故事主题、传递故事情节的书籍。

1. 选择绘本

为了更好地选择绘本,我们制定了调查问卷,并对学生考试的说话情况做出分析(见表1)。

表1 学生说话调查问卷

			人数(个)	百分比(%)
说话兴趣	你喜欢说话吗?	喜欢	22	70.97
		还可以	5	16.12
		不喜欢	4	12.90
	说话课上,你踊跃举手发言吗?	是的	10	32.26
		有时	15	48.39
		不怎么举手回答问题	6	19.35
说话能力	你能联系自己的生活说话吗?	能	17	54.83
		偶尔能	10	32.25
		不能	4	12.9
	你能有条有理地说话吗?比如用上顺序词。	用得上,还用得比较多	20	64.51
		偶尔用一些	7	22.58
		平常根本就没做顺序词积累,没东西用	4	12.9
说话态度	说话之后你能认真反思吗?	能	10	32.26
		不能	6	19.35
	当说话说不下去时,你会怎么做?	请求帮助	26	83.87
		乱说一气	5	16.13

由以上问卷可以看出,学生的说话兴趣、态度、能力均有待提高,因此在选择绘本时我们着力选择那些可以提高学生兴趣的绘本故事,在进行教学设计

时力求找准读说结合点,设计恰当的教学方法,从而改善学生的说话态度,提高说话能力。以此为依据,我们确定一学期的绘本阅读书目,并要求在口语教学中使用。

2. 开展教学

我们进行了教学实施的行动研究,归纳了六种教学实施策略。

(1)"读说"教学方式

"读说"教学方式是指在绘本说话过程中设计大量读的文字,再进行口语练习。如仿照句式先读,后结合自己的生活实际再说,有大量的读话练习在前做铺垫降低说话的难度,使学生对说话非常感兴趣,说起话来能头头是道。

(2)"思说"教学方式

"思说"教学方式是指教师引导学生对绘本的图画进行创造性的思考,展开丰富的想象,说出"原文本"未表达的故事。如《母鸡萝丝去散步》,在教学活动中,研究者先让学生初步感知故事内容,看一看母鸡萝丝经过哪些地方?一路上发生了哪些有趣的事情?学生在读图的时候开怀大笑,说明他们对画面传递的信息有所思、有所感。然后请学生说一说每个场景发生了哪些好玩的事情,教师再适当地引导学生抓住细节展开想象,学生便可以轻松地将故事画面描述下来;在学生用口语对画面内容进行描述时,教师适时引导学生规范自己的语言。

(3)"画说"教学方式

"画说"教学方式是指教师引导学生通过画一画的方式表达内心所想。由于二年级学生会写的字不多,当他们想说却不会说的时候,他们非常愿意用图画的方式表达出来。绘画后让学生介绍自己的画,这时学生就有话可说了,而且说得头头是道。

(4)"猜说"教学方式

"猜说"教学方式是指教师隐去部分故事内容,请学生猜测将要发生的故事,将自己所猜想的故事内容通过自己的语言说出来的教学方式。

(5)"续说"教学方式

"续说"的教学方式是指学生在读完绘本故事后能根据开放性结局续编接下来发生的故事。"续说"教学方式使用的范围较广,因为很多绘本故事的结局都是开放性的,在《鸭子骑车记》的教学过程中,研究者也设计了续编故事的说话形式,学生作品中也不乏佳作。既然是续说,最好能编一个完整的故事，如果学生能力达不到也不要强求，因此教师反馈评价时要注意分层评价。

（6）"演说"教学方式

"演说"教学方式是指在课堂上教师引导学生将绘本故事用表演的形式重新演绎出来，学生通过表演将绘本故事内化于心，再将绘本故事表达出来，可以感同身受，说话内容就成了学生情绪的真实流露。

这六种教学方式在"说"的基础上又各有侧重点，但"说"是几种教学方式的基础，学生说好了，口语能力就提高了。

3. 实施成效

在学期末，我们针对口语的兴趣、态度和语言能力三个方面对学生进行了问卷调查，三项指标都有明显提高。

另外，在平时观察中我们也了解到，愿意给别人讲故事的学生多了，就连平时沉默寡言的学生也能跟同学们一起兴致勃勃地交流了，而且交流大大方方、头头是道。这些可喜的变化说明学生口语能力得到了提高。

在北京教科院专家的指导下，我们会在科研、创新的路上继续走下去，使学生口语发展更具实效。我们相信，绘本口语教学之花在课堂教学这块沃土上会常开不败，更加艳丽！

教学"微"转变,提高学生自主学习能力

北京教育科学研究院附属石景山实验学校　李申珅

一、时代背景

自主学习能力已成为21世纪人类生存的基本能力。培养自主学习能力是社会发展的需要。面对新世纪的挑战,适应科学技术飞速发展的形势,适应职业转换和知识更新频率加快的要求,一个人仅仅靠在学校学的知识已远远不够,每个人都必须终身学习。终身学习的能力成为一个人必须具备的基本素质。在未来发展中,是否具有竞争力,是否具有巨大潜力,是否具有在信息时代轻车熟路地驾驭知识的本领,从根本上讲都取决于学生是否具有终身学习的能力。因此,使学生在基础教育阶段学会学习成为当今世界诸多国家都十分重视的一个问题。正如《学会生存》一书中所讲的:"未来的文盲不是不识字的人,而是没有学会怎样学习的人。"终身学习一般不在学校里进行,也没有教师陪伴在身边,全靠一个人的自主学习能力。

教育信息化时代下,学生接受知识的途径不仅仅来源于课堂,微课已成为一种新的教育途径。微课时间短、内容少,利用碎片化时间就可进行学习。数学课程标准中就强调信息技术的发展对数学教育的价值、目标、内容以及教学方式产生的影响。教育信息化十年发展规划中也有探索微课在课堂教与学创新应用中的有效模式和方法。

二、微课的意义

微课是通过现代信息技术发展形成的一种以视频为主的教学呈现方式。借助一定的教学设备和仪器对教学内容的重点和难点进行课题分析与解决。微课不仅包含了课堂内的教学内容和教学目标,也涉及课堂外教学的知识点,以及

教学过程的反馈和评价。

微课常应用于新课导入、重难点讲解、过程演示、知识巩固、任务布置、新课预习、课后测试、习题指导等教学环节。当前的初中教学一般以课堂教学为主，而微课应用的发力点可能恰恰在课堂之外，所以要将微课融入教学，发挥最优效果。

三、"微"转变的实践

2020年年初新冠肺炎疫情的暴发，让学生开启了长达4个月的居家学习，教学方式发生了微妙的转变，不再是传统的教室黑板，而是家里的电脑手机，而微课改变了教学时间和空间的限制。

初中数学要培养学生的独立思考过程，让其逐渐形成数学思维。网络授课的初期，教师应用腾讯会议共享屏幕讲课，学生只是简单地回答问题，教师没有让学生进行深入思考就把概念草草讲完，学生没听懂的地方也没办法重复讲解。有时因为网络的原因还会影响学生的听课效果。所以，为了提高学生的学习质量，笔者在授课过程中引入了微课。学生可以根据自己的需求选择适合的微课资源，充分利用自己碎片化的时间自学有疑问的知识点，并可以重复观看某些教学片段，从而起到解惑、巩固、提高的作用。以下就是笔者在北京教科院及学校领导的指导下借助微课在居家学习中尝试的新的教学方式。

1. 实践探究之新课预习

预习是数学学习的一种重要方法，有效的预习是数学学习的重要铺垫。如何提高预习的有效性成为微课教学模式探究的首要问题。网络微课资源丰富，但并非任意一种都适用于预习。笔者通过筛选最终选定了洋葱学院的微课作为资源。微课中的动态画面相比纸质材料预习更具吸引力，从而提高了预习效率。

在讲解因式分解之前先让学生观看了"什么是因式分解"的微课，因式分解和学生之前所学的加减乘除运算都不一样，新的名词总是让学生望而却步。因式分解的本质是扭转整式乘法，单纯的讲解很难让学生理解，而微课通过活泼的讲解加上幽默的动画效果让学生提高了学习兴趣，需要注意的重点重复强调也让学生可以牢记。学生对因式分解这一章有了大体的认识，而且深入理解因式分解还可以为之后的一元二次方程打好基础。

2. 实践探究之知识巩固提升

在讲授命题、定理和证明时，笔者给学生分享了微课的视频。命题定理这些概念总是给人晦涩难懂的感觉，单纯的语言描述也很难让学生记住，而微课就可以弥补这些不足。

为了保证微课发给学生之后学生认真观看，笔者会根据每个微课设置一个学习任务单，像学习平行线的性质这一内容时，笔者以微课里的例子为原型进行更改，分别设置了选择、填空、证明三种类型的变式。微课的时长为 5 分 30 秒，调整设定为 10 分钟，看完微课剩下的时间算为完成任务单。

班里学生的水平存在差异，为在有限的时间里最大限度地让学生学习到更适合自己的知识，我把微课分成三种类型，必看型、基础型、提高型。有些学生理解能力弱，可以把必看型的微课重复观看；理解力好一些的学生可以看完必看型之后直接观看基础型的微课视频；优秀的学生则可以把提高型也看完，并完成对应的学习任务单。让学生选择适合自己的课型并观看，而不是强制性地分配给学生，让学生从要我学，转变成我要学。为了提高学生的积极主动性，笔者先把学生分好组，每个组 6 人，每次看完必看型微课并完成对应学习任务单，小组加 1 分，基础型加 2 分，提高型加 3 分，每周进行总结评比。

3. 实践探究之习题指导

复习是提高初中学生数学学习成绩的关键环节与有效方式，但也是教师最头疼的问题，不仅时间少、内容多、要求高，还要将一个问题讲解透彻，即在有限的时间内再次给予学生最深入、最透彻的讲解。几何证明题中为了证明简捷，会习惯性地给角标上 1、2、3，但在图中找角却仍是有慢有快。一道复杂的几何证明题在最开始基础薄弱的学生还可以听懂，可是找角时候反应慢一点就错过了重要的讲解过程，后面的学习就云里雾里了。为了解决这一问题，笔者会提前把题录好微视频，学生观看的时候可以慢下来，前几步突然有了思路就可以不再观看，而是可以尝试做一做。某一个角没有找到也可以停下来，理顺思路再继续观看。

4. 实践探究之借助微课使学生角色"微"转变

人们总说只有讲出来才是真的懂了，最初总是笔者在给学生筛选微课并分享给学生，虽然学生可以选择适合自己水平的微课进行观看，但仍处于被动的状态，所以笔者对每个学生分配了任务。比如在学完"简单的几何图形推理"之后，笔者让学生自己录制了一些微视频相互分享。内容为你认为学习的章节中有哪些需要注意的地方，难懂的概念，或者是一道题，录一段微视频分享给大家。这样学生不再是单纯的"消费者"，而是"生产者"，把自己学习的内容讲出来，不但巩固了自己对知识的理解，而且在分享之后同学之间也可以互相学习。

通过微课的学习，很多学生表示有了学习的兴趣，不再觉得数学枯燥难懂，而且参与录制"微课"让学生很有成就感，班里以前总是不爱完成作业的几名同学也能按时上交作业了。

四、总结

随着我国教育改革进程的不断推进，传统教育所存在的问题逐渐暴露出来，教师更加关注教学方式的改变，在教学过程中关注学生的主体位置。微课的本质特征和核心理念是"学"，打破了传统的以"教"为中心的资源建设理念和课堂教学模式，促进了以学生为中心的教学理念的有效落实。教师通过数字化的视频与音频等多种元素极大地丰富了学生的视听感官，进而激发了学生对于数学学习的兴趣，使学生能主动将精力投放于对数学的学习中，促进数学教学效果的有效提升。

发展核心素养的"尊重教育"校本课程体系的建构及实践

北京教育科学研究院丰台学校　张广利

北京教育科学研究院丰台学校创建于2015年，创立之初即依据党的教育方针和学校办学的实际情况确立了"尊重教育"的办学理念。2016年9月《中国学生发展核心素养》正式发布，成为教育育人的重要指南，也为丰台学校的发展提供了方向。而课程作为实现教育目标的主要载体，如何以课程改革为突破口，践行尊重教育理念和推进学生发展核心素养的落实，就成为学校探索与实践的重要课题。

一、"尊重教育"校本课程体系的建构原则

"尊重教育"是学校教育整体育人功能的集中体现，是尊重自我、尊重他人、尊重社会和尊重自然的教育的整合与升级。我们坚信，"尊重"的社会品质并不是自发形成的，而是学校教育的必然结果。人要形成"尊重"的社会品质必须通过学校教育的积极培养和引导，这也是儿童从"自然人"成长为"社会人"的必由之路。

1. **尊重主体**

学生是学习和发展的主体。在课程建设中，我们必须尊重和凸显学生的主体地位，珍视学生的生存状态与发展姿态，尊重每个学生的学习和思维方式，关注学生学习与生活的心理感受，给予学生自主学习和自由探讨的时空，激发学生终身学习的愿望和主动探究的意识，为他们全面而和谐、自由而充分的发展搭建好舞台，以实现学生的主体发展。

2. **尊重差异**

在课程建设中，我们要重视学生不同的学习需求，尊重和满足学生多样化

的学习需要，尊重学生的课程选择权，为学生提供丰富的课程供给。在课程实施中，尊重学生间的个性差异，坚持以"学"为中心，关注学生的"在学习"和"真学习"，尊重学生自主学习的权利，尊重学生多样化的学习方式，为每个学生的健康成长提供指导、帮助和服务。在课程评价上采用生成性、多元性、鼓励性和发展性评价等措施，体现出对学生个性的尊重，激励每个学生实现全面而有个性的发展。

3. 尊重规律

学校课程建设必须遵循学生的年龄特点、身心发展规律和课程建设规律，必须尊重学科领域的特点与规律，体现社会、文化以及现代科技发展的时代特征与未来趋势，遵循国家课程标准，以科学的精神和严谨的态度做好课程整合和二度开发，切实解决课改推进中遇到的实际问题，边实施边总结，不断丰富和完善尊重教育课程体系。

二、"尊重教育"校本课程体系的建构及实践策略

以国家课程改革"全科育人、全员育人、全程育人"的理念为指导，根据"尊重教育"办学理念和"培养'尊道敬学、立己达人'的阳光少年"这一育人目标的具体要求，是丰台学校建构实施"尊重教育"校本课程的基本理路。

（一）"尊重教育"校本课程结构图谱及分析

丰台学校将学生发展的三大核心素养领域（文化基础、自主发展、社会参与）有机整合到学校课程的育人目标之中，根据"尊重教育"的四个向度提炼出学生发展的素养结构，每个向度都从两个方面予以描述。以该素养结构为导向，将相关课程予以匹配和开发，并在每一个向度上将课程划分为基础型课程、拓展型课程和个性化课程三个板块。将学校所有课程进行梳理和分析，逐一配置到对应的板块之中。最终形成"一元目标、二重素养、三种类型、四个向度"的"一二三四"课程结构。以该结构为依据，对学校课程进行通盘开发和调整，最终形成学校特色化课程体系（见图1）。

"一元目标"。学校在各个领域的育人追求集中表现为一元的育人目标，即培养"尊道敬学、立己达人"的阳光少年。

"二重素养"。用二重素养来描述"尊重教育"的每个向度对学生发展的

要求。它涵盖了学生发展的六大核心素养（人文底蕴、科学精神、学会学习、健康生活、责任担当、实践创新），是对"尊重教育"育人目标的具体化描述：尊重自我——勤学自爱的素养、健康自信的素养；尊重他人——沟通交往的素养、同情理解的素养；尊重自然——科学知识的素养、技术应用的素养；尊重社会——人文艺术的素养、社会伦理的素养。

"三种类型"。三种类型的课程不是从课程管理上进行划分，而是从课程育人功能和课程实施的角度对国家课程、地方课程和校本课程进行通盘设计，在"尊重教育"的每个向度上都进行对应的课程设计，形成三种基本的课程类型，即基础型课程、拓展型课程和个性化课程。

"四个向度"。从四个方向描述"尊重教育"的具体内容，即尊重自我、尊重他人、尊重自然和尊重社会。不同向度间的课程与学生核心素养的对接不是一一对应的关系，它们间既有主要对应关系，也有交叉关系。

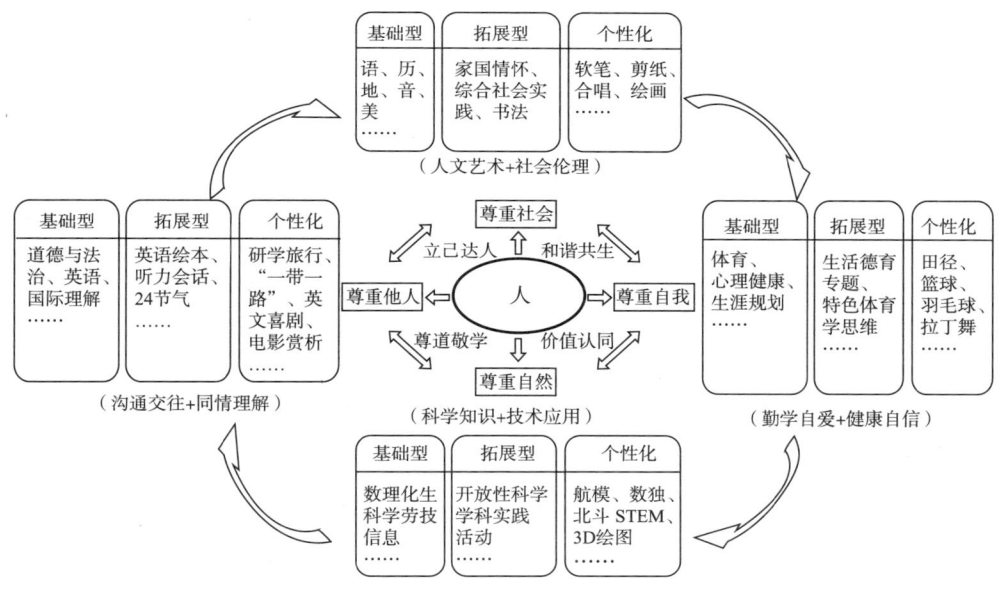

图1 "尊重教育"课程结构

（二）"尊重教育"校本课程类型及实施

在保证开齐开足国家课程、落实国家课程标准的基础上保证各类课程的开设和学时要求，确定整体课程安排。制定学期学科课程纲要，科学开展课程整合，以此提升课程的适应性和实施效益，促进学生全面而有个性地发展。

1. 基础型课程的实施

基础型课程体现国家教育意志和课改理念，为学生提供公共性和基础性的科学文化素养，涵盖绝大多数国家课程和少部分地方课程、校本课程的公共必修部分，是落实"尊重教育"办学理念的最基本的课程形态。在课程实施上，基础型课程面向全体学生，属于必修课程。

在基础型课程校本化、生本化实施过程中，遵循"先学后教、以学定教、以教导学、以学改教"的课改理念，积极构建凸显"问题导学、少教多学、自主学思、合作互学"为特征的以"学"为中心的尊重课堂。从改变课堂组织形式、课堂结构和实施深度教学三方面入手，把"关注学生的学习状态和学生发展的实际获得"放在首位，给足学生自主学习、主动思考、合作互助、交流提高的时间，让学生真实参与课堂学习之中，创建"每个学生动起来、思维活起来"的课堂学习样态，真正实现"教"向"学"的转型升级。

2. 拓展型课程的实施

拓展型课程是在学校层面上对基础型课程的拓展、延伸、具体化与实践化。它是基于学生发展的核心素养和学校育人目标，在学科课程范围内对相关课程在内容广度和深度上进行调整和拓展，升级学科课程的教育价值与育人功能，此外还涵盖国家课程的综合实践活动和部分地方课程、校本课程的公共必修部分，是实现尊重教育的重要途径和手段。在课程实施上属于必修，但部分课程内容上属于选修。必修类课程着力落实综合社会实践、开放性科学实践（内容可选择）和学科实践课程，主要体现为学科实践活动设计和跨学科主题实践活动设计；可选修的课程内容主要是根据学生不同的学科认知基础而设置的差异性课程。

对拓展型课程中部分学科加深或拓宽的内容，学生可以依据自己不同学科的基础情况进行自主选择学习。开放性科学实践活动课程则是学生根据自己的选择到社会资源单位进行自主学习，按要求完成相应的学习任务后将自己学习的成果上传管理平台，由教师对其选学情况做出评价。教师通过尊重差异，落实分层分类施教措施，以满足不同基础学生的学习需要，并确保课程实施效果。

3. 个性化课程的实施

个性化课程是为学生的个性化发展提供机会，满足学生个性化的学习需求。它是基于学生的学习兴趣而开发的校本化课程。在课程实施上，它面向全体学生，属于选修课程。

个性化课程是基于学生的兴趣爱好而开发实施的社团课程和选修课程。每学年教师按照学校课程方案中规定的学段课程要求和个性化课程的开设原则，自己申报开发的个性化课程，编写的课程纲要在学校课程委员会审定通过后，组织课程开发，并为新学年开学做好准备。开学后，在学生选择的基础上，学校以学习班为单位，采用走班上课的方式组织该类课程的实施工作。上课教师担任每个学习班的辅导员，全面负责学生的学习等管理工作，并根据学生的学习出勤、学习状态及成果展示等情况进行评价。

（三）"尊重教育"校本课程实施的具体策略

学生是具有独立人格的学习者，是学习的主体，课程的有效实施必须建立在学生自身的主观能动性的基础上。学生能否积极主动地参与课程学习、能否在主动学习和自主学习中获得更好的发展是课程有效实施的标志。

第一，对具有弹性学时的学科课程，学校将根据实际情况、学科特点和课程学习内容等因素，采用长短课、大小课相结合的方式做好课程安排，进一步优化课程的时空管理。每周总学时时长控制在相应年级规定的学时总量之内。

第二，在七、八年级开设"开放性科学实践活动"课程，重点提高学生的科学探究能力。建立"开放性科学实践活动"课程的资源准入、选课、记录、评价与认定机制，将学生课程学习情况的认定作为中考综合实践课程成绩的计入依据，并规范其管理。

第三，传统文化课程包括北京市地方课程中的中华优秀传统文化、书法等，家国情怀课程包括中国梦、我们的城市、我爱北京等市级地方课程和丰台区地方课程的"我爱丰台""探索丰台"。小学国学经典诵读与市级中华优秀传统文化专题相结合，利用地方课程时间实施。市级地方课程——职业生涯规划和道德与法治课整合实施。

学校自主开发与实施的课程，小学在一、二、三年级开设英语绘本、舞蹈（含体育舞蹈）、航模等课程；中学在学生自主选择的基础上开设北斗启航、STEM 及其他选修课程。

第四，根据目前学校教师的实际情况，现对北京市的有关专题教育课程，依据内容相近原则分别与相关学科和综合实践课程内容整合。将毒品预防、新冠肺炎疫情预防、礼仪教育、安全自救互救教育、健康教育等专题教育课程和道德与法治课程或生活德育课程整合。将环境与可持续发展与小学科学、初中地理、生物学科整合，其他学科做好渗透教育工作。与此同时，学校开发了九年一贯的德育一体化课程——尊重进阶课程，对上述内容进行了有效融合。

第五，贯彻"健康第一"理念，开好小学体育和初中体育与健康课程。丰台学校将充分利用体育学时、早操、课间操、课外体育活动和体育社团等形式，切实保障中小学生每天体育锻炼时间不低于1小时。此外，为加强羽毛球项目特色发展，从小学四年级开始，每班每周上一节羽毛球课（占周体育课时）。

第六，整合少先队教育和主题班队会课程，并采取实践育人的方式，在规定的地方课程学时中统筹落实少先队教育每周1学时的要求。

第七，一至六年级要在课内留有作业时间。低年级作业要在课内完成，不得布置课外书面作业；其他年级书面形式的课外作业一周布置一次，且教师全批全改。实践类课程中，小学各年级开展跨学科、跨年级的综合类、探究类作业改革。初中的课后作业严格控制在规定时间内；同时倡导布置实践性、探究性和体育锻炼等多样化的作业，积极推进学生自主作业改革。

三、"尊重教育"校本课程体系实施的效果与反思

（一）实施的效果

1. 学生核心素养的显著提升

自丰台学校办学以来，学生参加区级及以上航模、科技、艺术、体育、英语演讲、作文等比赛活动有508人次获奖。学生经过"尊重教育"课程体系的学习，无论是在核心素养显性方面的学业表现上还是各项才艺比赛中，或是在隐性的学习方法与态度、沟通和合作能力方面都取得了显著进步，真正实现了全面而又个性的发展。

2. 教师的专业能力不断发展

在尊重教育的学校文化浸染下和学校民主、开放、互助的组织氛围的影响下，所有教师都积极参与学校尊重课程体系的建构与实践，为学校课程体系的实施贡献自己的智慧，并且学校经常组织相关研修会让教师们相互讨论和互相借鉴；并且在每学期的"一人一课"公开展示课活动中，鼓励教师把自己对

于尊重教育和核心素养的一些创见融合在公开课中。在不断参与课程建设的过程中，教师的职业热情和创造性得到了激发，职业倦怠感明显减少。学校课程体系的建构及实践的这一过程也是教师专业能力不断发展的过程。目前，学校已经初步建成年富力强、充满活力、甘于奉献、具有较好专业素养、受学生欢迎的教师团队，拥有市、区、校三级骨干教师38名。

3. 学校形成浓厚的尊重文化的氛围

学校课程体系与学校文化是相辅相成的关系，学校课程体系的构建要基于学校的文化理念，而贯彻学校文化理念的课程体系的构建和实施也有助于学校尊重文化的进一步形成。丰台学校尊重文化的理念深入课程设置和教学过程的每一个环节，文化的形成自然而然，而非刻意而为。学校师生基本都能秉持校训"尊道敬学，立己达人"，形成尊重科学、尊重社会、尊重自己和尊重他人的良好品格。

4. 学校的社会声誉明显提升

学校连续两年获得丰台区教学绩效评价优质校称号，并先后荣获北京市中小学文明校园、北京市义务教育管理标准化首批达标学校、北京市优秀班主任研究室基地校、北京市语言文化联盟基地校、丰台区优秀基层党组织、丰台区国际合作与交流基地校、丰台区平安校园、丰台区落实《体育工作条例》优秀学校、丰台区教学绩效评价优质学校等荣誉。已在社会上树立了良好的办学形象，初步实现了在"普通社区办不普通的教育"的目标。

（二）反思与展望

1. 中观课程需进一步完善

目前，丰台学校的宏观课程顶层设计已经基本完成；对微观课程，教师做了一定的探索；中观课程需要进一步完善。今后，在北京教科院等外部智力资源的支持下，一方面从宏观层面进一步优化尊重教育课程体系，另一方面从中观层面大力加强基础型课程的生本化实施、从基础型课程中延伸出拓展型课程的开发与实施，努力将尊重进阶课程做成特色课程，并不断丰富个性化课程，以进一步满足学生多层次、多样化发展的需求。

2. 加强课程与教研的有机融合

未来，学校还将进一步促进课程和教研的有机融合。在研究和实施尊重进阶课程中设立专门的项目研究小组，每学期针对课程领域内的1~2个主题进行专题教研。在教研方面不仅关注学生的认知发展，也关注学生的心理和德育层面，以求更好地实现课程的教育性。课程项目组每学期形成一定可实施的科研成果，既促进尊重进阶课程的有效实施，又有利于提高教师的教育教学和科研能力。丰台学校未来争取实现由课程带科研，以科研促教师发展，以教师发展引领学生成长的发展道路。

推进分级阅读　提升阅读素养

北京教育科学研究院丰台学校　崔彦梅

在尊重教育理念的指导下，学校教学工作围绕"学生"和学生的"学习""成长"展开。学生的成长和全面发展需要营养，这种营养主要借助学生主动的阅读活动习得。丰台学校以语言学科中的英语和语文学科为切入点，系统设计和实施教学活动和阅读活动，促进学生进行大量阅读，把阅读和思考、表达结合在一起。三年多的实践表明，学生的阅读素养普遍得到提升，教师也收获满满。

一、阅读素养与语言学科

这里所说的语言学科主要包括语文和英语。这两个学科具有共同的属性，都要进行大量阅读，都需要阅读素养，都需要在阅读活动中培养和发展阅读素养。

二、分级阅读实践研究

（一）合力打造，助力学生英语分级阅读

丰台学校对照《中国中小学生英语分级阅读标准（实验稿）》指出的学生阅读能力"解码能力、语言知识、阅读理解和文化意识"，通过调研，笔者发现如下问题：一是学生英语基础薄弱。丰台学校生源是棚户区改造的拆迁户，80%的小学新生没有英语基础；二是学生学习英语的兴趣不高，有些学生对英语学习有抵触情绪；三是学习环境单一，缺少英语氛围。学生即使会读、会写单词，但由于缺少在情境中的理解，不能将单词的音、形、意有机结合，缺少对意义的理解等问题。

针对上述问题，我们依托北京师范大学王蔷教授主持的"基于英语分级阅读提高中、小学生英语阅读素养"的全国课题，与北京市教育科学研究院基教研中心王建平主任、丰台区教研员黄艳老师一起，开始了丰台学校英语分级阅读研究和推进。

结合学校实际，在实施英语分级阅读实践中采取如下策略。

1. 选择绘本，激发分级阅读兴趣

英语分级阅读研究中以绘本为突破口激发学生的阅读兴趣。我们根据孩子的英语语言水平和认知特点确定大猫系列分级阅读。经过近一年的实践，我们总结出大猫英语分级阅读预备1—2级的特点：一是色彩斑斓，内涵丰富。绘画不仅给人以视觉冲击，并且还可以挖掘出很多信息。二是题材多样，生动有趣。基于学生的特点，我们主要采用故事型题材，故事具有较强的可读性。三是节奏感强，读起来朗朗上口。四是兼顾智育和德育，通过讲故事的方式让学生悟出其中的道理。

2. 借助绘本，感知音素培养解码能力

英语阅读需要解码能力和理解能力，音素意识属于解码能力的一部分。我们的研究课题是"借助英语绘本感知音素"。研究中我们主要借助大猫系列和丽声拼读系列绘本引导学生在阅读中感知音素，培养解码能力。

小学英语分级

在实施小学英语分级阅读的过程中，我们注重集体备课。三名英语教师全员参与英语绘本教学研究，集体备课研讨绘本的教学方案，并将所有的资料共享到云盘，大家分享共赢。教师们在教学环节中反复研磨，梳理出故事型题材绘本教学的三个环节：故事前、故事中和故事后。除了校本研究，我们还组织教师积极参加各级各类培训，积极参加市区级研讨活动，和优秀的教师交流经验，并聆听王蔷教授、马欣老师、王建平老师的专业指导，促进本校的绘本研究不断深入。

英语教师开阔视野，认真研究，明晰了小学英语分级阅读教学的路径，并着手进行音素专项练习，分步引导学生感知音素：一是激发学习兴趣。教师用歌曲渗透音素知识，利用肢体语言调动学生的感官，让学生在歌曲中初步感知字母的发音。二是介绍拼读规则。从封面词汇入手，教师让学生先读一个音素，然后鼓励学生拼读单词。再看故事书的封底，鼓励学生读出核心拼读字母及发音，并试着按照拼读规则读出单词。三是独立拼读。教师鼓励学生独立拼读故事中的单词，对于不认识的单词，可以试着按照规则读出来。教师关注每个学生的独立拼读情况，给予适当鼓励。四是评价。教师可以从"能够一边用手指指着各个单词，一边进行朗读；能够自信地读出故事书中的所有核心拼读字母的发音；能够识别在故事中重复出现的单词"等方面进行评价。五是读故事。教师鼓励学生读课文，从故事书中找出含有核心字母的单词，分解朗读单词中的每个音，并按照拼读规则读出单词，总结押韵的单词，拓展词汇量。六是拓展练习。学完书中核心字母的拼读之后，教师将词汇中的字母组合成新单词，鼓励学生拼读，从而掌握拼读技巧。教师也可让学生用故事书中的句子结构写一个类似的小故事，激发学生的兴趣。

针对京版教材的语音体系齐全但分布较凌乱这一问题，我们重新梳理其语音知识体系。我们选用分级阅读绘本辅助语音教学，在情境中进行语音的训练及词义的理解，达到绘本与教材融合。

3. 课内外结合，提升学生分级阅读的效果

保证课时，探索教学模式。一、二年级每周3课时英语，其中2课时学习北京版英语教材，1课时读英语绘本。三、四年级没有固定的课时，灵活掌握。

书香午读。每天中午教师会拿出书和学生一起静静阅读。学生有坐不住的，教师也不会大声制止，而是指指"安静"的指示牌继续看书，学生也能够慢慢地安静下来。小学生很乐于模仿，和老师一起慢慢地喜欢上阅读。

亲子阅读。每周绘本课后，教师把书发给学生，让家长亲子阅读，并录成视频或是音频上传到班级微信群互相交流。当学生越来越喜欢阅读的时候，教师把阅读作为一种奖励，让在某方面表现好的学生选择一本绘本书与家长共同分享故事。这样做有两个目的，一是让学生珍惜自己的阅读机会，二是通过学生带动家长阅读，使亲子阅读形成一种良性的互动。

（二）选择载体，引导中小学语文分级阅读

学校对中学起始年级和小学低年级学生的语文阅读情况进行调研，学生古诗文阅读兴趣为31%，名著阅读兴趣为15%；采用批注方式阅读的学生为23%，做笔记、写读书心得的学生只有7%。多数学生的阅读量不足且学生阅读差异较大。

为让学生爱上阅读，促其阅读素养的提升，我们决定实施中小学语文分级阅读项目。依据《北京市新中考改革方案》，结合学校语文教学实际，我们制定《北京教科院丰台学校语文分级阅读实施纲要》，从指导思想、九年的语文阅读目标、阅读主要内容、阅读实施及分级阅读的评价标准等五方面阐述，引导教师科学、有效地实施中小学语文分级阅读，还组织教师研制一至九年级的古诗和名著分级阅读书目及能力达标图谱。

1. 开展系列阅读活动

分两个阶段开展特色阅读活动。第一阶段："自主读，合作读"。主要采用阅读单（必读→选读→统计阅读量）、图书交换、阅读分享等方式反馈阅读情况。第二阶段："同读共享，浸润成长"。在"给任务、给时间、给方法"的前提下，采用编书目、同读自测题、同读小报、速读、精读等方式，让孩子同读一本书，分享不同感想。教师在导读课上介绍内容，阅读汇报课采用"3—2—1"策略引导学生写三点收获、二点创新、一幅思维导图，总结所得。

随着班级特色活动的展开，我们发现学生的识字量、阅读速度有明显提升，文本理解能力正悄然形成。在阅读活动过程的推进中，我们组织教师进一步厘清各年级分级阅读的层次，结合学生的年龄特点和认知水平确定更加适宜的阅读书目，并关注各年级间的衔接，体现阅读的层次性和进阶性。

2. 开展系列阅读实践活动

我们结合分级阅读的能力图谱开展实践活动，如组织教师在语文教学中开展每日"一文一得"活动。小学阶段，借助"一米阅读""小黑板"等软件每天推送名著阅读和诗文诵读任务，通过课后问题落实阅读反馈与评价。初中阶段，每天推送名著的一个章节，学生做摘抄笔记写读后感，教师进行等级评价。此外还开展阅读实践活动，每次活动，教师都按照图谱评定学生阅读水平并颁发等级证书，这既激发学生的阅读兴趣，又促进学生阅读素养的提升。

三、成果与展望

通过三年多语言学科推进分级阅读的教学实践，丰台学校学生的阅读素养得以提高，学生的阅读能力得以提升，阅读态度得到改善。学生阅读的兴趣、动机在教师的引导下变得浓厚和强烈，检索、理解、解析能力呈现上升趋势。

分级阅读提升了学生的英语拼读能力。课题组梳理出基于分级阅读提升学生拼读能力的五个策略：音、形对应策略；音、意结合策略；手势辅助策略；游戏巩固策略；绘本故事强化策略。音、形对应策略和音、意结合策略主要应用于字母音学习阶段，通过歌曲浸润、感知的方式进行学习；手势辅助策略和游戏巩固策略应用于拼读技能训练阶段，主要采用教材与绘本结合的方式；绘本故事强化策略应用于拼读技能提升阶段。

学生学习英语的积极性明显提高。首先是技能方面，学生能够积极、主动、有效地学习英语，形成一套适合自己的学习和记忆词汇的方法，学习效果明显提高。没有参加任何英语辅导班的二年级学生能通过自然拼读法自学教材对话，提前两个月实现了整本教材的独立朗读。阅读评测后发现：95%的学生会在空闲时捧书阅读，100%的学生喜欢上英语绘本课，100%的家长愿意和孩子一起享受亲子阅读。其次是学习习惯方面，从课堂表现上看，学生学习的热情更高涨，课堂与教师的互动更加紧密，听讲的专注力与效率明显增强。最后是阅读习惯方面，三年的学习中，学生阅读了不少分级阅读读物，并养成了每日英语阅读的好习惯，许多学生还通过购买和借阅图书等方式不断扩大阅读量。

参与研究的老师不断探索，从专业型教师向研究型教师转变。在全国、市、区的各类评比中也获得了专家的肯定。三位英语教师获奖69次，讲市区级公开课12节，参与市区级经验分享7次，获批立项研究课题2个，获得全国课题研究成果2个。语文教师获奖72次，讲市级公开课6节。

中小学语文分级阅读实践使越来越多的学生爱上阅读：学生古诗文阅读兴趣人数占比由31%上升到80%；名著阅读兴趣人数占比由15%上升到65%；采用批注的人数占比由23%上升到85%；做笔记、写读书心得的人数占比由7%上升到79%。与此同时，教师的教学水平也显著提升，教学目标更清晰，方法更丰富，评价更多元，效果日益显著。阅读给师生带来的成就感和幸福感与日俱增。

我们是语言学科分级阅读的实践者，也是受益者。我们将继续聚焦"阅读素养提升"，不断深化分级阅读研究：一是逐渐完善年段贯通、学科融通的分级阅读体系；二是分级阅读评价更可视化；三是加强非连续性文本的阅读，提高解决实际问题的能力。我们坚信，分级阅读的持续开展与研究会进一步促进学生阅读素养的更大提升。

基于"诊断、反馈、养成"的数学线上教学策略初探

北京教育科学研究院丰台学校　汪继清

2020年春季，受新冠肺炎疫情影响，一线教师带着饱满的热情转战线上教学。课堂教学里教师的"教"和学生的"学"在同一场景同时进行，能够达成教学融通、互相呼应的效果。而在线教学由于时空的分隔，"教""学"的场域割裂，课堂学习缺乏约束感、临场感和参与度。学生的认知过程要经历从不会游泳到会游泳的全过程，如果照搬课堂教学方式，会产生以下三个问题。

（1）不去"诊断"

教师一股脑儿把好的教学资源都提供给学生，不能根据教学学习资源设计的层次性为不同学习水平的学生配备不同的学习资源。

（2）少有"反馈"

教师直播时，一节课讲到底，无法关注到每个学生数学认知起点的差异、学习的速度和准确率，课堂缺乏师生现场式直接感情交流互动及即时性反馈。

（3）无法"养成"

数学教学的大容量、快节奏导致学生认知负荷过重，影响其认知加工成效，造成线上学习效率低、效果差，无法使学生养成积极参与、主动质疑、自主学习的良好品质。

同时，北京教科院提出以大概念、任务群为基本形式进行整合，突出基础、主干和核心课程内容，精确分析学情，合理把握教学进度，确保实现学科育人目标。基于以上现状，我校备课组对原教学方式进行了改革，采取"勤诊断、多反馈、促养成"的教学策略，取得了一定教学效果。

一、细化教学目标，利用"问卷星""班小二"等软件进行课堂诊断

相比以往，线上教学的师生被阻隔在网络的两端，教师无法时时关注每位同学的学习动态，而长时间的在线教学还会使学生注意力不集中、视力下降等。因此，我们细化了每节课的教学目标，在上课之前发给学生，让学生记在笔记本上。这一举措让学生有了学习目标，不再一味盲从地听课，这是在传统课堂中经常忽略而如今很重要的问题。

除让学生明确目标外，我们还需要设置一些课堂小测或者当堂练习对这些小目标的落实进行诊断，这些需要10分钟左右的时间，通过借助微信小程序班小二和问卷星来实现，这两个软件可以提前设置好测试发放和做题的时间，生成二维码或者答题链接，学生可以在规定时间内完成自测。

教师在班小二中批改标注，提醒学生订正，还可以发语音对学生进行有针对性的指导，或者利用"问卷星"完成一些基础性的测试。

教师设置好答案后，每个学生都可以立即获得他的测试结果和错题集。诊断明确，教师很容易进行有针对性的指导。

二、落实教学目标，利用学生自制"微课"强化作业反馈效果

在作业题目安排上，我们采取任务细分化，比如本节课的总任务是利用提公因式法分解因式，为此，我们将它分成以下四个小任务：①从公因数类比到公因式；②借乘法对加法的分配律理解提公因式法；③学习例1总结出提公因式法分解因式的步骤；④学习例2归纳出添括号法则。学生在完成这一系列的小任务后就会很好地掌握提公因式法。

而作业的布置与反馈均通过小程序"班小二"完成，学生每天根据教师布置的作业要求上传作业和当天的笔记，当天晚上八点教师就逐一对学生的作业进行批改，反馈作业的问题并评分。通常可采用照片涂鸦、语音回复的方式反馈，学生对照答案分析、订正问题。班上出现的重点问题或者共性问题还可以利用每周两节的答疑课予以讲解或者挑选录制视频讲解。这样一来，基础相对差一些的学生通过暂停观看、反复观看可以获得较大的收获。经过一段时间的"微课"讲题学习后，笔者发现录制微课的同学有很大进步，于是我们开始推广到全班，对每次留作业的重点题目都录制讲解视频，并将优秀作品放在

班级群里供学生这样自学自拍促进了学生自学能力的提高。

在线下开学后，两个班的学生的数学讲解能力有很大的提高，孩子对数学学习也更加感兴趣了。暑假报名数学基础班和提高班课程的同学很多，孩子们对数学更加有信心。

三、深化教学目标，利用自我反馈表促进学生复习习惯养成

我校初三年级教师组为了让学生通过考试明确自己知识点的漏洞以及劣势题目，使后面的一轮复习更具有针对性，根据一次模拟试题考查知识点的分布情况制定了《初中数学内容分布图》，学生需要根据自己的作答情况将每个版块中错误的题目涂红；根据年级各题得分率，教师为学生准备了个人发展表，学生将自己每题的实得分标注后计算出自己的成功率。基于这两个表的数据分析，学生最终完成《成绩分析总结表》。

基于以上活动，学生在以后数学学习活动中能更加明确学习的重点，自我复习能力会得到提高。教师在此过程中诊断学生的认知情况，能有针对性地帮助孩子复习，促进分层教学的开展。除此之外，备课组还采用以下三种形式促进学生居家数学学习好习惯的养成。

1. **学习管理 + 小组互助**

按数学成绩将学生分成 4 人一组，他们互相督促数学学习，准时上线，及时上传作业。教师引导学生做好数学学习管理，每周对数学学习的任务或者计划进行回顾，进行自主学习，同时让学生管理好数学课程日历、日程表，做好数学学习进程记录。

2. **学习日志 + 榜样示范**

教师引导学生做数学学习日志，提供数学学习单让学生填写，帮助学生进行知识建构。记好题，好在何处；记错题，错在哪里。在每周一的数学在线课堂上展示一部分优秀的学习日志，利用榜样的力量支持每位学生养成主动学习数学、思考数学的习惯。

3. **任务驱动 + 全流程支持**

数学教师可根据学生"居家"的现状布置一些有一定研究性、拓展性的任务，促使学生在强烈的学习动机下主动思考、探究、应用所学知识开展评价和创造。同时教师要采用多种方式为学生答疑解惑，如提供主题讨论、直播答疑、案例分享等，全方位支持学生养成深度自主的学习习惯。

四、设置具体评价细则，促进学生数学过程性学习

为了帮助孩子养成数学学习的习惯，我们制定了过程性评价的细则，见表1。

表1 过程性评价细则

评价项目	评价要素	评价等级
课堂	认真听讲，不交头接耳 迅速地完成老师的指令 快速认真完成课堂练习	扰乱课堂，接话茬（扣1分） 立即完成老师指令（加1分） 迅速正确完成课堂练习题（加1分） 不完成课堂练习（扣1分）
作业	按时完成 认真完成 提前完成 额外完成 不完成	按时完成（6分） 认真完成（10分） 提前完成（11分） 额外完成（加2分） 不完成（0分）
测试	全对 改错后全对 不改错 单元测试成绩	全对（10分） 改错后全对（10分） 不改错（0分） 成绩A等（10分） 成绩B等（8分） 成绩C等（6分）
数学活动	按时完成，做得精致 按时完成，做得一般 不按时完成，最后补上了 不完成	按时完成，做得精致（10分） 按时完成，做得一般（8分） 不按时完成（5分） 不完成（0分）
讲解错题	给不会的同学讲解错题 讲题任务	测试全对（加1分） 迅速完成讲题任务（加1分）

由专门的数学积分记录员进行统计，记录为过程性成绩。过程性成绩（30%）+结果性评价（70%）=学期总评成绩。

学生在评价实施后，学习积极性得到了很大的提高，做作业也比之前更认真了，有很多孩子上完数学课后及时完成作业，找老师评改加分，所有的积分在期末都兑换成奖品或者作业升级卡、挑选座位卡等。此项活动激发了学生学

习数学的热情，期末时孩子们数学学习成绩明显提高，学习乐此不疲。

新冠肺炎疫情给了我们一种新的线上学习的视角来审视我们的教学，只有做好足够的思想准备和能力储备，坚守以学生发展为中心，才能保证教学的有效性和有深度。教师应当将某一教学内容置于完整知识体系中进行考虑，明确教学内容的本质特点，掌握教学内容在整个学科体系中的位置。在充分厘清知识本源的基础上发挥好教学软件、微课、探究学习、大数据等新技术和新方式的优势，并关注"课堂诊断，课后反馈，品质养成"才能使教学走得更深入，使孩子们觉得学习数学更美好。

线上线下相融合　探索教学新方式

北京市育英中学　张文超

随着时代和信息的发展，互联网通信、展示平台越来越发达，网络视频、音频资源日益丰富。如果学校的教学依然仅仅通过传统的教学方式和手段进行，教学效果势必会被现实远远地抛在后面。面对发达的网络环境和丰富的网络资源，如何进行筛选应用，如何有效利用网络优势服务于教学，是每所学校、每位教师不可规避的教学课题。

面对这样的问题，学校教师一方面自己小步探索，另一方面也在寻求专家的指导。在每年北京教育科学研究院各学科专家对学校的教学指导工作中，我校各学科教师主动将自己的想法与专家进行交流，专家的分析让教师深刻认识到网络资源对教学的重要影响，专家对如何利用网络实施教学改进提出了中肯意见，为我们进行教改指出了明确思路。

"不日新者必日退"，在探索中求实求新是时代发展的根本指引。对于课堂教学改革来说，没有创新就没有进步，宛如无水之源、无根之木。学校鼓励教师在课堂教学中开展教学创新，探索教学方式的改变。经过几年的实践，我们进行了如下探索。

一、发挥网络突破时空限制的优势，探索课程资源共享新思路

学生学习是为了更好地解决未来生活中的问题，如果所有的学习都是对书本上已有知识的学习，学生就难以应对未来未知的问题，如果学习场所仅限于教室，学生的学习就难与生活接轨。我们认识到：课堂，不能只停留在教室，应该走向广袤的天地。为此，我校将课堂延伸到博物馆、科技馆、圆明园、故宫、发电厂等校外学习场所，挖掘学习资源，将课堂所学与生产生活实际相结合，激发学生的学习热情，感受知识与生活实际的联系。在这种理念的引导

下，我校马丽老师结合实际生活，探索户外实践课，在圆明园濂溪乐处上了一节有关"莲文化"的综合实践活动课，课堂由教室移到了莲花的真实生活环境，让学生有了身临其境的体验，为学生直接观察生物与环境提供真实场景，这样可以比《爱莲说》中呆板的文字描写更能调动学生学习的兴趣和热情。教学内容横跨语文、生物、历史、音乐、美术、美食、中医等多个学科，进行了融合的课程探索，影响深远。这节课虽然只有一个班的学生参与，但整个学习过程不仅对本校同年级其他班学生进行直播，形成的影像资料在电视台也进行了转播，这发挥了网络优势，打破了时空的限制，为实现课程资源共研、共享、共赏提供了一种新思路。

二、充分利用信息化技术手段，形成高效的教学反馈闭环

除了在课堂实践广度上进行探索创新，我校在课堂教学方式与深度上也进行了有益的探索。随着科技的发展和进步，我校主动寻求资源，利用信息化技术开展教学改进的研究。几年前我校就前瞻性地引进了电子阅卷系统，使教师阅卷过程中获取正答率数据统计，通过研究数据精准开展教学归因分析，形成有针对性的教学改进。学校已形成逢考必分析的研究惯性，使大数据服务于我们的教学研究和改进。但日常的教学若能及时发现学生学习的效果，将对教学稳步推进起至关重要的作用，怎样能在课堂上就了解学生学习的状况和思维的状况呢？信息的获得离不开获取信息的先进设备和技术。校长给教学改进以巨大的支持，与科大讯飞建立战略合作关系，学校成为首批人工智能学校中的一个。学校购进 iPad，对教师进行系统培训，了解教师需求，对教师运用的困惑点进行解疑，对素材需求进行统计。在数学、物理、化学等学科上，教师进行尝试和探索，创设学生自主探究的学习情境。学生在学习和探究实验的过程中利用 iPad 回答问题后，教师能快速了解学生作答的进程及结果，迅速做出提醒和回应，可以是一对一的私下交流，也可以是一对多的集体解析。教师可随时关注每名学生学习和活动的过程和结果，大大提高教学效率和教学的针对性。实验教学更是受益颇多，原本瞬间即逝的实验现象可通过 iPad 摄制录像后上传，教师能及时了解学生活动和操作的进程、实验现象及结果，通过观看上传录像可以及时发现学生实验操作中的问题，也可以完整看到实验设计的流程和优点，同时教师可选取不同的录像片段让学生进行比较和分析，让学生讲述真实想法及思维的全过程。及时统计学生课堂学习过程中的问题，使教师和

学生针对问题进行沟通反馈，实现学生高阶思维、动手操作能力的提升。赵洁、冯子龙、孙长娟等多位教师在自己的教学中主动实践，充分利用 iPad 进行教学方式的新尝试，学生学习兴趣盎然。在主动参与教学的过程中，丰富多彩的人机交互方式为学生提供了主动参与学习的交互式学习环境，使学生在教学过程中始终处于主体地位。

三、线下实践线上交流，优化空中课堂教学

猝不及防的新冠肺炎疫情给返校学习按下了暂停键。"停课不停学"倒逼教学方式进行改革，线上教学成为新冠肺炎疫情期间的主要教学形式，教师成了"主播"。教师线上授课和学生线下自主学习相结合，这种未来的"混合式教学"提前来到眼前。对每一位习惯于线下教学授课的教师来说，线上教学是一次全新的体验和挑战。如何有效开展线上教学成为摆在每一位教师面前的新课题。怎样使线上与线下有机融合，合理设计线上、线下教学活动，对教师来说是新挑战。要解决这个问题，我们首先得知道学习发生的过程以及线上学习的特点。

学校教学部门一直在组织教师进行有关学习理论的学习，教师对基本的学习理论也有一定的共识，知道有效的学习需要学习者积极地参与，学生要通过"做"来学习。学习是一个不断尝试、对正确行为不断强化的过程。教学设计要找到一种方法让学生不断地做正确的事情。若要让学生能做好事情，需要充分发挥教师的主导作用。学习的过程包括感知信息、认知加工、整合输出三个环节，认知加工需要眼到手到心到，再通过知识运用、解决问题等输出方式反映学生的学习效果。

这些认知一直在指导着教师日常的线下教学设计，但是在线上教学中，教师已有的教学经验是否还适宜？学生的学习又有何特点呢？学校引领教师进行了线上、线下教学优势的比较分析。

线上学习与学校课堂学习相比具有如下特征：第一是学习环境具有开放性。不拘泥于教室及固定场馆，孩子可选择在家中各个角落学习，同时各种干扰因素（家中其他人的活动、各种娱乐设施设备等）存在，影响孩子学习的专注度。第二是存在跨时空的互动性。教与学的时间和空间都可以不同，没有了课堂教学中教师对学生学习状态的一目了然，学生在签到后可能就开小差干别的事去了，或者也可能在约定好的学习时间内仍在梦乡。学生在学习或回看

录像时发现自己有不清楚的疑惑点时不能及时与他人交流。由于时空分割，教学中的师生、生生互动受到限制。第三是学生学习具有个性化。不同孩子感兴趣的问题不同，也就存在自我筛选学习内容的情况。感兴趣的多投入，不感兴趣的弃之不管，这直接影响教师布置的学习任务的完成效果。线上学习的第四个特点是学习更需要学生有学习的自主性。没有了教师时时的督促与提醒，学生的学习效果更依赖于自己。第五是线上学习资源丰富。教师和学生都有教学资源和学习资源的选择权。

教学原本是师生双边活动，而线上教学的教与学时空分离，使教师在教学时总有一种教学对象的缺失感，教师看不见学生是否在凝神思考，无法第一时间判断学生是否理解，无法实现和学生的有效互动，也缺少了对课堂精彩资源的利用。由于无法从学生反应和学情中获得教学的信息与灵感，进而影响了上课时教师对教学实施效果的感知。学生是学习的主体，要想让教学真正有效，必须改变我们的观念。在学习过程中教师要转变角色，充当学习的引导者和促进者。设计怎样的教学活动才能激发学生学习的热情，如何引导学生学，便成为学校每位教师研究、实践探索的主题。要调动学生的学，首先要精心设计教学活动，学校各学科教师都在进行积极探索与实践，他们把自己的想法及时与北京教育科学研究院的学科专家进行沟通，听取专家的意见和建议，并付之于行动。教师精心进行教学设计，并将自己的教学设计录制成视频资源。学校"青年教师教学适切性研究"课题组的成员每学期都要录课，通过录课进行教学分析及改进，促进教师的专业发展。学校的学科骨干教师也会录制实录课在校内进行教学分享，供年轻教师学习。新冠肺炎疫情之下，学生及家长对优质教学实录课的渴望强烈，尤其是毕业年级的家长需求更为强烈。初三化学组教师积极参与市区级教学实录课的录制，张永梅老师录制了两节课在市级空中课堂资源平台交流，一节课在区级空中课堂资源平台交流。陈晶磊老师录制的两节课在区级空中课堂资源平台交流。

除了在教的设计上下功夫，他们也在指导学上开展创新。教师转变设计的视角，由教的设计向学的设计转变，从以教师为中心向以学生为中心转变。

不受时空限制是线上教学的优势，我们可以将学习的内容录制成视频资源发布给学生，学生随时可以学习，教师可通过网络平台随时督促，随时检查。教师针对学生的共性问题可单独再录制微视频进行指导，答疑解惑；针对学生个性化的问题可单独交流和沟通。学生对自己理解不透彻的问题可反复有针对性地看录课材料，这利于学生进一步学习和思考。既然教师想推送给孩子们的资源可以这样分享，学生的学习情况我们不也可以利用技术手段和网络平台及时了解吗？认识到技术能起到促进学生"做"的作用，教师开始学习各种平台软件功能，充分发挥其在有效沟通方面的作用，全校教师都在学校的培训下快速成长，由网络"小白"到现在已经能在智学网、ZOOM、腾讯会议、班级小管家中自如切换，边学技术边应用，想尽办法让技术为我所用。语文、英语学科设计的片段配音、颁奖词、我为美景做宣传等活动令学生兴趣盎然，学生参与热情高，在教师的指导下学科素养不断提升，越来越有专业的味道。实验学科的教师把在家无法做的实验录制视频，增加学生认识的真实性，更是精心挖掘生活中的资源指导学生利用身边的材料开展安全有趣的实验，如利用紫甘蓝检测溶液的酸碱性；利用白菜茎培养白菜花，研究花的结构；利用白菜花传粉受精，研究花与果实的关系。教师让孩子们亲身体会实验乐趣，亲眼验证实验现象，理解实验原理。通过建立生活与学习的联系，让学生在生活中学习，用学习的知识解释生活现象、解决生活中的问题。

初三化学组的教师创造性地进行了教学改进，设计系列实验探究活动："哪些物质可以溶于水？""物质能不能无限量溶解在水中？""如何改变物质溶解的能力？""只有水可以作为溶剂吗？""无色溶液如何区分浓稀？""自制指示剂，测测酸碱性"等。通过引导学生思考，学生将自己的研究思路在班内交流，听取他人意见，不断修正改进。然后学生开展探究活动，试着解决问题，并将自己的操作过程拍成视频上传，分析实验结果，得出实验结论。完整体验科学家进行科学探究的全过程，不仅形成全面正确的认识，还学到分析、解决问题的方法。对于学生上交的实验成果，教师在课堂上积极反馈，增强了学生对课堂的亲切感和投入性。教师还制作了视频，向家长汇报孩子们的实验成果，鼓励孩子不断进步。

没有了线下面对面的交流，教师通过线上手段监督学生线下学习的过程，创造线上交流的机会，使学习真实发生。线上教学从"全员安静"到"开放讨论区"，再到"自主举手开麦"，教师和孩子们都逐渐适应了新的教学方式。教师用"班级小管家"将教学资料及时放入班级网盘，满足孩子们的学习需求；在"作业界面"和学生反复交流，深入解决学生的学习问题，实现及时有效的沟通。

线上教学虽然是一个新的挑战，但也给教师在教育教学和师生交流方面创造了新的机会和方式，经过大家的不断探索与实践，线上线下教学融合越来越有效，以空中课堂为主的教学不断优化。当然，进行线上、线下混合式教学是教学发展的必然趋势，如何更好地发挥线上、线下教学优势，更好地设计教学活动使学习真正有效发生，仍是我们研究的课题。

混合式教学实践探析

北京教科院燕山向阳中学　付　丽

我校与北京教科院联合办学期间,把"生命、科技、审美"三个维度作为办学发展定位,在课程建设和教学实践中努力提高学生的学科素养和创新能力,使之成为时代发展需要的建设者和接班人。在此期间,我校在教科院引领下努力探索,形成我校课程特色,探求新的教学模式与方式方法。针对新冠肺炎疫情期间衍生的线上线下混合式教学,我们进行了深度思考与实践。

一、关于混合式教学的初步思考

在"停课不停学"的背景之下,我校通过混合式教学的形式组织指导学生在新冠肺炎疫情期间进行学习与居家生活。突发的新冠肺炎疫情使以往的教学模式无法展开,学校不得不转入"线上"的教学模式。但与此同时,在科技不断创新、教育理念也同步快速迭代的今天,利用互联网开展的"线上"教学也正在不可阻挡地成为学校教学无法回避的新模式。因此,从某种意义上讲,新冠肺炎疫情期间"不得不"进行的"线上"教学恰恰为学校提供了一个探索与整体规划混合式教学的重要契机。

混合式教学是指将基于互联网技术的教学和传统教学的优势相结合的一种"线上与线下互联"的教学组织形式。通过两种教学组织形式的有机结合与优势互补,学校可以更好地引导学生进行自主学习、深度学习、个性化学习。"线上"与"线下"的混合从表面上看是两种教学组织形式的"混合",但真正的混合式教学绝不止于此。因为从教育的社会学角度看,教育教学本身就是具备"混合"特征的,教育可以发生在任何环境中——课堂、校园、家庭、社会、互联网等,因此,简单的"混合"是没有任何创新与突破可言的。混合式教学的探索应当是更细化的探索,应当包括但不限于在指导思想、教学策略、教学方法、教学资源、过程评价、结果评价等方面进行更细化的探索，唯其如此，才能真正发掘混合式教学的意义，实现混合式教学的改革目标。

二、新冠肺炎疫情期间我校混合式教学的探索实践

基于上述思考，我校在新冠肺炎疫情期间总体规划了混合式教学的实施方案，并在实施的过程中不断地探索、更新、深化、调整实施细则，以确保学生的学习生活能够更好地进行、混合式教学的目标能够更好地实现。具体地讲，我校在新冠肺炎疫情期间的混合式教学实践主要表现在以下几个方面。

（一）教学领导团队总体布局，指定符合校情学情的教学方案

校领导强化责任担当，充分发挥引领作用，负责新冠肺炎疫情防控及教育教学工作的领导与指挥。新冠肺炎疫情期间，我校结合校情与学情先后制定了向阳中学《新冠肺炎疫情防控工作方案》《"停课不停学"实施指导意见》《延期开学工作实施方案》《毕业班复习方案》等。这些方案共同构成了我校在新冠肺炎疫情期间实施混合式教学的总体布局，充分保证了复学后教育教学工作的有序开展，在新冠肺炎疫情防控的同时做到了教育教学活动"分工明确、科学合理、事事有人做、人人做实事"。

（二）教师明确本学段的学科教学任务及教学组织形式

在我校实施混合式教学的总体布局指导下，教学组织形式由自主学习、自主管理转变为按照本学期课程教学计划进行"线上"为主的学科教学。我校教师第一时间开始研读《课程标准》，吃透《2020年春季学期中小学学科教学指导意见》，以国家课程方案和课程标准为底线，围绕核心素养，结合学情，明确了课程方案和课程标准规定的教学任务。

与此同时，我校教师也在布局指导下快速学习并了解了混合式教学的目标与优势，熟悉并掌握了"线上"教学所必须掌握的网络平台、教学工具、课程资源等，建立了与学生和家长的顺畅沟通渠道，并基于上述工作制订了适合线上教学的、具体的教学计划与课程设计，为混合式教学做了充分的准备。

（三）充分利用空中课程资源，联通学校、家长、学生三方，推进教学工作

教师进行线上教学的一般方式是通过钉钉 App 向学生播放空中课堂的实际课程资源视频，并结合班级的学情在视频过程中停下来为学生做有针对性的补充讲解，解答学生疑问。在课后，教师精心准备复习资料，针对每个学生的实际情况认真做好线上辅导和答疑工作。所有线上的教学资源都向学生开放，教师会根据教学进度向学生有针对地推荐相关资源，鼓励学生开展自主学习。

与此同时，全体任课教师都要与学生、家长建立顺畅的沟通渠道，通过钉钉、微信、电话等方式耐心细致地向家长、学生沟通讲解我校的教学工作实施方案，同时对学生进行心理辅导。构建畅通的家校沟通渠道与和谐的家校合作氛围，确保了学生在新冠肺炎疫情期间稳定的学习状态。

（四）非正式学习不可偏废："广义的教育"在线上的展开

不同学科按照的学科特点，在主线教学任务外设计了长短周期相结合的、特色的学习与实践活动。例如，语文学科组织学生开展经典阅读活动，带领学生"读经典书目、品百味人生"。在读书过程中，教师还会对学生保持持续的关注，引导学生了解自身的阅读习惯，指导学生进行摘抄、写读后感、画人物肖像、制作书签等形式丰富的活动，发掘学生自主学习、课外学习的兴趣与潜能。

各班级还通过多个互联网平台开展线上学生班会、学法指导、体育锻炼指导、心理健康教育、美育教育等，并指导学生进行科技特色活动、实践活动、家务劳动锻炼、参与社区抗疫志愿者工作等。同时与家长沟通，一起辅助学生参与各种形式的非正式学习。

（五）强化过程性评价

在线上教学的过程中，我校设计了一系列的形式来跟进学生的日常学习过程，进行学生学习的过程性评价，以此来保证学生的学习进度和阶段性学习效果，了解学生的学情并给予个性化的即时反馈，强化和提升学生对自身学习状态的信心与动力。

我们要求学生每日完成学习日志，总结当日的学习内容、问题、进步等，

并提交教师与家长了解。其次，教师要保证每周至少一次的远程家访，了解学生居家学习生活的状态，并与学生和家长沟通学习与生活方面的问题。

三、混合式教学的实施效果及成因

（一）实施效果

混合式教学开展以来，学生的学习状态都很稳定，相比以前能有明显的改善。教师都能感受到学生的学习兴趣和动力甚至好过新冠肺炎疫情之前。如语文学科的阅读培养、数学思维的培养、英语学科的听力与阅读训练、理化生的学科实践能力等。

以生化组为例：新冠肺炎疫情期间，在新冠肺炎疫情防控和课程教学相结合的新阶段，化学组教师结合学科特点，积极准备，开设了与"新冠肺炎疫情"相关的化学线上系列科普课程。化学组老师通过钉钉直播课的形式给学生科普了洗手液的相关知识。通过课程介绍，学生们从化学的角度重新认识了洗手液，了解了洗手液的历史发展、主要成分和分类。

有了洗手液的制作基础后，为了进一步增强学生的学习能力和动手操作能力，开始了第二次探索。教师先布置了任务：让学生自己查阅资料——消毒液的种类和相应的消毒原理。在任务驱动下，学生们积极性高涨，顺利完成任务的同时，也初步认识了化学与生活的关系。学生激发了学习化学的兴趣，也大大地开阔了视野。

生物学科的教师选取了居家实验、任务驱动、问题引导、联系实际的教学模式，认真进行线上备课和研讨，带领同学们探究有关呼吸过程和种子萌发的相关系列实验，同学从身边取材，结合学科知识自主创新探索，尝试着做了不少简易有趣的科学小实验。一系列实践活动为学生增加了很多动手操作的机会，对学生的学科素养的提升有很大帮助。

（二）成因分析

究其原因，我们认为混合式教学的优势主要如下。

1. 以学生喜欢的方式，在学生喜欢的环境下学习，激发学生学习的自主性

线上教学的核心价值就是拓展了教和学的时间和空间。在线上教学平台中，"教"和"学"不一定要在同一时间同一地点发生，学生可以随时随地寻找自己需要的教学资源、开展自主学习，教师也可以有更多的教学空间和教学方式用来设计与选择。

不同于传统课堂教学一板一眼在教室由教师授课，线上教学的组织形式下的学生是通过自己更熟悉、更喜欢的互联网方式展开学习，是在家中、在社会中、在任何喜欢的地方展开学习，这无疑会提升学生的学习兴趣和动力。我们知道学生面对应试的学业压力和一板一眼的课堂教学时很容易对学习产生抵触情绪，而线上教学恰好可以打破这些障碍，重建学生的学习兴趣与动力——这是对于学习者来说最基础、最重要的因素。

因此，我们完全可以想象，混合式教学一定会重构传统的课堂教学，其改革也势必会不断进行下去。

2. 线上与线下教学优势互补，实现深度学习、个性化学习

线上教学的优势在于教学的展开不受时空的限制。在确保充分的线上教学资源的基础上，学生可以有充分的时间利用线上的教学资源做到提前学习、了解基础知识，在进入课堂前就已经具备了一定的知识基础。线下教学的优势在于教师与学生的面对面，教师可以通过精心设计的课堂教学活动来更高效地实现学生的查漏补缺、重点突破、回应学生反馈的学习过程中的共性问题。

通过目前的混合式教学实践，我们认为学科教学的理想的混合式教学流程应当如此：通过线上教学由学生自主学习，掌握基础知识点，对知识有一个总体式的了解；在线下由教师引导，使学生对知识有综合性的理解和运用，并查缺补漏，重点突破；再回到线上，由学生自主进行知识的拓展与发散。整个过程贯穿师生的互动，学生及时发现问题并反馈，不断地强化知识的理解、掌握、灵活运用。

我们可以借鉴目前在互联网教育行业很热门的"双师"模式来进一步理解：以市级课程资源为代表的线上课程与教学资源可以看作平台课，线上课程的教师则作为主讲教师，他们有着更资深的教师资历与教学经验，擅长将知识以总体性的、结构化的方式传授给学生；而学校教师则作为辅导老师的角色，在学生观看线上课程、自主学习的基础上，引导学生在练习中发现问题与薄弱环节，解答学生的疑难，并有针对地对每一个学生制订不同的知识巩固与强化方案，辅助学生实现深度学习与个性化学习。

四、实施混合式教学面临的主要问题

必须指出的是，在实施混合式教学的实践中我们也发现了一些问题，主要

表现在以下两个方面。

1. 线上教学资源的使用缺少清晰的说明，通用性不足

我校教师在线上教学后给教学管理团队的反馈中提及最多的问题即市级课程资源的课程内容更适合学习基础较好的学生，对于基础不足的学生来说则难以理解，进而影响学习体验。同时，课程资源缺乏清晰的使用说明，这使得基层学校无从得知市级课程资源的总体内容和统筹性的课程安排理念，这样教师就无法从长线总体把握课程资源的内容与规划，难以进行学期的教学安排。为提升学生的学习兴趣和自主学习的动力，我校教师也进行了一些思考，例如我校物理教师进行了"物理学科学历案"的梳理，把学生分组进行多角色分工学习，搭建"学生讲堂"答疑解惑平台，利用公众号发布每日推荐优秀课堂笔记等。

2. 过程性评价的体系建设还需要一个过程

传统的教学模式更侧重结果性评价，对过程性评价的关注较少，因此基层学校也缺乏过程性评价的体系、标准、配套材料等。目前，我们在设计实施方案时只能首先进行较为直接的、易操作的过程性评价，如学生的每日学习日志等，而更完善的、体系性的过程性评价手段的建设尚需时日。

基于英语学科核心素养的过程性评价的探索与实践

北京教育科学研究院周口店中学　张艳萍

《普通高中英语课程标准（2017）》指出，英语学科核心素养是学科育人价值的集中体现，是学生通过学科学习而逐步形成的正确价值观念、必备品格和关键能力。英语学科核心素养主要包括语言能力、文化意识、思维品质和学习能力。北京教科院通过观察多所高中校发现，教师在教学中通常以学业考试的形式来评价学生的英语学科核心素养。教师虽然明白过程性评价的意义，但是这种评价方式很难形成体系，在教学中很难操作、实施和测量。因此，针对这一难题，我们在北京教科院专家的引领下，经过两年的课题研究和教学实践，尝试构建了基于英语学科核心素养的过程性评价体系。

一、过程性评价的定义和意义

过程性评价就是在教学中对学生学习的各类信息加以即时、动态地解释，借以优化学习过程、调整教学策略，从而实现教学过程价值增值的活动。简单地说，过程性评价是指对学生学习过程中所经历的学习行为及其成效的评价。

过程性评价的方式可以使学生不断反思，逐步把握正确的学习方式，树立正确的学习动机，掌握适合于自己的学习策略，从而真正提高学习的质量与效果。相对于终结性评价而言，过程性评价的评价内容更全面，更能关注学生的全面发展和进步。在过程性评价中学生能得到实时的评价结果，有利于增强学生学习英语的自信心。学生也能在评价中学习他人良好的学习习惯、学习态度和学习方法等，从而促进自我的进步。

二、英语学科核心素养的过程性评价体系

（一）数据的采集

2017 年 8 月，我们参与了中国基础教育外语测评研究基金课题。课题基金为样本校提供了网上在线测试，测试的方面包括学生的阅读能力及学习英语的内外动机。

1. 英语学习内外动机测试结果

学习动机共分为内部动机和外部动机两类，其中内部动机的题目有：对英语很感兴趣、喜欢英语文学作品、喜欢英文歌曲和电影、希望用英语交流或做事情、提升个人综合素养、了解其他国家文化以开阔视野。外部动机的题目有：有一个好的英语老师、向同伴学习、父母让我学好英语、取得好成绩、考个好大学、出国学习、生活或工作、找份好工作。两个班级测试的结果都是高外部动机，分别达到 57.1% 和 75%，这说明学生对英语学习的兴趣来源于外部的驱动，而不是浓厚的兴趣。

2. 阅读微技能测试结果

阅读微技能测试内容为理解主旨大意、理解主要观点、确定句间逻辑、推测生词含义和找出细节信息，每一组的满分为 30 分。学生的阅读微技能整体表现不佳，最好的是 2020 届高中（3）班的微技能"理解主旨大意"，为 15 分；最差的是 2020 届高中（4）班的微技能"找出细节信息"，为 7 分。

（二）基于英语学科核心素养的过程性评价体系

基于英语学科核心素养的评价，应把语言能力、文化意识、思维品质和学习能力融合到过程性评价之中。评价需要主体多元化，包括学生自评、互评、教师评价和家长评价等。评价形式需要多样化，包括课堂表现、作业表现、各类活动表现、课下学习表现、测验等。评价内容全面性，即包括对评价客体学习目标、学习态度、学习能力和价值观在内的多方面的评价。评价目标的多维化可以通过各类活动加以体现，评价可以是微观的或宏观的，可以是单一的或综合的，也可以是即时性的或历时性的。在实施过程中，笔者团队经历了几个版本的尝试，最终形成了英语学科核心素养的过程性评价体系（见表1）。

表1 英语学科核心素养的过程性评价体系

评价内容	一维 二维	语言能力		文化意识		思维品质			学习能力		
		语言知识	语言技能	对中外文化的理解	对优秀文化的认同	逻辑性	批判性	创新性	学习动机	学习态度	学习策略
评价形式	课堂表现评价		1. 回答问题正确； 2. 课堂展示优秀		1. 回答问题有正确的价值取向（理解中外文化、认同优秀文化）		1. 回答开放性问题有自己的见解 2. 学生针对文本设计的问题有深度		1. 课上敢于表达 2. 帮助他人解决问题		
	作业表现评价		3. 作业优秀		2. 口头和书面作业有正确的价值取向		3. 口头和书面作业思维良好		3. 学习笔记优秀		
	课下表现		4. 学科活动表现优秀		3. 学科活动中有正确的价值取向		4. 课下问问题有深度（主动提问、敢于质疑）		4. 英语学习有目标、有计划并能按计划完成 5. 主动问问题 6. 能选择恰当的学习策略和方法 7. 小组合作意识强 8. 根据表现写自我评价和对他人的评价		
评价分值	每有一条记录，记1分										

（三）实施方案

当教师表扬某个同学时，班级固定的学生记录员会把教师的表扬内容记录在彩纸上，并每天张贴在年级表扬榜上，保证公平、公开的同时促进学生自信心的培养及发挥榜样人物的引领作用。每个月记录员进行一次汇总，积分高的同学将受到表彰。与此同时，教师将汇总后的表现记录上传到中学生综素平台上，作为学生高中英语学习的过程性评价记录。

教师表扬的方面包括三项内容：课堂表现、作业表现和课下表现。具体表扬的方面有回答问题正确，课堂展示优秀，作业优秀，学科活动表现优秀；回答问题有正确的价值取向（能理解中外文化和认同优秀文化），口头和书面作业有正确的价值取向，学科活动中有正确的价值取向；回答开放性问题时有自己的见解，学生针对文本设计的问题有深度，口头和书面作业思维良好，课下问问题有深度（能主动提问、敢于质疑）；课上敢于表达，帮助他人解决问题，笔记优秀，英语学习有目标、有计划并能按计划完成，主动问问题，能选择恰当的学习策略和方法，小组合作意识强，根据表现写自我评价和对他人的评价。

（四）存在问题及改进措施

在实施的过程中，学生的学习积极性比较高、持久力也比较长，但是我们也发现了以下三个问题。

1. 遗漏记录信息

教师由于某种原因在课堂上没有当众表扬学生的作业表现或课下表现。为此，教师要求记录员每天去找教师问当天学生的作业表现和课下表现以解决教师遗忘的问题。

2. 懒惰生消极面对评价

对于大部分的同学来说这种评价是激励，但是对于懒惰的学生来说这种评价没有效果，为此我们又增加了班级小组积分制。把班级学生按照成绩相对平均地分成6人一组，将个人成绩与小组成绩结合。每个星期对小组成员的积分进行累加，积分排位高的小组将得到小组优胜奖，积分排位最低的小组成员需要找老师领学习任务。

3. 学生的学习目标和计划的实施情况不好测量

为了培养学生的目标意识和自我认知能力，特设计了学期目标、每周目标和晚自习目标三个表格，以帮助学生不断进行反思，评价自我，同时还能衡量自己设定的目标完成情况。学生写完自己的学期目标后，需要张贴在班级的板报上，以时刻提醒自己还有目标需要完成。

每周目标表的设定是为了让学生能认识自我，并且有计划地提升自己的英语水平。每完成一项设定的任务，教师就会在表上签个字以督促学生如期完成任务。每周目标表的最后一行是学生一周的反思，督促学生及时进行反思，改进自己的学习方法。

三、以案例形式探讨过程性评价在高中英语教学中的应用

本文以北师大版高中英语教材必修二第五单元第三课为例,详细阐述如何进行过程性评价。英语学科的固定记录员会根据教师的要求做记录。

（一）不做记录的情况

在读前环节,教师让学生在课前观看孔祥东的音乐会视频,上课时询问学生钢琴家所弹奏的音乐类型及钢琴家的具体信息。此处是学生的集体回答,所以不做记录。教师告知学生本节课他们将读一篇关于这位钢琴家的报道,并询问学生在新闻报道中的哪一段会告知新闻的梗概信息。学生齐声回答第一段。此处不做记录。

（二）语言能力方面的记录

记录的标准为学生独立回答教师提出的有关事实性信息的问题或完成有关事实性信息的作业。例如,在读中环节,教师让学生阅读第一段,并回答三个问题:钢琴家是谁?他做了什么?他为什么这样做?学生如果能独立回答这三个事实性信息题,就可被记录为"回答问题正确"。在读后环节,教师创设了一个情境:有外国友人得到一张孔祥东钢琴演奏音乐会的票,希望向你了解这个人物,请你介绍这个人物。学生口头介绍的是事实性信息的内容,因此记录的维度为"课堂展示优秀"。在课后作业环节,教师设置了两项作业,第一项作业要求学生写一篇不少于 60 个词的文章介绍孔祥东。如果第一项作业学生完成质量高,被记录为"作业优秀"。

（三）思维品质方面的记录

此方面的记录标准为学生能有逻辑性、批判性或创新性地审视信息。例如,在学生阅读完导语部分后,教师让学生猜测:接下来作者会介绍孔祥东的哪些方面?由于此问题是开放性问题,学生给出的答案只要有逻辑就可被记录为"有见解"。教师让学生阅读第二段关于孔祥东的儿时学琴经历,要求学生用一些形容词来描述孔祥东并阐述理由。学生只要能用证据阐述自己的观点就可被记录为"有见解"。在读后环节,教师询问学生对孔祥东的评价,只要学生的答案能有逻辑就可被记录为"有见解"。

（四）文化意识方面的记录

此方面的记录标准为学生有正确的价值取向。例如，在读中环节，在学生回答的过程中教师追问：中国的汉字"头"有什么含义？学生的回答谈到了中国文化"从头做起"的内涵，因此可被记录为"正确理解文化"。在教师布置的第二项作业中，学生如果写到了中国民俗音乐的地位及自己对中国传统文化的自豪感，表扬的内容为"对优秀文化的认同"。

（五）学习能力方面的记录

此方面记录的标准为学习态度端正，并有一定的学习策略。评价的方式为学生是否由于小组积分低而完成学习任务条。在学期目标表和本周目标表中，学生是否有目标、有计划地学习并能按计划完成。学生所写的周反思是否切合实际，并有改进措施。

四、过程性评价的实施效果

（一）过程性评价帮助学生建立了学习英语的自信心

过程性评价的内容不仅包括语言能力还包括其他很多方面，如学习能力中的学习态度、学习方法等，因此大部分学生都能找到自己受表扬的方面。这种不以成绩论英雄的评价方式更能让学生建立自信。在案例校，学生的英语基础薄弱，他们从抵触英语到喜欢英语的过程是显而易见的，在2019年5月学习动机的测试结果上看，两个班级的高外部动机分别为34.6%和37.5%，较2017年10月大幅度减少，而均衡性占据较大比例，分别达到了50%和45.8%。这说明学生对英语学习较之前产生了更多的兴趣。

（二）过程性评价促进了学生学习习惯和学习方法的养成

过程性评价中的学生自评、小组评价和教师评价等方法可以使学生不断反思，逐步把握正确的学习方式，树立正确的学习动机，掌握适合自己的学习策略，从而真正提高学习的质量与效果。在案例校，学生刚上高中的时候不愿面对教师，但是现在教师的办公室一到课间就变得十分热闹，问问题的学生多了起来，主动质疑的学生也多了起来，有学习计划的学生多了起来，互相帮助的学生也多了起来。

（三）过程性评价促进了学业成绩的提高

学习质量的提高也必定会促进学业成绩的提高。在案例校，学生高中入学的英语平均分位于全区第 7，经过三次全区统考统阅，学生的英语平均分位于全区第 5。从在线测试结果上看，2019 年 5 月 2020 届高中（3）班和（4）班学生的各项阅读微技能也是有大幅度提高的。

（四）过程性评价促进教师改进教学

过程性评价的结果可以反馈到教学中，从而促使教师改进教学。例如，如果当天学生作业优秀的人数低或没有优秀人数，代表这项作业难度大。教师需要重新审视自己的教学，要多关注这项作业的问题所在，根据问题的成因及时调整教学。

五、结束语

英语学科核心素养的过程性评价体系在案例校实施顺利。这种可操作、可实施和可测量的过程性评价体系能对学生的英语学科核心素养的四个方面实时进行评价和反馈，让评价贯穿于教学过程的始终。过程性评价体系的实施效果在案例校十分显著，我们将会继续研究下去。

新冠肺炎疫情背景下的学校课程教学与实施

北京教育科学研究院周口店中学　贲　鎏

2020 年对于学校教育来说可谓是蝶变的一年。面对新冠肺炎疫情形势下全新的教育样态，唯有直面变革与挑战，回归教育初心，才能实现"停课不停学"，最终将新冠肺炎疫情危机转化为教育契机。

一、新冠肺炎疫情带来的教育变革与挑战

新冠肺炎疫情挑战我们的组织与管理。"停课不停学"，学校的组织与管理核心由线下主体转移到线上组织，在线课程的整体设计与实施、课程教学的组织与管理、信息技术的运用与支持都面临极大的挑战。

新冠肺炎疫情挑战我们的技术与素养。新冠肺炎疫情期间，无论是学校、教师、家庭还是孩子，都在努力做出积极的尝试。学校在教师信息技术的整体培训与指导、分散办公阶段的校本教研、线上教学的技术手段运用、线上教学对师生设备的需求、学生居家学习效果的有效监控等方面也存在一定的困惑。

二、学校课程实施的整体思考与定位

（一）学校开展线上教学前的背景调研

新冠肺炎疫情来袭，假期延长，学生要在家中度过特殊的时期。这次假期成为每个孩子人生中特殊的学习阶段。做好防控的同时，如何引领学生探究成长的自然规律，让孩子们从新冠肺炎疫情中获得更多的能量，是我们必须面对的课题。在线上教学指导的过程中，学校教学管理必须充分发挥整体统筹、组织协调的作用。

以往的线上指导是建立在线下教学之上的一种辅助。本次的线上教学是系

统指导学生规划学业、科学系统地自主学习的过程。因此，不能简单地用固有经验替代系统规划。我校统筹时充分考虑两个因素：一是在新冠肺炎疫情形势下，学生慌乱、家长焦急，既需要学校步调一致的安排，同时又期待对学生个性的关注。二是在分散办公形势下，教师的教学组织既需要统一节奏与方向，同时也要充分发挥其能动性。基于上述两个情况的考虑，在北京教科院专家的指导下，通过调查师生的网络情况，研判是否具备线上指导条件；调查学生家庭情况，研判特殊情况学生的关注策略；调查学习需求，研判教师指导方式。在前期调研的基础上结合区级指导精神，按照科学的时间及节奏形成备考指南，确保学生在家高效复习和调整休息。

（二）聚焦成长，设计多元主题课程

按照市区教委关于延期开学期间的相关文件精神，学校坚持"五育并举"下学生的多元发展，结合新冠肺炎疫情防控，将主题教育、心理健康、动手实践、体质锻炼、科技艺术、学科素养等内容融入学习指南之中，为学生提供丰富资源，引领学生在居家过程中防控新冠肺炎疫情、合理规划、全面发展。课程设计有以下六方面的主题。

1. 深化主题教育课程

借助班会课和心理课加强主题教育和心理调节。通过宣传科学防护指导学生做好新冠肺炎疫情防控工作；通过赞颂时代英雄培育爱国情怀，传递正能量；通过指导学生自主学习的方法培养良好习惯，保持满满的"仪式感"。

2. 注重体育锻炼课程

每天坚持体育锻炼是我校一直以来的传统和特色。居家防疫期间，为增强学生体质，学校建议全体学生加入体育锻炼之中，在体育老师带领下坚持每天早晚两次不少于1小时的运动。体育老师通过线上示范以及录制视频等方式指导学生，师生一起运动起来，用积极的心态和健康的体魄面对新冠肺炎疫情。

3. 设计经典阅读课程

每天定时经典阅读是我校学生长期坚持的学习习惯。防疫期间我们足不出户，可以从书中领略世间美景、感悟多彩人生。自主规划阅读时间，师生共读一本书。每周一节交流课，师生交流阅读感悟；语文教师选取经典内容开展阅读讲座，推送给学生，学生自主选择观看。

4. 夯实学科基础课程

特殊时期有新的要求和挑战，我们的学习方式也必须随之相适应。教师结合学生心理特点、认知特点和学习需求，对学习策略、方法进行一定的指导。从众多优质资源中整理出适合不同层次学生的内容，推送给学生学习使用。通过教师线上指导和学生线下自主学习相结合的方式将"新冠肺炎疫情危机"转化为"教育资源"，复习巩固、夯实基础，在居家防疫的同时为新学期的开学储备力量。

5. 强化艺术审美课程

学校通过艺术课程，以战疫为主题，让同学们用自己的方式致敬时代的英雄，点亮生命的温暖，用画笔描绘希望，用歌声传递信念。音乐学科为爱而歌，初中演唱《让世界充满爱》，高中演唱《我和我的祖国》，师生合唱《让世界充满爱》，用歌声为武汉加油，为中国加油！

6. 开发实践探究课程

围绕居家日常的生活，通过信息、物理实践、化学实践、劳技等内容的学习，引领学生动手实践、学会发现、学会思考。如物理学科的《变形的鸡蛋》、信息学科的《如何设置无线路由器》《用手机制作证件照》等。

三、云端教学的基本路径与样态

（一）以幸福教育平台为基础，构建云端教学模式

停课不停学，学生没有停止学习，教师也没有停止前进的步伐。线上教学是非常时期的无奈之举，但也让我们遇见了精彩和美好。我校的线上教学主要依托北京幸福教育平台，采取直播授课与录播授课相结合的方式。教师在教学活动过程中采用启发式、探究式、体验式等方式灵活选择教学方式，充分调动学生的积极性。

（二）以研判实际获得为依据，改进优化教学过程

教学过程以任务和问题为驱动，以学生和资源的互动为主线。教师在设计学习任务时，充分考虑学生的身心特点和接受能力。在线教学时空相隔，通过任务设计调动学生自主性，把学生自主学习作为在线教学的本质要求，包括任务目标、内容分析、学习方法、学习工具、作业分享、测评反馈等。通过灵活

多样的教学方式充分调动学生的积极性和参与意识，体现学生的主体地位。

以学生需求为出发点，以线上指导、答疑交流、微课推送等不同形式对学生进行指导。同时结合学生的个性需求进行优质资源的外引，从众多市区资源中"广采博取、立足实际、为我所用"，确保资源最优化。

（三）以搭建交流平台为途径，助力师生共同成长

不管教育的场景在哪里，教育的样式怎么转变，教育的目的在于它的意义。"停课不停学"的意义在于即使脱离学校和教师的面对面管理，也能建立相对有序的教育秩序。教育无论采用何种方式，最终还是聚焦于人的成长。

1. 教师校本教研常态化

非现场的学习和办公更需要增强学科组集体备课与研究，师生基本上经历了以下三个阶段：尝试期（师生均有所不适）——适应期（师生能顺利适应）——创造期（师生能达到密切配合）。为更好地满足学生的学习需求，教师从教学方式、教学技术等方面都要进行调整和提升。

2. 学生成长收获系列化

学校为学生开启居家互动交流的平台，学生每周五结合防疫过程的感受、自己一周的成长和收获等主题进行展示。学生以视频、PPT、美篇等方式在线互动交流和分享。各班级在学校统筹之下又各自设计符合学生特点的系列展示主题，分别围绕不同的内容进行全班范围的展示，评选优秀作品。在学生调研反馈中，展示课成为学生最喜爱的内容之一。

四、新冠肺炎疫情时代的教育效果反思

（一）转化危机　把握契机

居家学习和在线教育让学生在一定程度上脱离了教师的持续监督，为学生创造了静心思考和自主探索的空间，创设了自主学习、管理、约束、反思、发展的条件。因而，它引起的学生自主学习是一种"自决"的能力。

线上学习让师生都真正成为学习者，能够从容面对学习场景和学习方式的转变，乐于接受并适时调整节奏、进度与方法。从容面对"后新冠肺炎疫情时代"的教育，创造更多的话题与实践，这也是"停课不停学"背后体现的深层意义。

（二）回归原点　指向未来

突如其来的新冠肺炎疫情和史无前例的教学实践让我们学会基于形势停下来思考教育，审视生命。这样的改变深刻影响着我们的教育观、人才观、学习观和质量观。面对已经到来的新的教育时代，让每一个学习个体具备在社会真实场景下的自主学习能力和资源整合筛选能力，是教育应该指向的核心命题。伴随时代的发展，教育也必将更大限度地回归到原点，让每一个人有创造性地学习和生活。梳理线上教学的有效经验，优化线上线下混合式教学，把它们当作一笔财富并内化成教育的新样态、学校的新样态，是学校走向未来、迎接改革的一个着力点。

在这场新冠肺炎疫情的战斗中，无论是学校管理者、教师、家长还是学生，我们每个人都在逐渐成长、接受新知，让眼前的一切成为孩子们成长过程中最好的教科书。居家战"疫"，云端相约，师生共同成长！

第三篇　五育并举新路径

路径是起点到终点的路线、方法。新路径是在新时代背景下，学校在课堂主渠道基础上不断突破，在科研引领下探索育人的新途径、新方法。

本部分包括学校在新时期探索新冠肺炎疫情期间德育体系构建、生涯教育的引领、农耕载体的劳动教育、**STEAM** 或信息技术载体的科技、音乐美术载体的艺术教育等。

这些探索一方面表明不同的路径有不同的侧重和不同的效果；另一方面表明人是具有个性差异的整体，需要五育整体融合育人。

生涯教育引领学生发展，
深化五育并举实践推进[*]

北京教育科学研究院基础教育研究所　李海燕

《国家中长期教育改革和发展规划纲要（2010—2020年）》（以下简称《教育规划纲要》）明确提出，"高中阶段教育是学生个性形成、自主发展的关键时期，对提高国民素质和培养创新人才具有特殊意义。"2019年7月中共中央、国务院印发的《关于深化教育教学改革全面提高义务教育质量的意见》提出要坚持"五育"并举，全面发展素质教育，坚持把教师队伍作为办好教育的第一资源，提高教师的育人能力。

本课题以"实验校教育研究共同体建设"为平台，立足学生阶段性身心发展特点，旨在系统地对教师做生涯领域的指导培训，并通过专题研讨和教师教学行动研究相结合的方式，提升教师对学生生涯发展规划指导的能力，培养学生生涯规划和自主发展能力。本课题于2018年始在北京教科院附属周口店中学和育英中学推进实施，旨在通过提升教师生涯指导力，帮助学生学会选择和规划自己的未来生活。

一、教师生涯指导的内涵

（一）什么是"生涯"

"生涯"一词，中国自古有之。我国古代关于生涯的哲学思想极其丰富。《周易》中关于生涯"天人合一"的描述强调每个人找准自己的位置，与他人

---

[*] 2018年以"实验校教育研究共同体建设"为平台，开展"中学教师生涯指导力的探索与实践"的小课题研究，在北京教科院周口店中学和育英中学推进实施。课题参与人员：李海燕、殷桂金、崔玉婷、张文静、袁玉芝。

关系保持和谐，并努力追求自己的理想，力求达到目的。《庄子》中有"吾生也有涯，而知无涯"，主要指生命、人生、生活之意。《论语》中最早对人生发展阶段的论述为"三十而立，四十而不惑，五十而知天命，六十而耳顺，七十而从心所欲，不逾矩"。由此可见，中国生涯发展哲学思想关注"人一生的发展过程""人与环境的和谐互动""人一生中所扮演的角色与职位"，早期的生涯思想对个人的成长、进步和社会的进步起到重要的作用。

（二）什么是生涯教育

生涯教育（Career education）于 1971 年由美国联邦教育署署长马兰德博士提出，生涯教育理论与实践探索以此由美国传播至世界各地，逐渐成为高等教育乃至中小学教育不可缺失的一部分。美国联邦教育署定义生涯教育是一种综合性的教育计划，其重点放在人的全部生涯，即从幼儿到成年，按照生涯认知、生涯探索、生涯定向、生涯准备、生涯熟练等步骤，使得学生获得谋生技能，并建立个人的生活形态。英国定义生涯教育是在中学阶段为生活做好准备的课程的重要组成部分，13 岁到 17 岁的学生是需要做出一些重要决定的阶段，他们必须了解自己，知道自己的优势与劣势，做出选择并接受决定带来的后果。

（三）教师生涯指导

学生通过生涯教育认识自己的性格、能力、兴趣，了解不同职业所需条件，进而综合社会、经济、家庭等各种条件选择自己努力的方向，制定未来的学习与工作计划，为未来学习生活奠基。教师生涯指导是以生涯教育为切入点，通过指导教师掌握生涯教育理论和方法，引导学生客观认识自我、提升学生生涯探索和规划的能力。中学阶段是学生认识自我和规划人生未来的重要阶段。与此同时，学校一系列的变革，赋予学生前所未有的自主和选择权力，需要学生对未来有较为清晰的发展认知。中学生生涯教育需要一支专业化、科学化的指导教师队伍，因此本实验课题是通过提升教师生涯指导力来进一步提高学生的生涯规划能力。

二、提升教师生涯指导力的具体内容

教师生涯指导力是教师能够指导学生做好生涯规划的能力。本课题指导教师以学生生涯教育为关注点，系统培训教师生涯规划相关的理论知识，解决学生生涯规划的困惑、探索学生生涯教育实践中的方法与途径，对学生生涯发展的个案提供指导和支持等。

（一）生涯规划教育的基本理论

生涯规划教育的基本理论是教师生涯指导能力的基础，我们将系统介绍生涯规划的意义、生涯基本理论、生涯的阶段动态平衡性、中学阶段的生涯目标等内容介绍。

（二）中学生涯规划的基本内容

教师结合教育教学实践探索中学生生涯探索的基本内容，如自我认识和职业知识，性格、兴趣、优势、价值观等的测量方法等，主要在于培训教师基本的生涯规划探索的方法和内容。

表1 中学生涯规划的基本内容

主要内容	具体描述
自我认知	自我意识、能力管理、价值观探索
生涯发展	人生蓝图、职业目标及阶段探索、生涯平衡
职业规划	选课选考、学业规划、职业探索
社会实践	职业交流、学生职业访谈、社会职业相关实践体验

（三）生涯规划教育的路径和方法探索

教师结合自身学科和教育教学工作实践，开展中学生生涯规划教育的研究，聚焦中学生生涯规划教育的路径和方法探索。例如，生涯规划专题课、特色班会主题活动、学科教学中渗透生涯教育（语文、历史、地理等）、学生个别生涯辅导、学校职业相关的社会实践活动等。在工作中发现学生生涯教育问题、积累生涯教育素材，开展形式丰富多样的生涯教育指导活动。

三、实验学校提升教师生涯指导力的路径探索

（一）专题组培训

对生涯规划的基本理论、方法、内容等以专题培训方式进行，并采用形式

多样的讲授方式，如课题组教师专题讲解和教师小组讨论等方式。

（二）跨校课堂观摩和课例研讨

对学生学习生活中关键的生涯问题，集体备课、开展有针对性的课堂教学和集中观摩活动，并对课堂实施效果做评价和研讨，形成中学生生涯规划课题集。

（三）学生生涯活动的组织和实践

生涯体验是生涯教育的重要环节。教师在学校的支持下，可以组织学生走进社会，走进企业、大学、医院、科技、航天城等，让学生看到不同的职业形态，深刻体验到不同职业的生存状态和发展空间，提升学生的自主选择性，增强学生的生涯动力。

（四）生涯教育实践的展示汇报

教师在日常工作中积极开展学生生涯发展规划教育的活动。教师结合自身的工作，展示教学案例、教学反思、课程设计、团体活动、实践研究、个案辅导等，帮助学生处理学科兴趣、职业兴趣和社会需求的关系，同时给教师提供展示交流平台，互相学习，共同进步。

四、提升教师生涯指导力的实施效果及反思

学校生涯教育作为一个新兴领域，在我国发展比较迅速，尤其在高中阶段，生涯教育已经成为高中学生选择专业和未来生涯发展的必要策略。2014年，高考招生制度改革赋予学生前所未有的选择权和自主权，被忽视的生涯教育越来越受到学校和教师的重视。学校生涯教育的目标就是通过对学生适当的指导，帮助他们认识到自我与环境、社会各种角色的关系，帮助学生具备未来社会发展所需要的知识、技能、理想和信念，实现自我发展和终身发展。在实验学校推进教师生涯指导力的课题研究中取得了以下初步成效。

（一）提升教师生涯指导力的实施效果

1. 学校重视学生生涯教育，成立教师生涯指导力提升课题组

随着教育综合改革的进一步深入，学校重视生涯教育的程度加深。在当前

日益尊重个体及其选择的时代，必须为学生的终身发展提供指导，这不仅是提供知识性的、升学性的准备，更重要的是为未来的生活和参与社会建设、国家发展做准备。很多学校德育机构开始深化职能，从原先强调"德育规范和服从、校规管理"转化为为学生发展进行指导的部门，指向学生的发展需求，改变重管理轻指导的现状，为学生提供成长过程的心理、生涯、生活、学业等指导服务，并建立相应的学生发展指导制度。

2. 立足学校学生实际，积累了丰富的生涯教育内容

在实验学校推进教师生涯指导力提升的过程中，学校前期有一定的师资和生涯教育的基础。育英中学将生涯教育定为学校必修课，并通过开展生涯测评、生涯讲座、生涯咨询辅导、生涯实践活动等让生涯意识深入人心。北京教科院周口店中学也积极构建学校生涯教育体系，并聘请第三方研究机构，围绕教师、学习过程及学生选科走班等情况做调研，加强学生发展指导的过程性追踪。

学校立足学校特点和学生需求，积极开展生涯教育，主要包括：学校的德育活动、成人教育、社会实践活动、体验参观、游学、团委理想信念教育等；生涯实践是增强学生体验和生涯意识觉醒的重要路径，学校通过组织学生校外实践、职业访谈、走进大学、走进科研院所和高新科技产业等增强学生的认知体验。学科教师通过学科渗透生涯教育，挖掘教材内容中渗透的生涯教育知识点，潜移默化地渗透生涯的意义。与此同时，也有学校成立生涯社团，组织学生自主开展生涯探索、研究性学习、职业体验、主题实践活动等内容，赋予学生自主探究和选择的最大可能，调动学生生涯探究的主动和积极性。

3. 学校打造专兼职生涯教育队伍，提高教师生涯指导力

教师专业化水平决定着学校生涯教育工作的质量。而生涯教育是专业性很强的学科，生涯教师不仅要具备生涯教育专业知识与技能、生涯咨询技巧，也要能针对学生的个体差异，帮助学生进行生涯探索，要拥有生涯课程规划能力、生涯信息寻求能力、沟通合作等特质。专职教师是开展生涯教育的主要力量，实验学校课题组通过具有优秀生涯教育相关背景的专职教师开展工作，另外要培训兼职教师队伍，如班主任、任课教师等是生涯教育教师的后备军。学校的生涯指导教师一般是以心理老师为专职人员，班主任、学校德育、教学处、学校校长和副校长及学科教师为兼职人员。学校立足实际，打造专兼职生涯教师队伍，加强培训，提高教师生涯指导力，从而提高学生生涯教育水平。

4. 赋予学生充分选择权，满足学生多元个性化选择

生涯教育的主体是学生，以学生为中心，尊重学生的选课选班需求，因材施教，注重实施个性化指导，按照学生的个性为学生发展拓展空间，充分激发学生的高成就动机和内在发展潜力，塑造学生积极向上、主动发展的精神品质，这些都逐步内化为学生的素养能力，促进每一个学生的成长。新高考招生制度改革要求学生不仅切实规划和选择三年的课程和方向，更要前瞻未来的专业选择和发展。学校开设一系列生涯教育教学活动，引导学生充分认识自我、了解个人兴趣、能力、价值观等，促进他们认识学科学习、高中选择与未来生涯关系，了解社会和职业的能力要求，激发学生的生涯动力，并充分尊重他们的兴趣爱好。

（二）问题与反思

1. 部分学生缺乏主动规划和发展的意识

新一轮高考改革以"两依据、一参考"为改革核心，打破文理分科壁垒，赋予学生更多的选择权，学生能根据自身的兴趣、能力特长选择学习科目、考试科目等。与原来的文理分科相比，新改革让选择性大大增加，其前提是建立在学生对自我充分了解的基础上做出的个性化选择，但长期以来高中学校生涯规划教育的缺失使得这一设计与现实之间存在巨大反差。高中阶段学业压力增加，学生一直以来都关注升学、分数，很少考虑未来的生活计划，包括选课和未来专业等基本由学校、家长来决定，学生并没有充分的自主权，他们的生涯意识和动力不足；学生对自我的认识和探索较少，跟外界环境接触较少，对职业认识缺少清晰认知，在选择面前也容易陷入迷茫和困惑。学校从对班主任、心理老师的访谈中了解到，学生发展动力不足，无目标，动机缺失，学生找不到兴奋点等。

2. 专业化的生涯教育教师队伍有待进一步提升

生涯教育是一项专业性很强的工作，目前从事这一工作的大多都是心理学或者教育学的专业人员，还有一些其他学科的老师也具备一定的基础知识和技能。由于缺乏专业机构的认证，中小学生涯教育或者学生指导咨询师专业资质很难得到认可。另外，面对学生的生涯咨询仅仅教授生涯教育的基本理念和方法是不够的，还需要了解学生身心发展规律和个体差异，不是简单的指导帮助，而是发挥生涯规划的教育和引导作用。

生涯教育的师资力量缺乏，一般教师对生涯教育认识欠缺，亟待通过教师生涯指导力培训来提升教师生涯教育水平。以生涯教育为切入点，通过指导教师掌握生涯教育理论和方法，引导学生客观认识自我、提升学生生涯探索和规划的指导能力。中学阶段是学生认识自我和规划人生的重要阶段，与此同时，新高考改革背景下带来的一系列变革赋予学生前所未有的自主和选择权力，需要学生对未来有较为清晰的发展认知。中学生生涯教育需要一支专业化、科学化的指导教师队伍，因此急需提升教师生涯指导力来进一步提高学生的生涯规划能力。

3. 学校生涯教育内容系统性有待进一步完善

两所实验学校均开设了生涯教育的课程，主要由心理老师来承担，内容等同于心理教育，虽然两者有密切关系，但侧重点不同。如果不加区分，可能会弱化甚至淡化生涯教育的目标，失去实效性。许多学校也与一些生涯机构合作，通过引进测评工作进行测评，对生涯教育方面的问题做出诊断和评估，但对于这些报告如何使用，如何落实到个性化指导学生，缺少专业认识的解读和指导。此外，部分测评工作都是直接引用国外的测评工具，虽然已经进行了本土化改造，但科学性有待进一步加强。

目前，在提供生涯教育的部分学校中，生涯教育内容不成体系，由于教学模式的影响，相关课程依然采取课堂教学方式，实践活动比例较低，课程内容开展不充分。大多数生涯校本课程一般安排在高一年级，高年级受到学校计划、课时紧张的影响则没有安排，降低了学生探索自身职业的积极性和参与度。高一学生生涯课程学习内容，从自我认识、兴趣探索、爱好、人格特征测评到职业探索，缺少顶层设计和完整的生涯教育指导体系。

4. 急需构建科学的生涯教育评估机制

目前学校生涯教育实践处于自发探索阶段，主体较为单一、校企合作不稳定，我们需要通过法律法规、财力、物力等促进多方合作，汇聚多方力量构建政府引导与保障下的、学校为主体参与和专业引领及企业参与的多位一体生涯教育评估体系，全方位为生涯教育保驾护航。首先，学校全体教师要参与到学生生涯教育的工作中来，在校长带领下，学科教师、班主任、心理教师及其他教育人员相互协助，建立专业化的教师队伍。其次，动员家长参与学校生涯教育是非常行之有效的途径：如定期举办家长培训，请他们注意对孩子进行职业意识的灌输，安排学生到父母工作地参观，增强学生对职业世界的了解；举办家长讲座，邀请家长协助学生开展职业生涯教育，增长学生的职业见识，通过参与学校职业生涯教育工作提高家长的生涯教育意识。再次，互联网的发展也为生涯教育网络辅导提供了可能性。网络生涯辅导课程，网络辅导与咨询、网络测评与信息反馈是网络生涯辅导的重要内容。

时代的发展赋予学校教育新的使命和任务。重新审视学生生涯教育目标、任务和实施路径，学校生涯教育要进一步建立健全政策机制保障、完善教育内容体系、培养专业化教师生涯指导队伍，以生涯教育为引领，探索五育并举的新路径，促进学生全面而个性化地发展。

构建五育并举之探究性道德学习新模式

北京教育科学研究院通州区第一实验小学　张如燕

探究性道德学习是让学生在活动中探究，在探究中发现问题和解决问题，使道德学习成为一种真实具体、可触可感、可理解可实践的积极主动的活动，真正起到引导学生道德生活和德性成长的作用。实践中，我们从教学、德育、体育、美育、劳动教育的五育层面，积极探索适合小学生的探究性道德学习模式，有效引导小学生以事例研究、问题讨论、实际调查等探究性学习方式进行自主探究，从而获取道德知识，提升道德认识，解决道德问题，培养道德行为，获得道德发展。在探究过程中，学生从学习内容的选择到学习方式的确立，从学习计划的制订到学习过程的实施，从学习结果的呈现到学习效果的评价，都自主决定、自主安排。教师作为引导者、参与者、研究者，不断探索适合学生发展的道德学习模式，将知、情、行有效整合，在认知学习、行为学习、情感学习中提升五育并举的道德学习效果。

一、实施导图式学习，梳理道德逻辑

思维导图是一种思维工具，它能够帮助学习者在自主梳理知识的过程中锻炼思维的条理性、逻辑性、深刻性。我们将这种方法引入五育并举的育人工作当中，遵循"学生自主搜集资料—学校提供相关材料—筛选资料学习研讨—绘制导图自主思考—展评导图交流体会"的程序，围绕着"爱国、诚信、友善、感恩、礼仪、环保、安全"等德育主题，组织学生绘制思维导图。在这一过程中，学生或是将搜集到的道德规范、道德知识进行归类整理，绘制知识导图；或是根据不同的主题对自己进行评价，绘制评价导图；或是明确自己未来行动的目标，绘制计划导图……这种模式不仅能够让学生自主地学习道德知识，丰富道德认知，而且能够引发学生主动地对道德知识、道德问题进行思考、评价、分析、判断，有利于落实学生的主体性，有利于学生道德思维的发展，为道德主体的建构和道德能力的形成奠定基础。

二、实施专题式学习，构建道德认知

研究性学习是指学生在教师的指导下，从自然、社会和生活中选择和确定专题进行探究，并在探究过程中主动地获取知识、提升认识、培育情感的学习活动。我们将这种学习方式引入道德学习中，在学生中推行了"德育小专题研究"活动。比如组织学生针对课间纪律与安全问题开展研究：先让每一名学生搜集五个因课间不守纪律造成伤亡事故的案例，在自主分析的基础上写出心得体会；然后由班主任组织全班学生进行交流，展示学生搜集的案例；再由学校编制课间纪律评价表，在学生中开展自评和互评活动；通过编制调查问卷的形式，要求每名学生在除本班外的每一个年级任选 10 名学生做调查；然后根据提示对调查问卷进行统计，分析本校学生课间纪律的状况；课题组教师编辑统一的调查报告模板，内容包括本校学生课间纪律状况调查数据及分析、搜集的课间伤亡事故案例及原因分析、搜集的有意义的课间游戏、解决课间问题的建议、班级课间活动公约等。学生自主填写调查报告表格，班主任组织学生交流自己的调查报告，并将学生的建议和意见综合成班级课间活动公约。在这一过程中，学生知道了课间做不正当游戏的危害，知道了怎样做正当的课间游戏，并且知道了如何约束自己和他人的课间行为。此外，我们还围绕礼仪、环保、卫生等主题开展了小专题调查研究活动。在这一过程中道德不再是被灌输的，而是主动建构的，学生自主学习、认真思考、积极实践，最终在五育过程中形成积极的道德行为。

三、实施方案式学习，形成道德情感

在探究性道德学习活动中，从学习内容的选择到学习方式的确立，从学习计划的制定到学习过程的实施，从学习结果的呈现到学习效果的评价，都由学生自主决定、自主安排，教师只对其进行必要的帮助和引导，不代替或包办学生的学习活动。基于这样一种理念，我们尝试了自主订立活动方案的模式推进课题研究，即让学生自主发现、提出问题，然后自主研究、学习，最后围绕这一问题制定出活动方案。比如，有学生围绕文明礼仪方面存在的问题制定了如下活动方案。

【方案一】活动主题：礼仪知识我知道。活动过程：认真学习礼仪知识、礼仪故事，在此基础上绘制绘本作品，制作手抄小报，将所学到的礼仪知识进行整理。绘本作品在班级的板报或宣传栏中进行展示，以便大家互相学习借鉴。活动目的：学习礼仪知识，丰富对礼仪内涵的认知，培养归纳整理的能力，进一步深化礼仪教育。

【方案二】活动主题：文明榜样我发现。活动过程：在全校范围内寻找践行文明礼仪的小标兵，整理他们的事迹，撰写征文或制作微影片、幻灯片等，向同学推荐，进行宣传。活动目的：一方面，培养发现能力，学会欣赏身边同学的优点，学习他们的礼仪行为，提升思想认识，提高辨别是非的能力。同时为全校学生提供学习的榜样和材料，深化礼仪教育效果。

【方案三】活动主题：文明礼仪我践行。活动过程：根据礼仪常规要求制定自己的践行小计划，在班上进行交流。同时制定礼仪美德储蓄卡，每天将自己落实礼仪计划的情况进行记录，并请小伙伴或朋友、家长进行监督，21天后请他们进行评价。之后启动下一轮践行计划。活动目的：进行自我教育，落实礼仪常规，培养良好的行为习惯……在制订这些方案的过程中，学生自主学习礼仪知识，自主发现存在的问题，自主制订应对措施，不仅提高了探究能力，而且激发了道德情感，丰富了道德认知，深化了五育内涵。

四、实施拓展式学习，培养道德习惯

学校根据各年级学生特点及道德教育需求，在国家、地方课程的基础上自主研发《德育活动课》这门拓展课程，并编印适合六个年级的德育课程的校本教材，围绕"爱祖国、爱劳动、爱学习""节水、节电、节粮"等五育主题教育，整合教育资源，通过三条途径开展探究性学习。途径一：设计开放问题，激发探究欲望。一方面，引领课程组教师在课前共同研讨、思考设计1~2个开放性的、能够引发学生思考的道德问题。另一方面，在每次课程尾声设计针对下次活动课的内容，鼓励学生积极提出问题、发现问题，从而激活思维，激发探究欲望。途径二：确定主题探究，形成思考习惯。我们在确定教材内容的基础上规划各个单元主题，围绕主题进行细化，并结合学生的表达、思考的过程、道德的判断等进行实践探究，记录过程，进而培养探究性道德学习的习惯。途径三：创建探究档案，培养良好道德。我们为每名学生建立"探究档案"，通过对学习过程与学习成果的记录与整理，能够鲜明地展示每个学生的道德认知与进步，让学生了解自己的道德发展轨迹，培养学生讲究道德的良好习惯。经过追踪，每名学生都会得到一份专属于他自己的独一无二的探究档案，让这些珍贵的记忆伴随他们的道德发展与不断成长。

五、实施合作式学习，整合家校共育

家校合作是推进五育并举，对学生进行道德教育，避免道德两面性的有效方式。学校组织家长教师协会的家长共同对学生道德状况进行调查，在了解孩子的道德水平及学校的道德教育现状的基础上，家长积极参与学生的道德教育，成为学校教师教育的有力补充。在亲子读书活动中，家长和学生共同探究适合阅读的道德教育书籍，一起阅读、学习，一起探究、交流，感悟道理，提升素养。在网络活动日，我们请家长和孩子一起共建"班级博客"，开辟道德探究空间，在微信平台中共同书写育子经验，各自发表见解。此外，我们还在各年级家长教师协会中广泛开展研讨，让家长参与分析学生心理、生理、思想、道德等特点，并发掘学生的受教育需求，制定出适合各年级学生特点的道德纲要。由家长作为主讲人，深入各个班级当中开展"家长做老师"班级课程教授。实践中，家长的课程都给我校师生带来了全新的感受，家长们的专业特长有效地成为我校道德教育资源的补充，同时为学生们开启了一个又一个道德探究之旅，使学校德育与家庭德育绝对统一、完美整合。

六、实施反思式学习，循环过程教育

实践反思是一种非常有效的学习方式，也是五育并举与道德形成的必不可少的途径。在长期道德形成的过程中，学生时常会遇到道德两难问题，道德辨析不清，反道德问题反复出现等情况。比如，当学生间产生矛盾问题时，他们通常会更多地指责别人，没能反思自己；当学生接受右行礼让的教育后，还会经常忽略，认为可以原谅；当学生在学校做个好孩子，在家或校外就可以降低要求……这些现象发生在小学生身上是很常见的，他们的行为自控能力、道德判断能力、分析解决问题的能力都是在不断地实践、反思中得到提升与完善的。道德教育对于他们来说就是一个反复抓、抓反复的过程。只有让学生静下心来，在实践中去反思，去刨根问底，探个究竟，方可使学生找准方向，明辨是非，促使道德内化于心，外化于行。

在"实践有发现，感悟即发现，探索能发现"这个学校德育工作指导思

想的引领下，通过实施导图式、专题式、方案式、拓展式、合作式、反思式六种道德学习模式，有效强化了师生的探究性学习能力，增强了教师实施五育并举实践与研究的能力，提升了学生的道德认知，培养了道德情感，促使道德行为形成，为核心素养时代下德育系统的建构积蓄力量，全面助力学生的德行成长。

五育并举视角下的"爱+"德育课程实施

北京教育科学研究院通州区第一实验小学　王　静

为了更好地防护新冠肺炎疫情，保障成长不止步，学校秉承发现教育理念，聚焦德育大课程建构，以系列化主题项目研究为载体，从"微主题"处切入，挖掘新冠肺炎疫情教科书中的研究点，在道德认识形成——道德情感发展——道德意志发展——道德行为发展四个环节，发现爱的坐标，以"阐释—共享—评价—拓展"四部曲建构具备项目式学习特质的云端德育课程系统框架，在云端德育的大课堂奏响生命拔节的音符。

（一）课程建设背景

1. 社会背景分析：基于教育时间与教育空间

我们在建构"爱+"主题下"疫起见爱"云端德育课程的起始阶段，深入贯彻执行国家教育文件精神，挖掘爱的众多关键词，追寻教育核心价值，整理社会背景下教育的时间与空间位移，并在意义的注解中寻找课程的支撑点与未来，在开放的体系中实现对师生生命成长的关怀与个性发展的推崇，进而促进学校教育的创新发展。

新冠肺炎疫情暴发的特殊时期，学校教育在时间与空间的双重属性中进行了一场云端教育方式变革与学习方式变革的全实践。在实践中，学校从未来与成长出发，按照学生学习年龄阶段的不同，重申"成长"是儿童生命的基本价值，从德育的角度支持其内心世界的发现与自我意识的觉醒，深入实现教育时间上的"学习无止境"和教育空间上的"学习无边界"，帮助儿童学会选择，学会建构。

2. 理论背景分析：基于情感教育与内化理论

美国著名教育心理学家克拉斯沃尔和布卢姆等人通过研究，将情感教育目标分为层层递进的五个层次，即接收层次、反映层次、价值评价层次、组织层次和性格化层次，紧密衔接情感心理的内化和升华过程，形成了一个动态的目标系列。同时，情感教育深度融入德育、智育、体育、美育与劳动教育之中，特别在态度层次中彰显其情绪、情感、意志、信念等众多子目标，可以说情感教育与"五育"互相渗透又彼此独立，以新冠肺炎疫情为教科书，在五育并举中进行深度的情感教育是一种必须的选择。

3. 基于知情意行理念的思考

知情意行是在德育工作与心理学理论中经常见到的说法。知情意行是一个逐步上升、逐步整合的过程，从了解到触动，再到思考与行动，人的认知和观念有的是正确的、合理的，有的是不正确的、不合理的。"知、情、意"是人类心理活动的三个步骤，而行是对前三者的实施过程。所有的道理都是用来践行的，不能被践行的道理是没有任何意义的。

（二）课程框架设计

1. 指导思想

在这场教育生态重构的激流中，学校德育课程体系的建构遵循学生的主体特质与成长需求，在线上与线下的结合中探究云端课堂对教师与学生成长的意义与价值。做好课程体系的顶层设计和逻辑规划，聚焦课程建构的关键点，建设课程实施场域，丰富课程多元内容，创新完善课程评价，在家校成长共同体的支持下全面实现"爱+"云端德育课程的执行管理机制，于细微处在学生日益增加的成长期待中培养学生的意志品质与大情怀、大视野（见图1）。

2. 课程框架

在以"爱+"为主题的"疫起见爱"云端德育课程结构架设过程中，我们以立德树人为内核，以面向学生全体为原则，聚焦新冠肺炎疫情这本教科书，探究成长关键词。我们并以此为坐标确定"认知—情感—行为—探索"的四维培养目标，形成"爱与生命项目—爱与自然项目—爱与他人项目—爱与世界项目"四大项目研究群组，确立"阐释—共享—评价—拓展"四步主题研究路径，培养师生的"认知能力—社会能力—行动能力—创新能力"四个成长关键能力，在内容范畴、教育资源、实施方案、实施结构、教学路径、发展评价的向度中互相支持，彼此链接。探究勾勒点线面一体的德育教育新生态体系，深度落实新冠肺炎疫情特殊时期的学生德育综合素养培养（见图2）。

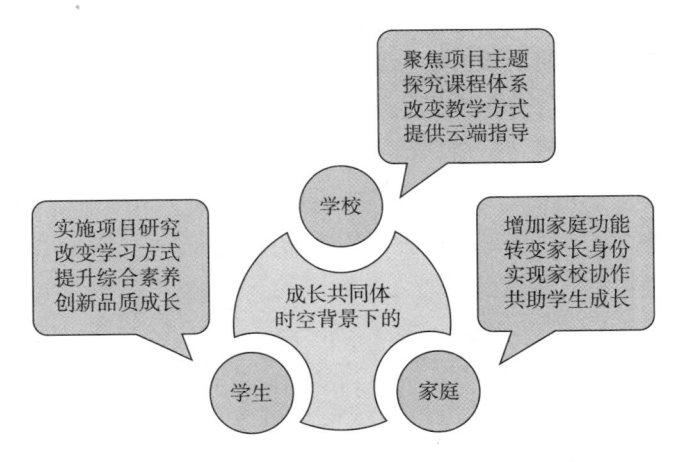

图1 "疫起见爱"云端德育课程体系指导思想

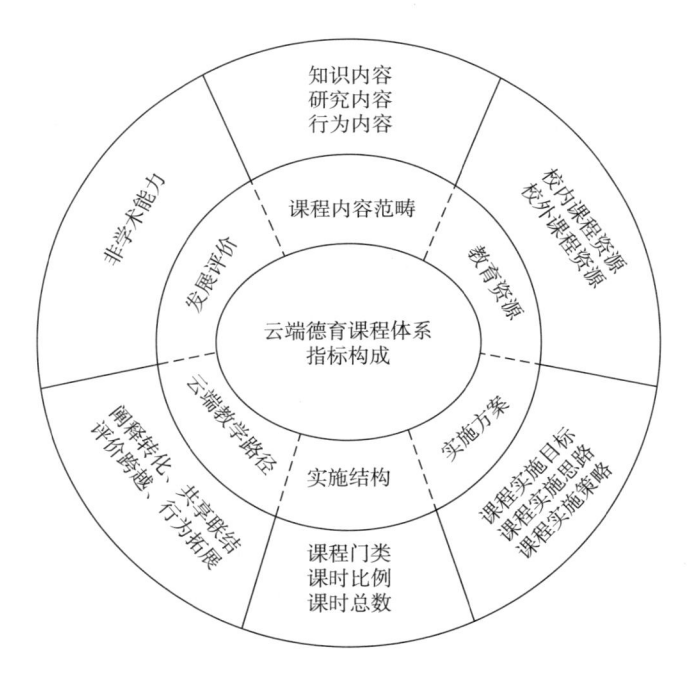

图2 "疫起见爱"云端德育课程体系框架

3. 课程设置

课程体系总体设置。按照"实施发现教育，培育多元之才"的原则，在云端德育课程体系的建设中，我们在发现教育课程体系的更高站位基础上，遵循道德认知—道德情感—道德意志—道德行为的培养线索，深挖爱的众多关键词，并进行归纳整理与分类，形成爱与自然、爱与生命、爱与他人、爱与世界德育课程研究内容板块，并在情感、态度、价值观的动态生成中，形成学生综合素养培养的崭新教育场域。

图 3 是课程体系的总体设置。

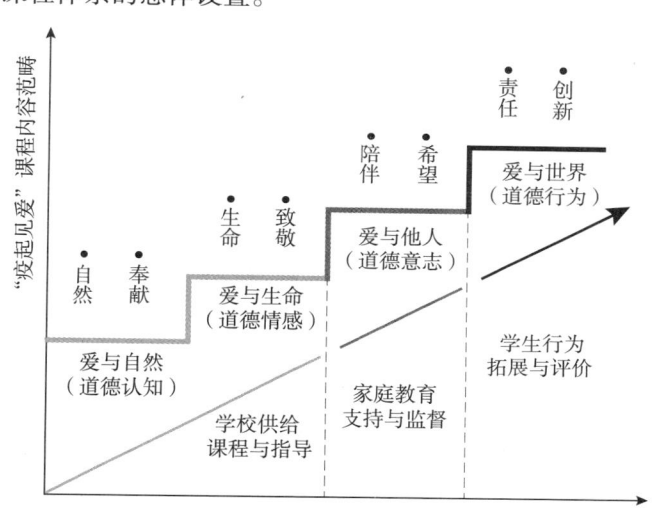

图 3 "疫起见爱"云端德育课程体系总体设置

（三）课程实施结构

"爱+"主题下的"疫起见爱"云端德育课程是发现教育课程体系在非常时期的具体延展，是以习得、感悟、体验、创造为切入点的具有自主性与研究性的更高站位的课程，是认知与行为的综合养成课程，是情感、态度、价值观生态化生成的过程，是师生综合素养提升的最佳实战场。通过共享—评价—指导，在云端德育的教育实验中实现学生关键能力、核心品质与综合素养的全面提升。具体内容如图 4 所示。

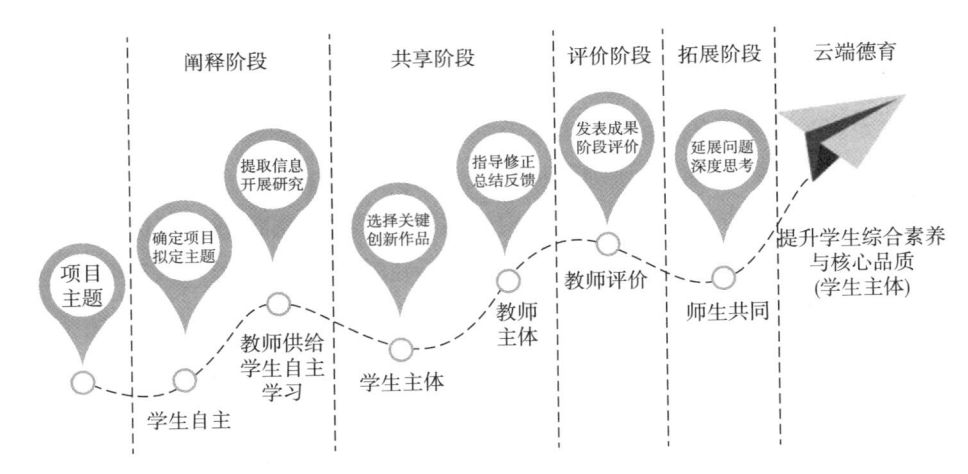

图 4 "疫起见爱"云端德育课程实施路径

（四）课程实施效果

1. 形成独特的德育教育现场，创新学校发展品质的新阶段

我们一方面明确工作思路，形成课程建设领导小组与德育项目研究团队，以爱国主义教育、中华优秀传统文化、心理健康、生命教育、安全教育、应对公共危机事件等方面内容为重点，挖掘"爱＋"多元主题，充分利用新冠肺炎疫情专题片、纪录片、时事新闻、榜样故事等众多资源设计研发云端德育课程体系。

另一方面我们在课程体系的建构与实施过程中将教育痕迹巧妙地刻画在学生的生命成长之中。我们以项目研究的方式引导学生在爱的众多层面领悟课程的深意，在课程设置兴趣与生活的生动关联中感受充分的现实感与价值感，在课程传递信息与正向能量中拓宽爱的成长时空与情感维度，并在教师指导与评价中对国情国策、国家危机管理运行体系、社会主义制度优越性，责任意识和爱国情感等形成多重认知。最终在课程体系的研究实践中，师生线上同堂，勾点成线，以线为体，在内外兼修中提升综合素养与核心能力，进而进入全面发展品质的新阶段。

2. 塑造多维的德育实施路径，形成学生学习品质的新策略

在云端德育课程体系的实施中，我们面向学生全体，在"五育"并举的内容建构初衷中，以德育项目研究主题中的众多关键词与多层面视角，为学生提供学习选择，并以此为课程提供动力，以阐释转化知识，以共享联结观念，以评价实现跨越,以行为实现拓展。在"化—联—跨—展"之中形成多维度的德育培养路径,让学习研究呈现体系化的逻辑特征,让学生主体回归到真实的生活。学生能够感受人类命运共同体的核心概念,升华包含责任、情怀、使命等众多内容的认知能力与情感能力,树立正确的价值观与人生观。

总之,云端德育课程体系的建构与实施,是新冠肺炎疫情时期发现教育特色实验的有益尝试,是学生生命成长的支撑,是教师智慧研究的结晶。在"教与学"方式的变革中,我们感受祖国力量,铭记英雄事迹,在人类命运共同体中形成健康意识与家国情怀,在责任与使命中形成认知能力与价值观念,在主题研究中诠释德育。我们将在探究发现教育之路上矢志不渝,勇敢前行,并努力使综合素养在未来与期许中再次拔节!

基于"STEAM+"课程开展深度学习的探索

北京教育科学研究院丰台实验小学 张海燕

课程水平是学校软实力的重要体现,课程建设是学校发展的重要支点。在实施课程建设的过程中,学校在北京教育科学研究院的大力支持下,在学校"绽放"课程体系之下开发出了"欢宝看世界"综合实践活动课程,其中STEAM 课程的开发与实施经历了螺旋式上升的开发历程,让这一课程真正成为学生深度学习的沃土。

一、诊断与定向

随着科学技术的飞速发展,人类文明已经进入第四次工业革命时期,物理、数学、生物、化学等多学科领域界线日益模糊,对人才的要求也随之发生了改变。《教育部关于全面深化课程改革落实立德树人根本任务的意见》在着力推进关键领域和主要环节改革章节中明确指出,要在发挥各学科独特育人功能的基础上,充分发挥学科间综合育人的功能,开展跨学科主题教育教学活动,将相关学科的教育内容有机整合,提高学生综合分析问题、解决问题的能力。

学校与美国教育联合会合作建构了以"问题式学习"为导向的48节STEAM 课程,涵盖了1~6年级。

北京教科院张熙所长带领团队通过听取汇报与课堂观察的方式对学校的STEAM 1.0 课程进行了诊断,从学生参与的程度、问题解决、创意等方面给予了肯定,也明确指出 STEAM 课程不是为了知识而开设,而是为了培养孩子的综合素养和创造能力。在调研团队专家的点评中,我们进一步认识到 STEAM 教育的本质是通过跨学科整合把学生的个人修养、社会关爱、家国情怀、自主发展、合作参与以及创新实践这些素养的培养渗透在课程之中,让学生在深度学习中逐渐形成能够适应终身发展和社会发展需要的必备品格和关键能力。

二、学习与调整

（一）从"STEAM"到"STEAM＋"

《中共中央 国务院关于深化教育教学改革全面提高义务教育质量的意见》指出，要坚持"五育"并举，全面发展素质教育。总观学校开发的48节STEAM课程，是偏重于科学、技术、工程和数学的理工"STEAM"，中国特色的STEAM课程还应该包括社会、态度、环境和梦想等人文"STEAM"，让"STEAM"成为"STEAM＋"，即应该承担起社会责任，对任何事情都有积极向上的乐观态度，能够正确处理好人与人之间、人与环境之间的关系，富有理想和梦想并为之努力，将社会主义核心价值观完整地嵌入学生的健康成长和发展中。只有坚持正确的STEAM育人观，坚持立德树人，才能更好地对学生的全面发展起到促进作用。

"STEAM＋"课程建设首先要从选题上进行调整，需要注重知识内容的情境性、真实性以及学生的学习体验，选取符合学生经验背景的认知情境。

1. 基于中华优秀传统文化的课程调整

STEAM课程扎根中国这片沃土离不开中华优秀传统文化的滋养，因此，我们在梳理48节课程的基础上，选取与学生生活关系密切并和中华传统文化对接的STEAM课程进行深度开发。我们通过分析，对其中的12节课程进行了深度开发，制作了基于网络平台的微课。

比如《疯狂的乒乓球》这一主题，学生通过探寻历史上战争中投石车的运用，感知科学与生活的密切联系，在探究中了解历史事件、物理概念、测量方法等。他们根据探究过程和记录的实验数据分析、归纳出投石车的运用规律和抛物线的轨迹，并利用规律模拟历史上的战争情形。在学习过程中，学生不仅掌握了知识，更在与前人的对话中深刻感受到了祖国源远流长的灿烂文化。

2. 基于社会现实生活的动态课程建构

建构主义认为，学生正是通过自主地建构自己头脑中的内部理论来解释周围的事物，认识自己的生活环境和丰富自己的认识的。因此，选题上要注重现实情境下真实问题的研究与解决，在这样的情境中解决真实的问题可以帮助学生明晰学习的目的，进而提高学习兴趣。

"STEAM+课程"的另一个维度就是基于社会问题的课程建构。这一部分课程以当前社会值得关注的、重要的社会问题为研究主题（环境污染、生态危机、人口增长、可持续发展等）来组织和编排不同学科的知识内容，使学生通过对这些问题的探索不仅学得相应的知识，而且增强社会责任感。比如，在新冠肺炎疫情暴发后，围绕新冠肺炎疫情在不同年级开展了STEAM项目探究活动，学生在研究"新型冠状病毒是什么""为什么世卫组织将此新冠肺炎疫情列为重要卫生事件""这一新冠肺炎疫情对国家和我们的生活有什么影响"中形成对新冠肺炎疫情的整体认识，并针对自身生活、社区生活有了合理的解决方案。STEAM+课程一定要找真问题，要做真探究，要得真结论。

（二）从浅表学习到深度学习

深度学习是指学习者在全身心投入的状态下，运用高阶思维将所学的知识和技能应用到新的复杂情境中的认知过程，并逐步形成正确的价值观和必备品格。深度学习指向立德树人，指向培养全面发展的人，是转变死记硬背、灌输式的浅表学习的有效方法。STEAM的学习方式要做到自主探究、批判思维、高阶认知及情境迁移，而这些正是深度学习的表征。

1. 充分利用"跨"和"融"的特点

"STEAM+课程"最重要的特点就是跨学科、多学科的融合，也就是说，这个课程中涉及的问题往往需要综合两个以上学科方能解决。跨学科应以学科为依托，确定与其相关联的内容，包括横向相关联和纵向相关联的内容。我们在此基础上确定课程内容中与科学（S）、技术（T）、工程（E）、人文艺术（A）、数学（M）等学科知识的融合点，并据此设计STEAM学习内容。

比如，在《漂浮的胡萝卜》课程开发中，教师围绕科学、技术、工程、人文、数学进行课程设计，用以帮助学生完整建构浮力的概念，并逐渐能够综合利用知识解决造船的问题：

为什么船可以浮在水面上（S）

什么样的材料更合适（S）

这些材料如何连接（T）

船要如何造（E）

为什么要造船（A）

造船给谁（A）

需要多少船员（M）

需要建多大的船（M）

……

2. 预设问题注重学生高阶思维能力的培养

跨学科学习可以帮助学生强化高阶思维技能，即分析、应用和综合，也可以帮助学生在不同学科领域之间建立更完善的知识体系和更有意义的研究。高阶思维在教学目标分类中表现为分析、综合、评价和创造，在教学中教师的设问要注意不同层次的思维引领。比如在《探秘悬臂梁桥》课程中，教师就进行了不同层次的设问：

塔吊的结构为什么能够吊起重物？（理解）

说说塔吊的结构原理是什么？（应用）

塔吊的原理和杠杆有什么相同点和不同点？（分析）

吸管之间有哪些连接方式？（分析与创造）

参考实际生活中的例子，除了受力，悬臂还会受哪些方面的扰动？（应用与分析）

怎么克服这些各个方向的扰动？（评价与创造）

实验中出现了哪些问题？怎么解决的？（分析、综合与评价）

3. 创造迭代的任务情境让学生投入探究

"STEAM+课程"要让学生像科学家一样研究，在产品的不断迭代中提升综合素养。比如在《"愤怒"的乒乓球》课程中，制作投石车时需要不断进行测试、反馈，以期达到预期的目标和结果。教师通过三个给定的任务让学生依据任务进行调试，第一个比远，第二个比准，第三个又远又准。影响"远"和"准"的因素包括皮筋的弹力和投射的角度，在不断的调试中学生完成一次又一次的产品迭代。学生像科学家一样经历"提出假设—实验验证"的过程，一步步地寻找问题的答案。

三、实施与建构

"STEAM+课程"主要通过项目驱动的教学方式让学生在解决问题的过程中学习。根据项目研究的特点形成了以问题解决为目标的"5E"教学模式（见图1）。

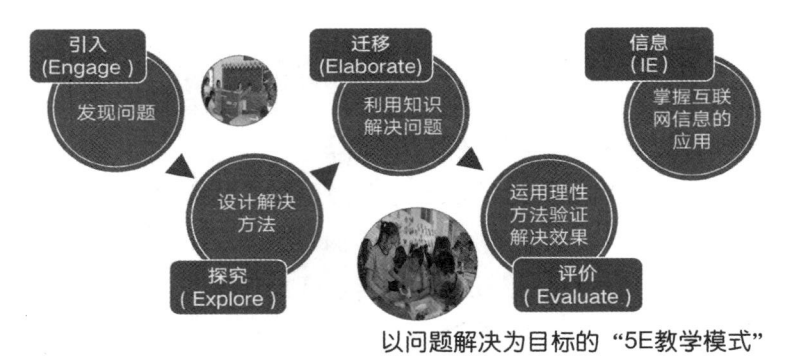

图 1　5E 教学模式

四、成效与反思

"STEAM + 课程"让学习真正发生。孩子在课程中像工程师一样设计与建造，像科学家一样探索与发现，像数学家一样思考与计算，像艺术家一样创作与表达。

（一）引发兴趣：学习的起点

让学生产生学习兴趣是产生能动性的根本前提，兴趣是激发心灵的重要内部力量，是学习发生的重要起点。"STEAM + 课程"激发学生的学习兴趣。所有参与这个项目的学生，带着问题和任务调动各学科的知识，多感官参与，既动脑又动手，深入挖掘潜力，促进思维发展。STEAM + 学习通过挑战性的激励激发学生的学习动力，能提高学生的学习能力和综合素养。

（二）形成合作：学习的要点

"STEAM + 课程"培养学生的团队合作意识。一个 STEAM 专题或者项目往往涉及多个环节，需要分析、设计、实验、完善，甚至是对结果（产品）进行包装。这不是一个或者两个人能完成的，需要多个人共同研究，密切配合，合作攻关。在这个过程中从最初团队的建立开始到团队合理分工、共同参与，都是对合作意识和团体协作能力的锻炼。

（三）产生创新：学习的亮点

"STEAM＋课程"培养学生的创新能力，实现从验证到创新的突破。STEAM＋教育就是要综合运用知识，完成一个创新物品的设计。这一目的与创新人才的培养息息相关，是学习发生的最根本的目标，是学习发生的着力点。

（四）促进元认知：学习的远点

"STEAM＋课程"的学习最根本的目的在于让学生形成终身学习的必备品格和关键能力，这是促进学生元认知的发展。这不是普通的认知，而是关于"认知的认知"，通俗地讲就是清晰地知道"我是谁""我要做什么""我该怎样做"。这是最高的学习境界。对于真正的学习，完成学习任务不是目的，应对考试更不是目的，而是基于学习保障一生的可持续发展。

在 STEAM＋课堂上到底什么才是学生的成功？深度学习可以激发孩子解决问题、提出闪亮的创意、与同学合作、遇到困难不气馁等品格和能力。未来的方向一定是"整合跨界能力"效用远大于"单项突出"，"STEAM＋课程"的教学方式更接近智能化时代对人的需求。为了未来的教育，为了教育的未来，让我们一起努力！

开拓多维、立体的中华优秀传统文化教育途径，培植学生的中国心

北京教育科学研究院丰台实验小学　荣建伟　贾兴洁　池　铭　刘　醒

2017年年底中共中央办公厅、国务院办公厅颁布的《关于实施中华优秀传统文化传承发展工程的意见》中"中华优秀传统文化"的内涵明确为：核心思想理念、中华传统美德和中华人文精神。历史使命促使我们思考，探索开拓多维、立体的中华优秀传统文化教育途径，让中华优秀传统文化扎根于丰台实验小学的教育沃土。

在学校探索中华优秀传统文化教育途径的过程中，北京教育科学研究院给予了丰台实验小学高屋建瓴的引领：由上位的目标确定到明确实施路径，由外部环境建设到内部课程建构，由基础课程构建到实践活动延伸，由课堂主渠道教学到课外国学社团学习，教科院的专家帮助学校从无到有、由浅至深，开拓了多维、立体的中华优秀传统文化的教育途径。

一、确定多维的中华优秀传统文化教育总目标

结合我校办学理念及培养目标，中华优秀传统文化教育课程育人目标确定为：通过传统文化知识点的选择与架构，撑起传统文化教育的格局，引导学生在制定规划、使用工具和合作沟通中学习、体悟、反思传统文化的仁爱之心、正义之气、礼仪之规、智谋之力、诚信之品、爱国之情，鼓励学生以保护和传承中华优秀文化为己任，做有动力、有能力、有自信的中国人，做民族文化的传承者和代言人。

这一目标涵盖三个维度以及情感态度、知识能力和过程、方法，总体表述为：在中华优秀传统文化教育过程中，学生掌握方法，获得文化知识，汲取道德力量，拥有解决困难的能力，对民族文化产生热爱之情，形成正确的价值观。

二、建构立体的中华优秀传统文化的教育体系

北京师范大学国学经典教育研究中心主任徐梓把学校的中华优秀传统文化教育内容分为三大类，即经典文本、文化知识、技艺技能。这三类内容融入学校教育体系的软硬件建设中，涵盖四个方面：国家基础课程、拓展课程、校本课程和个性课程。学校深入挖掘国家基础课程中的语文课堂教学，探究传承中华优秀传统文化的有效学习活动；完善校本课程中的《经典诵读课程》内容及学习方式；开展了多彩的社团活动；有计划地进行学校环境建设……从而建立起课堂、社团、环境综合一体的点、线、面、体相得益彰的中华优秀传统文化教育体系。

三、开拓多维、立体的中华优秀传统文化教育途径

多维度的教育总目标是构建立体的教育体系的出发点和归宿点，需要开拓多种教育途径作为保障。我校开拓了以环境养中国心，以课程强中国根，以社团活动培中国情三种途径，进行中华传统文化知识、经典诵读文本和传统记忆技能的传承，培养有动力、有能力、有自信的中国人。

（一）建设浸润式环境滋养中国心

校园环境是育人的隐形课堂，文化育人的作用不容小视。良好的校园文化建设既能体现学校的办学理念，也能承载学校的文化内涵。学校在发展过程中十分重视校园环境、课堂环境的文化建设，充分发挥环境文化的育人功能，实现中华优秀传统文化的传承与理解。为此，校园环境建有"一道一带一楼宇"，寓优秀传统文化教育于浸润式环境中，滋养学生的中国心。

"一道"是学校铺设的古诗大道。学生一进学校大门就行走在古诗文间，口诵古诗文开始一天的学习生活。

"一带"是学校开掘的汉字文化地带。学生能见到世界仅存的古代人类文明——汉字的千年演变过程，增强民族文化自信。

"一楼宇"是教学楼内楼道和教室都留有优秀传统文化的符号。楼道墙上挂有皮影、剪纸等古代文化艺术；空间设有"燕京八绝"精湛的古代技艺；楼道上方有《少年中国说》的爱国情怀。每间教室内都有激励人心的名言警句，有做人做事的古训班规，更有教师的谆谆教诲……

环境育人，每一面墙壁都在说话，每一处景物都是文化，点点滴滴、时时处处，校园的每一处人文景观都富含着浓厚的传统文化元素，吸引着学生，浸润着学生，养其心性、化其行为，润物无声，悄然传递着优秀传统文化的精髓，培育着学生的中国心。

（二）研发传统文化课程强壮中国根

学校是传统文化教育的主阵地，课程是实施的主渠道。依据国家课程，开发拓展课程，完善校本课程，学校建设了立体的课内外三级课程，让中华优秀传统文化在学生心中扎根。

1. 中华优秀传统文化教育扎根在语文课程的沃土

学校开设的国家课程承担着传承中华优秀传统教育的主任务，通过课程标准、教材编写、阶段评价构成系统的学科课程体系。语文学科在传承中华优秀传统文化中发挥着主渠道的作用。我们在教学实践中发现，符合学生年龄特点的实践性活动是语文学科内化语言、外化行为、传承中华优秀传统文化的有效策略。

语文是一门实践性很强的学科。学生在言语实践中认识语言、理解语言、运用语言。有研究表明，言语实践活动有利学生记忆75%的内容，这就为理解和传承文化奠定了基础。北京教科院基教研中心的张立军主任引领我们加入"十三五"课题，通过低、中、高三个年段的课堂教学实践研究，提炼三类实践性学习活动以促进中华优秀传统文化为学生持久发展蓄力。

"讲故事"的言语实践活动能够激发学生学习传统文化的兴趣。如学习《闻鸡起舞》的成语故事，组织学生通过自己"自言自语"、与同桌"窃窃私语"、面向全班的"侃侃而谈"递进性的"读、说、讲"活动，加深对《闻鸡起舞》的故事内容的记忆，促进对"发愤学习，报效国家"的道理理解。伴随语言的输入和输出活动，学生积累经典语言，内化完善自己的语言系统，改善自己的语言习惯的同时，潜移默化地受到传统文化的熏陶。

"讨论"是围绕某个话题发表个人意见的平等交流方式。通过讨论，学生能加深理解，提高认识；集思广益，开拓思路。中年级学生思维活跃，在文言文学习过程中，组织他们围绕一个话题展开讨论，能够激活学生思维，体会古人的智慧。如讨论《滥竽充数》中围绕"韩非子直接劝韩王和给韩王讲故事哪个效果好"的话题进行讨论。学生各抒己见，既倾听吸收，又思辨表达，不仅知道这则寓言故事最初的用意，而且领略到劝谏文化的智慧，体会到智慧能够决定国家的命运、改变一段历史。讨论使学生的思维深刻，领悟到传统文化的无穷魅力，更加热爱伟大的中华民族。

"评论"是针对事物或事件进行主观或客观的观点的阐述。在语文教学中引入"评论"式学习活动能促进学生主动思考形成观点，并有理有据地做出评价，发展思维的深刻性。如组织小学高年级学生评论"2018年10月四川重庆万州22路公交车失控坠江事件"中"司机有无责任"时，学生参看网上的新闻事件及网友评论形成自己的观点，运用课堂学习的中华寓言故事《弈秋败弈》和《学弈》作论据，有理有据地阐述观点，增强了说服力。在评论过程中，学生能够感受到中华优秀传统文化富含智慧，时隔千年仍能帮助我们解决现实生活中的问题，是智慧生活取之不竭的源泉。

以上学习活动是通过言语运用的实践，增强学生的文化认同感和文化自信，形成积极向上的价值观、人生观。"用"在当下是中华优秀传统文化在现代生活中真正的传承与理解。

2. 开发强基固本的拓展课程"经典诵读课程"

我校拓展型课程"经典诵读课程"的开发目的是强基固本，播种扎根。课程目标为：

①传承中华文明。通过诵读使学生浸润于传统文化中，感受民族文化的源远流长，吸收民族文化的源头活水，崇尚民族精神。

②涵养悟性心灵。通过诵读经典，浸润传统文化渊源，涵养心性向善。通过诵读，积淀厚重文化底蕴，使心灵聪慧，为幸福人生奠基。

③提高文化素养。通过诵读，培养学生语感，感受文言精华，与圣贤对话古今，感悟民族文化精髓，提高自身文化素养。

诵读内容是经典的古诗文，这是中国优秀传统文化最好的载体，既蕴含处世为人的哲学和道理，又有优美的音律和词曲。诵读这些经典古诗文能够提高孩子们的眼界、胸怀、志气、品格修养。这一课程根据学生年龄和心理发展不断丰富，完善了学生的认知结构，激发了学生学习中华优秀传统文化的兴趣。

诵读，即大声朗读，有助于学生博文强记，导行养心。一年级学生在一天学习生活之始大声诵读《弟子规》《三字经》，择其精华能帮助学生建规立矩，养就仁爱之心、礼仪之规。8、9岁是学生思维最为活跃、想象力最为丰富的时期，配乐诵读《唐诗三百首》，以音乐渲染，让优秀的传统文化精髓滋养学生心灵，培养良好的文学艺术素养。11、12 岁的学生自我意识增强，在与外界的碰撞中形成对世界的看法。诵读《论语》能够接触圣贤思想和思维，有助于学生学会做价值判断，明辨是非，成熟心智。

经典诵读拓展课程的内容尊重学生心理特点，精选经典文化内容，做《每日晨读规划》，按不同课型及实施方式充分体现"诵读"的特点。以"三定"保障课程实施效果：一定目标——强壮学生的中国根；二定时长——每日晨诵 15 分钟；三定评价体系——重过程性评价。

（三）创建多彩社团，学习传统技艺培养中国情

1. 定位传统技艺，规划社团活动

中华传统技艺和技能是中华优秀传统文化中的宝贵财富，有的体现了古人崇高的美学追求，有的体现了古人丰富的生活情趣。学校社团活动把学习中华传统技艺，培养学生艺术素养作为目标。学生能够学习中国画、书法、武术、黄梅戏、茶艺、中国结……学生能书善画、能打会唱、雅致生活，不仅修身养性、强健筋骨，而且提高了传统文化素养，体会到中国人的性格气质和传统文化的精髓。如参加黄梅戏社团的学生在婉转动听的曲调中深受传统戏曲的熏陶，怡情养性，改善行为，并报考了戏曲院校。由兴趣爱好发展为将来的事业，传统文化艺术改变了学生的价值观。

2. 精心设计演出，展示活动成果

社团汇报演出为多才多艺的学生搭建成功的平台，为学生绽放独特的个性提供广阔天地。每学期有固定时段演出，随时有灵活机动的演出，这就为学生创造了多层面的展示机会，既成就学生个人，也继承和发扬了中华优秀传统文化。

固定演出：每年六一国际儿童节，每个社团都参与校级文艺汇演；元旦联欢会上，社团成员是班内表演最闪亮的星。

机动演出：迎接到校访问的国外使团——黄梅戏表演；代表学校参加主题演出——武术表演；作为学校礼品赠予手拉手学校——国画作品……

在 2018 年年底，我校黄梅戏社团的学生参加中国语言文字展览会，现场演出《对花》，其专业性受到教育部部长刘宇辉及在场观众的称赞。这使得参演学生不仅对黄梅戏这一戏曲艺术更加热爱，而且增强对中华文化艺术的亲近感，认识到传统文化艺术的价值。

四、中华优秀传统文化扎根语文课堂实践研究的效果

学校立体、多维的中华优秀传统文化教育让学生立足当下，扎下中国根，更让学生具有面向未来的底气。诵读国学经典文本，学生学习中华传统美德和中华人文精神，认识中华优秀传统文化的精神内涵，增强了民族自豪感和文化自信。习得传统文化技艺和技能，修养人格、提升素养，增进对传统文化的热爱之情。学习传统文化知识，领悟知识背后的智慧和道理，学生触摸到中国人特有的生活方式和思维方式，对民族文化有深层理解和领悟，对民族和国家有了情感共鸣，坚定了做中国人的信念。

学校于 2019 年度荣获中国高等教育学会教师教育分会"十三五"科研课题"中华优秀传统文化与现代语文课堂教学实践研究"课题评定的"先进科研单位"，获 2018 年度"优秀实验学校"奖。

以农耕课程促进新时代学校劳动教育的落实

北京教育科学研究院大兴实验小学　解　萌　李文奇　孙舒明　王　蒙

一、新时代背景下学校劳动教育面临的问题与挑战

劳动教育与德育、智育、体育、美育并列纳入现行的教育体系中，在"五育"目标中，劳动教育发挥着统领与整合的作用。"以劳树德""以劳增智""以劳强体""以劳育美""以劳创新"是新时代中国特色社会主义劳动教育的重要特征。今时不同旧日，新时代背景下我们对劳动教育的认识要更深刻、更透彻，要明确其在新时代背景下育人方面的意义与价值、问题与挑战。

（一）新时代学校劳动教育的新挑战

新时代学校劳动教育要注重培养学生的劳动态度、劳动技能与劳动创造性。对于学生来说，参与劳动实践并不是要通过劳动生产出多少产品，而在于确立劳动价值观，使学生真正体会劳动的意义和价值。但目前大部分学校对劳动教育资源的界定比较狭隘，还停留在学校现有劳动课程或相关劳动课程上，这就使得劳动教育资源相对匮乏、模式单一。

（二）学校劳动教育缺乏顶层设计和系统规划

教育的有效实施必定依照合理的顶层设计和系统规划。但目前学校劳动教育的实施随意性较强，不成体系，缺乏顶层设计，很难保证劳动教育的系统性、完整性和教育性的价值实现。同时学校劳动教育忽视了学生身心发展规律，在劳动教育规律和青少年学生成长规律、学习规律的认知上对接不够，没有形成完整的课程学段链条，缺乏系统规划。

现实中学校劳动教育的落地生根还面临着诸多问题与挑战，我校在以农耕

课程促进新时代学校劳动教育的落实中，有如下探索。

二、以农耕课程促进新时代学校劳动教育的落实

教育部出台的《大中小学劳动教育指导纲要（试行）》明确提出，新时代劳动教育要使学生树立正确的劳动观念，具有必备的劳动能力，培育积极的劳动精神，养成良好的劳动习惯和品质。众所周知，劳动本身具有实践性，劳动教育的实现必须通过学生身体力行地参与，这就使得劳动教育的开展必须借助一定的教育场所。我校在将家庭劳动教育资源、校内劳动教育资源和社区劳动教育资源用好用足的基础上，还借助区域已有的劳动教育基地开展农耕劳动教育，从而构建了我校深受学生和家长喜爱的特色课程——农耕课程。下面将从农耕课程的建立与完善两个阶段论述我校以农耕课程促进新时代学校劳动教育的落实。

（一）阶段一：农耕劳动项目建课程，有体系

2015年4月北京市教委发布《北京市实施教育部〈义务教育课程设置实验方案〉的课程计划（修订）》指出，要让学生有适当的劳动体验，通过出出力，流流汗，培养学生正确的劳动意识、习惯和能力。《北京市"十三五"时期教育改革和发展规划》又特别明确提出，"加强中小学劳动教育，在中小学普遍开展学农实践体验活动。"我区有着丰富的社会教育资源，学校可以充分利用这些资源开展劳动体验活动。基于以上背景，结合我校的"A-S-K+"课程，在专家的指导下系统地设计了农耕课程体系（见表1），期望以最原始的劳作培养孩子的劳动精神。

在这一阶段，我校初步建立了农耕课程培养目标、课程内容体系。我们重视劳动的持续性，强调劳动要有始有终，为此设计了以春种、夏管、秋收、冬享这四大模块为主要内容的农耕课程。我们认为"体力劳动和脑力劳动相结合"是培养学生热爱劳动的有决定意义的手段。因而课程实施过程中我们采用前课、中课、后课的形式精心设计，以项目合作展开，课程内容以跨学科、多学科的形式构建，并强调前课在课程实施中的重要作用。每次活动前各学科教师会针对活动目标设计相应的任务单，让学生带着经验与目的开展劳动活动，从而获得更多的劳动体会。

表1　北京教科院大兴实验小学"农耕课程"实施内容

课程模块	活动主题	活动对象
春种	观察校园内的植物	一、二年级
	参观中国农业博物馆	三、四年级
	绿兴农场春种	一、二年级
	大皮营实践基地春种	三~六年级
夏管	远程管理农场和基地的农作物	全体学生
秋收	绿兴农场劳作之秋收	二、三年级
	大皮营实践基地秋收——对比研究	四~六年级
	数学实践活动——猜重量，赢红薯	三年级
	语文实践活动——多彩的秋天	四年级
	科学实践活动——花生的一生	三年级
冬享	农耕小讲堂	全体学生
	义利面包体验园	二年级
	自然博物馆	五年级
	农耕课程之回顾	六年级

（二）阶段二：农耕课程再设计，促落实

2018年9月，习近平总书记在全国教育大会上明确提出将劳动教育纳入社会主义建设者和接班人的总体要求。为贯彻新时代对劳动教育的新要求，我校根据《中共中央　国务院关于全面加强新时代大中小学劳动教育的意见》相关文件，加快建构德智体美劳全面培养的教育体系。我校在北京教科院专家的指引下，以农耕课程为抓手，结合新时代劳动教育的要求，细化顶层设计——农耕课程的教育目标、内容、途径、评价等，从顶层设计上把控学校劳动教育的育人方向和实践路径。

1. 遵循教育规律的农耕劳动教育——指向课程目标

学生的身心发展具有阶段性，在不同发展阶段，身心发展也有其不同特点。小学生是从6岁的儿童到12岁的少年，这期间学生的身心变化较大，所以劳动教育的开展要遵循学生的身心发展和认知规律，如此劳动教育才更具针对性和实效性。为此，我校按低中高不同学段设计农耕课程目标，循序渐进地推动农耕课程的实施。低学段注重观察体验，围绕劳动意识启蒙，让学生感知

劳动乐趣，知道人人都要劳动。一、二年级的学生在"绿兴农场"教育基地进行农耕初体验，在观察农民劳动的基础上尝试体验栽种和收获红薯、花生，亲自手摇辘轳等，在实践活动中体会劳动的快乐，感受人人参与的劳动氛围。中高学段注重实践思考，手脑并用，以体力劳动为主，让学生亲历劳动过程，学会与他人合作劳动，体会劳动最光荣。学生到三年级时会走进中国农业博物馆，围绕中国农业历史发展进行研学。到四、五年级时活动地点又会升级到"大皮营劳动教育基地"，在这里学生可以和伙伴亲自设计种植种类，亲历农耕的全过程，不仅是播种，还有管理和收获，真正地出力流汗；除了劳动量和参与度的升级，学生们还要根据所种植的农作物开展试验或对比研究，在劳动中思考。

2. 注重时代特征的农耕劳动教育——指向课程内容

劳动教育具有强烈的时代特征。随着时代的不断发展与进步，劳动有其新的形态，劳动教育应依据劳动形态的演进而与时俱进。因此我校在开展农耕课程时更加丰富了课程内容，除了让学生体悟传统的耕作劳动外还设计了现代化农业生产的体验与参观，使学生有机会接触新科技农业，拓展学生视野，深化学生对于农业现代化的认知。在中年级的山东游学之旅中，学校精心安排了寿光的三元朱村这一站，让学生参观闻名全国的冬暖式蔬菜大棚和高科技蔬菜博览会。在这里，学生可以见到长50多米的大棚，知道原来人工拉的草席已经被卷帘机代替，了解蔬菜大棚的变革；还可以看到悬在空中的西红柿，长在管道里的辣椒，埋在沙土中的仙人掌、佛肚树，架在藤子上的南瓜，还有种在盆里的小白菜、红色的香蕉、白色的茄子等高科技蔬菜产品。学生到四、五年级时会参观劳动教育基地的温室科技园，了解无土栽培技术，并亲自参与水培种植，在实践活动中感受现代化农业生产技术。

3. 强化综合实施的农耕劳动教育——指向课程实施途径

农耕课程的实施载体主要是劳动基地，它是学校整合社会力量落实农耕课程的有力保障。为了更好地借助农耕课程落实劳动教育，学校积极探索，拓展农耕课程实施途径。首先，充分利用和挖掘学校现有资源开展耕作体验。学校拓展区的种植箱和教学楼前的小花园作为教师教学、学生进行实践的基地，学生们在这里可以尝试农作物和观赏性植物的播种、管理，学生"足不出校"就可体验翻土、移栽、浇灌、养护等农耕活动；学校内和操场周围的花草树木作为学生的学习研究对象，不断拓展学生对植物的认知，以及对生命成长的思考。其次，学校积极将农耕课程转化为"种植"活动，推广到家庭中，调动家长的力量支持学生参与劳动实践。农耕课程中的"春种"是我校每年的"固定动作"，2020年春暖花开之际，孩子们本应回归田园播种希望，但受新冠肺炎疫情的影响，大部分孩子的活动区域只有一个地方——家。基于以上思考，学校结合丰富的活动经验，充分利用这个特殊时期，积极展开首届家庭亲子种植大赛，依托家庭，借助家长的力量，使"春种"活动依然如约而至。这次新冠肺炎疫情虽不能到田地间体验耕作，但却掀起了一股种植热潮，孩子们与家人以自然为师，与草木为伍，体验亲子种植的快乐，感受生命成长的力量，同时也促进了学校劳动教育的落实。

4. 健全评价制度的农耕劳动教育——指向课程评价

为更好地发挥劳动教育的育人导向作用，我校将劳动教育纳入学生综合素质评价体系，建立激励制度，同时全面客观地记录学生参与劳动的过程和劳动结果。每次农耕活动结束后表扬在活动中表现突出的学生，并进行奖励，这是对学生劳动态度的一种过程性评价；每年的"冬享"，以反馈交流的方式体现对学生劳动成果的一种终结性评价。随着农耕课程的深入推进，学生积累了一些成果，在"冬享"模块中学生会通过一些丰富多彩的活动将他们的收获进行输出。每年的"农耕小讲堂"是对孩子们一年来农耕收获的一次大型分享展示，分享的前提是学生们要用各种方式对所得进行整理，不论哪个年级的学生都要参与其中，在输出成果时不仅是对昔日劳动收获的一种巩固，更是对自身问题解决能力的一种提升。高年级在进行"冬享"时整体回顾了一年来农耕课程的收获，并详细分享了每个阶段的问题，具体进行说明，而且形式各异。如六年级在"农耕小讲堂"中按照横纵双向并进的思路进行，纵向以前课、春种、夏管、秋收四个方面展开，横向以24节气线、学生实践线、学生收获线三条主线展开，着重介绍对比研究的收获。在冬享准备过程中的每个环节学生们都会面临一些事先无法预料的问题，比如选择什么样的呈现形式，呈现哪些内容，小组内如何分工完成等，解决其中一个问题后可能又会不断地涌现出新问题。这时学生会自己想办法解决，整个活动中孩子们始终保有解决问题的兴趣和热情，面对问题时伙伴间彼此协商，克服困难。学校既关注学生劳动过程中的表现，也对学生的劳动成果进行多种形式的评价。

音画戏韵溢满园

——依托校本课程，传承传统文化

北京教育科学研究院大兴实验小学　吴　丹　卫瑞国　郑　蕊

一、以社团活动为依托，体现传统文化寓教于乐

社团活动是校园文化建设的重要载体，更是学生课外学习活动的一种有效形式，它既能有效地拓展和延伸课堂教学的内容，又能在很大程度上培养学生的兴趣和特长，丰富学生的课余生活，培养学生的个性，促进学生全面发展。我校打造以"高雅、精致"为主旨的各类传统文化艺术社团活动，各艺术社团在日常活动的有效组织和实施过程中不断摸索、实践、成长，力求让每个学生都能够积极主动地去了解、熟悉、热爱我们优秀的中国传统文化。

（一）丝韵悠扬

中国自古以来就是礼乐大邦，据史料记载，我国民族乐器在先秦时期就已经达到了三十多种，但现如今学生正在学习的民族乐器也不过只有区区几种而已，很多学生从小学习的是钢琴、小提琴等西方乐器。因此在实际教学过程中，我校结合自身的特色积极开展了古琴的校本教学活动，并开设了民族弹拨乐社团。在社团相对成熟的基础上，我们配合已有的京剧社团进行了一些调整，组成了一支能够为其伴奏的特色民乐社团，以便日后更好地与京剧社团融合，为京剧社团服务。教师利用中国的民族乐器激发学生对优秀传统文化学习的积极性，不断提升学生的音乐文化素养。让学生在实践活动中了解中国传统文化，真正让学生在学习传统文化中实现自身的发展。

（二）画韵巧妙

美术社团开设了以传统文化——画京剧脸谱、画京剧人物为主的特色课程，拓展延伸了课堂基本知识，让学生通过绘画制作，更加了解、热爱中国的京剧传统文化。

教师将京剧脸谱课程系统化，学生通过学习，不仅会唱京剧，而且会画京剧脸谱，通过认识脸谱了解京剧中的人物性格，把自己喜欢的行当画出来，体会色彩之间的变化，感受中国传统文化的深邃与精美。社团活动既弘扬了中国京剧传统文化，又培养了学生的爱国情怀。整个教学活动是由易到难、由简到繁、创作形式由单一到多样：第一阶段学生复习京剧知识及四大行当，在打印出的脸谱线稿上涂色，既降低了学习难度又激发了学生对京剧传统文化的兴趣。第二阶段根据脸谱的不同谱式及色彩讲解不同的人物性格，并以多种表现形式呈现出来：①水粉画：学生先用铅笔打稿，再用水粉颜料涂色，在创作的过程中既体会了京剧脸谱色彩的奇妙，又提高水粉画绘画技法；②脸谱模具：学生先在模具上画线描稿，再用水粉颜料涂色，教师重点示范立体模具涂色时用笔用色的基本方法和技巧；③黏土脸谱：用超轻黏土在纸上粘贴脸谱形象，超轻黏土是学生乐于表现、喜欢用于创作的材料之一，学生在创作时既加深了对京剧人物的理解，又对玩弄黏土乐在其中；④袋子脸谱：用丙烯在白色袋子上画脸谱，这样既可以让学生体会多种材质的创作手法，还可以装饰校园。第三阶段由画京剧脸谱过渡到画京剧人物，教师讲解不同的京剧人物及性格特点。学生用水粉在纸上创作、用丙烯在白色衣服上创作，用衍纸卷粘贴出京剧人物等。

通过美术社团的学习，学生在京剧传统文化的体验和传承上有了更深的感悟，学生不仅会用多种材料和技法画京剧脸谱、京剧人物，还会唱京剧名段，很好地把美术与京剧有机结合。课余时间，美术社团的学生还会当起小老师，教其他京剧爱好者画自己所喜欢的人物，学生们用自己的实际行动去传承中国老祖宗留下来的传统文化。一学期下来，学生作品内容丰富，形式多样。在这个过程中，学生不仅学得轻松，收获颇丰，而且互相帮助、共同成长，在学习与体验中传承了中国的京剧传统文化。

（三）戏韵流芳

京剧课是我校普及的通识性课程，而京剧社团的开设更多是培养学生的兴趣爱好，提升学生京剧表演的专业性。目前，京剧社团开设的行当有老生、青衣、武生、花衫、花旦。每个行当分开上课，每组5~8名学生，每周一次课，每次训练90分钟。教师团队由中国戏曲学院青年教师以及国家京剧院、北京京剧院青年演员组成。教师秉承口传身授的上课方式，手把手，面对面，一字一句教学生学戏。社团的教学内容每学期以体验经典剧目片段为主，融入行当的基本功法，通过唱、做两方面让学生掌握京剧表演的形式和特点，提升学生的艺术素养与京剧审美能力。每节课练习喊嗓子、跑圆场、走脚步，注重手、眼、身、步、口的配合，通过训练提高学生的身体协调能力，培养学生精气神的运用，丰富学生的情感和增强自信。

社团教师有着极高的专业素养与认真严谨的态度，不仅可以传授技能，而且注重学生的品质培养。每到社团时间，教室里都是学生主动练习的身影，在教师的带动下，学生学戏兴趣高涨，每次都积极面对赛前高强度的排练，练到汗流浃背也没人喊苦喊累。为了表演效果，有的学生甘当绿叶，作为龙套也认真训练，全力完成每一次表演，诠释了舞台上没有小角色只有小演员的道理。教师充分利用这些机会分享京剧人肯吃苦、能坚持，还有"一棵菜"的精神，培养德艺双馨的京剧人。

京剧社团连续四年获大兴区戏剧节京剧比赛一等奖，并被推选参加北京市第21届艺术节戏剧节展演。在传承国粹的基础上京剧社团进行探索，结合京剧身段元素编排戏曲主题舞蹈，学生在排演过程中能更加深刻地感受到古典的韵味与细腻精致的表演。《扇舞戏韵》《娃娃的梨园梦》以及《小小女将杨排风》在大兴区中小学舞蹈比赛中连续三年获得一等奖。

二、以校园活动为载体，宣传传统文化艺术经典

在宣传和强化优秀传统文化艺术方面必须要优化育人环境，学校除了课堂教学、社团活动外还为学生搭建舞台，让学生展示自己的才能，认识自己的价值，在潜移默化中影响着学生。

（一）古韵新声

在中国古代，诗和乐是合一的，古人在日常生活当中都会通过弦歌来舞蹈，通过诗歌的创作来表达情感。在语文教学的过程当中，语文教师也会带领学生进行诗歌的诵读，但由于小学生的年龄偏小，对于这些诗歌的理解并不是很到位，这也使得诗歌的教学效果并不明显。而音乐教师可以利用音乐的优势实现音乐教学与优秀传统文化整合。

例如，在低学段我们选择与语文教材中古诗文诵读相对应的篇目以"古诗新唱"的形式开展教学，让孩子们在歌声中传承经典。这样的形式，既关注了孩子对音乐审美能力的基础培养，也重点体现了古典诗词的情境。在保持中国传统音乐的同时，从作曲、伴奏到配器的教授等都充分考虑到学生的理解能力和接受能力。让孩子在感受和了解古诗词魅力的同时又了解中国文化的根基，增强了民族自豪感。

此外，中、高学段的学生会根据已掌握的不同节奏型，结合所学诗词进行创编，通过打板的方式更好地将音乐所学与优秀传统文化有效整合，使艺术教育在育人过程中起到积极有效的作用。

（二）戏画合一

在学校活动展示时，学生将美术与京剧结合，在舞台上穿上自己创作的衣服唱京剧，一板一眼，有模有样。学生通过自己的双手在衣服上创作京剧人物，把衣服变成一件艺术品，并把作品穿在身上去表演相应的京剧人物。学生通过动手动脑完美地展现了自己的才艺。台上的五分钟，是台下一板一眼的练习和一笔一画的创作。学生的多才多艺展现了学校最初的设想，同学们不仅会唱京剧而且会画京剧脸谱，能在学校甚至更大的舞台展示自己、展示京剧，传承中国传统文化。

（三）梨园赏戏

我校积极为学生提供观摩机会，让学生走进戏院看大戏，提升学生的艺术鉴赏力。2018年我校带领学生分别走进中国评剧院、天桥艺术中心，观摩昆曲《飞夺泸定桥》与《赵氏孤儿》。2019年上半年，学校带领学生与家长多次走进北戏少儿剧场观看折子戏演出。学生纷纷表达第一次走进剧院现场看戏的兴奋与激动，锣鼓的声音在耳边，精彩的表演在眼前，学生们聚精会神，意犹未尽……这样近距离、面对面的欣赏大大开阔了学生对传统艺术的眼界，家长和学生对观摩活动表示感谢与期待。

三、以优势团队为导向，彰显传统文化艺术魅力

社团为学生的技能成长提供了环境，同时也为他们的展示提供了广阔的空间，而除了学校内部的展示、交流，如何让学生走出去彰显风采，同时让社会更多地了解我们的学校和学生是我们苦恼的问题，此时教科院给了我们这样的舞台。

（一）粉墨登场

"墙内开花墙外香"，我们京剧社团的开展促进了学生的全面发展。2018年联盟校庆六一活动的地点选择了国家图书馆的音乐厅，京剧社团、合唱团、舞蹈团的学生站在舞台上，不仅尽情展示自己的学习成果，还完美呈现我校在传统文化方面所做的结合工作，这在增强学生自信心的同时也把学校的成果展示给社会。

2019年9月我校被评为首批大兴区戏曲进校园试点校。依托专业力量建组筹备创排了我校第一出原创京剧课本剧《西门豹》，同年12月登上梅兰芳大剧院小剧场。这次原创结合课本内容，让学生们于表演、观看中品味经典，在戏曲中感受文学魅力与传统文化。经过不断的加工打磨，19名小演员在表演上都有很大的提升。在排演的过程中，孩子们更是体会到京剧中"一棵菜"团结向上的精神，扮演西门豹的小演员更是在演出后分享"善人有善报，如果通过唯利是图赚取不义之财肯定是不会有好报"的感受。相信学生通过亲身演绎课本中的故事，他们能更深刻地体悟《西门豹》这篇课文所传达的精神。

我校京剧规范系统的教学模式让学生的表演水平稳步提升。社团师生受邀参与北京市教委和北京电视台举办的"校园国粹先锋"系列节目的录制、"2018年北京市中小学德育工作区校行"节目展演、"迎接建国70周年"京津冀艺术教育成果展示、大兴区第35个教师节表彰大会节目展演、大兴区"戏曲进校园""一十百千万"展演、大兴区教育系统引进优质教育资源办学工作推进会展演以及北京电视台卡酷少儿频道大型教育纪录片《起跑线》《鼎新》

分集，介绍我校京剧课程是如何开展的。

（二）剪撷精彩

2019 年 11 月，大兴区举办艺术大会，我校参加现场展示，团队展示的是体现传统文化的立体剪纸作品，为艺术大会呈现了一场特别的艺术盛宴，受到与会领导、专家还有同行的称赞，学生不仅展示了自己的成果，也看到了国画、版画、剪纸、泥塑、衍纸、扎染、葫芦等不同形式的艺术作品，通过这次艺术大会的展示，学生亲眼看到了中国传统文化的多样性，也体验了不同的工艺和制作手法，并立志通过自己的双手传承中国传统文化。

学校是传承和弘扬优秀传统文化的沃土，课程则是帮助学生获得文化滋养的源泉。在科技日益发达的今天，针对中国传统文化流失严重的现象，教师应该将教学内容与传统文化相结合，逐步引导学生积极主动地学习、发展中国传统文化。只有在教学的过程当中渗透中国传统文化教育，才能够促使中国传统文化得到更好的传承和发扬，让中国传统文化在新时期焕发新活力。

新冠肺炎疫情期间快乐课程的开发与实施

北京教育科学研究院旧宫实验小学　孙　唯

2020年，新冠肺炎病毒的肆虐改变了学校的教学活动方式，为了阻断新冠肺炎疫情向校园蔓延，遵守国家新冠肺炎疫情防控要求，教师的教和学生的学不得不由线下的面对面改为线上的屏对屏。居家学习时间越长，越考验学生的自我管理能力和心中的定力。小学生年龄小，自我约束能力差，同伴交流、游乐嬉戏是天性。因此，抓住新冠肺炎疫情期间的"可教时机"，充分调动教师、学生和家长的主观能动性，把看似自由、被动的学习时空变成主动、自觉、有趣的成长过程，学校的积极作为和有效的课程开发显得尤为重要。

一、快乐课程的开发背景

快乐是相对不快乐而言的。新冠肺炎疫情期间，网络平台成了"讲台"，任课教师转身为"主播"，父母则成为"旁听生"，而孩子们光明正大地捧起了电子产品。学生和家长的情绪管理问题日渐凸显，长时间的居家使孩子的一些"坏毛病"逐渐暴露，沉迷手机、暴饮暴食、迟睡晚起等情况层出不穷。同时，由于新冠肺炎疫情的反复，学生居家学习的时间过长，从而衍生出了一些具体问题：一是对新冠肺炎的传染性和患病后对健康威胁的不确定性而产生的恐惧感。二是学生长期居家学习缺少与同伴沟通交流而产生的孤独感。三是居家导致部分学生对饮食和电子游戏产生了无节制感。四是部分家长既要工作，又要牵挂孩子的学习和生活而导致的焦虑感。五是家庭成员间长期居家共处，家长面对家庭教育和学校教育的双重责任所产生的无措感。

如何应对上述问题，进行科学的课程决策，开发适宜的课程内容，守护学生健康成长？我校迅速成立了以校长为组长的课程小组，由相关干部、任课教师组成课程研发团队，讨论并布置了以下工作任务：一是研究学生出现问题的原因；二是确定问题的解决方案，捕捉课程资源；三是寻找适宜居家学习的教学方式；四是加强家校沟通，建立网上班集体，以及提供心理健康指导。经由研讨工作后，我们认为，只有让居家学习的课程内容有意思、有意义，才能吸引学生快乐地学；只有让快乐课程伴随学生特殊时期的成长，才能使学生对学习有成就感。为做到"停课不停学，成长不止步"，我校充分利用社会资源和互联网技术切入学生感兴趣的学习内容，开启他们喜欢的学习方式，满足新冠肺炎疫情时期孩子们的发展需要。

二、快乐课程的内涵与特征

"好的学习不是来自教师找到的一种好的教学方式，而是来自给学习者有更好的机会去建构。"我校的快乐课程就是在"新冠肺炎疫情"期间，利用多样化的课程内容、多渠道的教学手段、多样态的学习工具，从学生角度出发，关心学生感受，调整学习环境，为学生创造智慧学习、寓教于乐的课程资源。快乐课程具有以下特征：

（1）明晰学习任务，推送主旨明确、路径清晰、学评一体、使用灵活的学习资源包。教师通过推送学习资源包，开发重、难点微课视频，让学生明确每节课的核心学习任务，利用PPT、图片、动画等多媒体对学习重点和难点通过一问一答的呈现过程进行放大镜式的讲解、演示，帮助学生在短时间内实现有效学习，实现将"要我学"变为"我要学"的自主发展过程。

（2）关注学习过程，帮助学生主动构建知识。学生参照资源包的学习步骤逐步开展学习，经历自主理解、思考、发问、探寻答案等过程，激发内在学习动机，培养自主学习能力。教师借助网络开展集中讨论和分享，及时了解、反馈学生自学的情况。这一学习过程避免了网络直播教学所带来的单一讲授与灌输，让学生经历了发现、验证、归纳、总结、转化等思维路径，有利于学生在"学会"的同时培养"会学"的能力。

（3）及时"晒"评价，尊重个性差异。居家学习的评价并非同学间的横向比较，而是自身的纵向比较。为此，教师只有通过每个孩子晒自己的学习成果和成绩，才能充分通过学生差异提供多样化的学习方案和内容，指导他们制订个性化学习计划。晒，成为一个自我激励的平台；晒，记录了每个人的成长过程；晒，既传递了新冠肺炎疫情当下对学生的人文关怀，又彰显了学生的个性和特长。

三、快乐课程的架构

（一）快乐课程开发的总思路

快乐课程开发的总思路是：让学生成为学习的主人，自觉参与到学习活动中，学起来，"研"起来，展出来。在构建"新冠肺炎疫情"期间的课程体系时，要考虑如何将快乐课程与学校育人目标及课程目标相结合，如何将课程资源嵌入学科培养目标体系。为此，学校在坚持国家课程蓝本的基础上，在课程内容中切入鲜活的社会生活；在教学方式上，变被动听讲为自主建构；在组织管理上，变行政安排为自主创新，构建了德智体美劳五位一体的综合育人课程。

（二）快乐课程的组织形式

该课程由校长牵头进行顶层设计，由党建、教学、德育、安全、卫生保健等部门协同研制。教学部门主要负责课程内容选择、课时制定、授课形式选择等；其他部门依据课程安排提供活动的必要保障，并为教学开展提供建议。

（三）快乐课程的课程目标与内容

快乐课程是在智慧教育理念指导下开发并实施的，其主要课程目标是学生作为学习的主人，通过教师给出的学习任务，激发学习兴趣；借助学习工具，展开学习过程，进行深度学习，感受学习乐趣；利用展示平台充分展示自我，对学习产生成就感，最终实现自主创新（见表1）。

我校教师将"五育"作为课程内容，有针对性地利用市级课程资源、设计自制微课、主题活动，以"互联网+"技术为支撑，通过与家长的通力合作确保课程的设计与实施。

表1 快乐课程的课程目标与内容

教育理念	智慧教育				
课程目标	新冠肺炎疫情期间，让每一个孩子作为学习的主人，感受学习乐趣				
课程内容	五育并举				
	德育	智育	体育	美育	劳育
	道德与法制、品德与社会、班会、队会	人文与经典、科技与创新	健康、体育	音乐、美术、书法	劳动活动、综合实践

（四）快乐课程的课时安排

课时安排以课程表为抓手，在贯彻落实北京市课时具体要求的基础上，将教学内容、目标、授课教师、使用平台、时长、学生考勤和作业评价都嵌入其中，以课程表作为师生教学行为指挥调度的中心，有章有序地开展教学。

（五）快乐课程的实现手段

我校通过腾讯会议、微信班小二程序、北京市数字学校、QQ 群等途径，用视频、语音等方式建立学校与班级间、老师与学生间、家长与老师间的线上沟通模式。教师利用这种沟通模式为学生推送感兴趣、值得研究的学习内容和有挑战性的学习任务；为学生提供便捷的线上学习工具和微课、提示栏等支架式内容；为学生提供有助于知识理解的多媒体学习资源库；为学生构建成果分享平台，让学生课后可以通过网络学习空间共享个体学习成果。

（六）快乐课程的教学评价

快乐课程采取以学生自我评价为主、教师评价为辅的评价方式。学生利用平台"晒"作业，将自己的作业制成手抄报样的作品，或是借助思维导图将知识梳理展示，还可以用音频作品呈现出来，这让每个学生都参与到"晒"作业的活动当中。教师利用教学评价作为调整教学进度、实施个性化指导的依据。

四、快乐课程的实施

（一）快乐课程之"德育"

"德育"课程以全人教育观念设计学习，目标是让健全的人格人性、健康的心理发展、浓厚的家国情怀成为化解生活危机的一剂良药，成为孩子终身发展的财富。在内容方面，将"新冠肺炎疫情"作为真实的教科书，利用社会生活开展爱国教育、感恩教育、文明教育、法制教育、心理健康教育。

课程实例：为落实立德树人的根本任务，培育和践行社会主义核心价值观，进一步加强特殊时期学生的养成教育，培养学生良好的行为习惯，德育处组织开展了"筑梦新时代,文明我先行"的主题教育活动。学校围绕"争做文明小使者"为主题,号召全校师生进行线上文明承诺,承诺"遵守法律法规、做好垃圾分类、养成良好的卫生习惯和文明习惯"等。通过"云班会"结合新冠肺炎疫情防控开展法治教育,进一步帮助学生理解法律法规,自觉遵守防控新冠肺炎疫情的各项规定,从自己做起积极传播正能量。

(二)快乐课程之"智育"

"智育"课程以能学习具体的学科知识,掌握智慧的学习方法,利用创造性手段解决问题的技能为目的,将语文、数学、英语等具体学科与新冠肺炎疫情相关的话题进行整合,深入挖掘学科内部资源。

课程实例:结合学生居家条件的可行性,六年级数学教师从学生的认知水平出发,帮助学生利用思维导图梳理"常见的量"的相关内容,对知识进行重新回顾,构建知识体系。教师依据"相关的量"设计关于长度单位的实践活动,主题为古诗词中觅"长度",活动将数学知识和语文内容巧妙结合,学生们在古诗词的积累中巩固了长度单位的认识,如,学生通过查阅资料对"一片孤城万仞山"中的"仞"进行解读,明白它是古代的一个长度,并进行简单的描述或说明。这样的学习活动鼓励学生在真实情境下发现并解决问题,不断培养学生用数学的眼光看问题、用数学的思维思考问题、用数学的方法解决问题的能力。

(三)快乐课程之"体育"

"体育"课程本着"健康第一,生命至上"的理念,提升学生身体素质,保障学生科学饮食和合理睡眠,保持学生的健康水平。内容方面坚持趣味性、个性化、持续性、短时高效的原则,开展柔韧性、耐力性、力量性、适合亲子居家参与的体育活动。

课程实例:体育教师开展体育训练营专题项目训练活动,通过大量的自制微视频教孩子们居家运动。花样颠球、跳绳、仰卧起坐等,欢快的音乐、漂亮的动作深深地吸引着孩子们,家长也不由自主地参与到学生的娱乐健身操中。在持续激发学生体育锻炼积极性的基础上,体育教师策划了"体育天天练,运动我健康"积分活动,学生可以把锻炼内容录制成小视频上传,获取体育积分,根据不同积分要求评选出周、月"体育积分小达人"并给予奖励。"家庭趣味运动会"也应运而生，个人项目5个，亲子项目2个，大人孩子一起锻炼，既拉近了亲子关系，又营造了和谐快乐的家庭氛围。

（四）快乐课程之"美育"

"美育"课程引导学生感受自然美、社会生活美，树立学生正确的审美观点，提高学生的审美情趣。课程内容选择将新冠肺炎疫情中的社会素材与居家条件相结合，以美术、音乐、书法、手工等学科为依托开展教学。

课程实例：音乐组创作抗"疫"歌曲，教师通过网络教孩子学唱。美术组教师将出入证与美术教育相结合，号召学生自己动手为各自的小区设计出入证。一方面可以让学生了解"物以致用"的设计思想，逐渐养成勤于观察、敏于发现、善于借鉴、精于制作的行为习惯，增加以设计和工艺来改善环境与生活的本领；另一方面可以让学生认识到出入证对于我们新冠肺炎疫情期间的生活的重要性，增强自身防疫意识。

（五）快乐课程之"劳育"

"劳育"课程致力于树立学生的劳动观念，鼓励学生参与家务劳动，体会劳动的重要性，感受劳动的快乐。内容以劳技课为载体，每周安排不同主题的实践活动，帮助学生形成良好的劳动习惯。

课程实例：四年级组教师定时推送大兴区平台上的劳动视频资源，学生利用空余时间自主学习，并查阅相关资料增加对劳动的了解和认识，结合自己的理解制作精美的劳动手抄报。同时，教师利用班小二小程序设置了家务劳动打卡，督促学生每天利用空余时间帮父母做力所能及的家务劳动，如收拾屋子、整理物品、学做美食、参与家庭经费支出管理等。为了激发学生的劳动积极性，教师对参与家务劳动打卡活动的学生进行表彰，评选"劳动小能手"。居家学习让孩子们学到了课堂上学不到的知识，有了更多的动手机会，积累了生活经验。

五、快乐课程的实践成效

新冠肺炎疫情虽然为社会按下了暂停键，但却为我们智慧教育的探索按下了快进键。"停课"不代表"停教"，这是一次线上教学方法的探寻机会，也是学校利用信息技术进行课程改革的检验时机。虽然我校在铺设课程时没有案例可循，存在一定困惑，但我们通过一系列快乐课程的开发和实施，使特殊时期衍生出来的问题逐渐解决，线上学习效果得到了有效保障，更取得了一些可喜的成绩。

170余篇快乐课程主题的自采新闻报道在我校微信公众号上发布，孩子们学习的成绩、快乐的笑脸、精美的作品充斥报道版面，每篇报道均有百余阅读量。音乐组创作的歌曲《花开的春天》被大兴区区委宣传部收录；体育组教师的课例被评为"北京市课程建设优秀案例"。新冠肺炎疫情暴发以来，我校以快乐课程为抓手，不仅给本校学生带来了丰富多彩的学习内容，也在北京市双"特"战"疫"中发挥了积极作用。先后有6篇报道发表在北京市教委微信平台，3篇文章在北京市学习强国平台上发表。

快乐课程的开发受到了学生的欢迎、家长的赞扬、社会的肯定。面对新形势下的教育挑战，作为教育工作者，我们要继续保持敏锐的洞察力、工作的创新力，用实用有趣的课程和多样化的教学手段引导学生自主发展，实现综合素质的全面提升。

论小学劳技课程的育人功能

北京教育科学研究院附属石景山实验学校 张桂珍

当前"课程综合化""综合课""综合课程""融合课程""综合学科""跨学科"等名词越来越多地出现在人们的面前。不难看出"课程综合化"正成为课程研究和课程改革的一种基本取向。在学科教学活动中对学生进行跨学科教育也是一项重要内容。

《劳动技术课程标准》明确提出，"重视紧密联系学生的生活实际，强调学生在实践中学习，在生活中运用的思想，培养学生的劳动知识与技能在实际生活中的实践能力。"新的教学理念，应该在课堂教学这块主阵地上得以实现，获得体现。这就需要构建一个新课标下的新课堂文化。

我校"劳动技术"教研组在教科院引领下提出了要在课堂教学中"夯实基础"的理论与实践研究。同时，提出了劳动技术课程与语文习作教学整合的研究。在平时的课堂教学中教师与学生将劳技课程的学习和语文学科的习作进行整合。不仅有效提高了学生学习劳技课程的兴趣，同时解决了学生语文写作素材的积累，让老师能艺术地教，学生能快乐地学。

一、劳技课程的德育价值

劳技课程的德育内容主要包括如下方面：①政治教育以政治方向、立场、原则、路线为主要内容，包括爱国主义、社会主义、革命传统、基本国情、民主与法制观念、社会正义感与历史进步意识等。②思想教育以世界观、人生观和价值观为中心内容，包括辩证唯物主义立场、观点、方法，科学的世界观，积极的人生态度，正确的价值观念等。③道德教育以社会公德、职业道德、具体美德为基本内容，包括集体主义、传统美德、文明交往、合作意识（国际间的合作）与团队精神、生态伦理与环保意识等，即科技道德教育、环境道德教育、经济伦理教育、合作精神教育、网络道德教育等；科技道德教育包括科学精神培养，侧重于人的怀疑、求实、进取、创新、严谨、公正、协作、献身等精神塑造；科学价值观培养，提高学生对科学价值的基本素养和运用科技的自觉性；生态道德教育核心在于培养学生的环境道德意识、情感和行为，使学生能正确地处理人与自然的关系，学习和实践可持续发展理念和行动；经济伦理教育主要培养人的勤俭、公正、平等、守信、诚实、惜时和高效等品质；网络伦理教育通过价值观、道德判断力与意志力、网络道德意识及责任感的培植，提高学生辨真伪、求真理、慎判断、善选择的能力，以抵御不良信息诱惑，消除网上不良行为。④法纪教育以社会生活规范为内容，包括法律常识、纪律、规则、制度等。⑤个性心理品质教育以自尊、自爱、自律、自强为主要内容，包括积极的学习态度、终身的学习愿望、科学的思维方法、敏锐的创新意识、乐观的情绪倾向、健康的审美情趣、坚强的意志品质、进取的人生理想、健全的个性结构等。

如三年级上册《剪对称图形》教学目标，要求学生在学习过程中接受中华传统文化教育，增进学生对中华传统文化的了解，树立民族自豪感；通过学习活动懂得艺术为表现生活服务，同时培养良好的生活习惯。在教学《剪对称图形》过程中，教师引导学生以剪制学校中的小松树为活动的起点，让学生带着表现校园环境这样的情感进入探究活动。学生在对称图形制作时，教师组织学生使用已经学习到的单独对称剪纸、二方连续对称剪纸的知识和技能表达不同的思想内容，同时增强学生的社会责任感。在《剪对称图形》评价延伸阶段，教师首先组织学生对不同的作品进行不同意义上的表达，使作品表现生活；其次，教师运用媒体使学生进一步欣赏表现不同生活意义的中国剪纸，以增强学生弘扬中华民族文化的自觉性。在学生探究学习的过程中，首先利用废旧纸张进行学习，潜移默化、润物无声地培养学生树立节约意识和环境保护的意识，力求充分挖掘教学内容中的德育素材，抓住时机因势利导地对学生进行思想品德教育，在自然流畅的教学活动中充分发挥劳动技术学科的德育功能。

二、劳技课程促进学生实践能力的提升

劳动课是一门操作性、实践性很强的学科。传统的教学模式一般都是教师在课堂里讲授一些劳动基本知识和基本技能，布置学生课后或回家去实践。课

堂教学俨然成了脱离实际的纸上谈兵，当然更谈不上培养学生的创新了。作为教育者，我觉得首要问题是要努力给学生提供实践场所，在实践中培养劳动技能，让学生在劳动实践中培养创新能力。

如教学小学劳动教材三年级下册，我把《紫茉莉》《牵牛花》《半支莲》《小白菜》《香菜》《蚕豆》集中进行单元教学，同时提供一个实践的场所——学校生态园，学校操场周围在学校领导的设计下，安排了种植场地。学生在这里进行种植实践，种植、浇水、养护、施肥、收获。教师给学生分好小组后开始劳动。在劳动中，小组种植的植物长得非常茂盛，原因是他们进行了分工，按照种植的步骤实行了流水作业，创造性地提高了工作效率，同时也培养了团结协作的精神。学生对种植有了感悟，种植不仅让学生体验到乐趣，更让学生体会到劳动人民的伟大。从春播到夏忙再到秋收，学生体会到农民伯伯的不易，我们吃的每一粒粮食都是辛勤汗水换来的。学生纷纷表示，在种植过程中，学到了许多只有实践操作才能学到的知识——植物的光照、种植地点、浇水等都和植物的生长息息相关。学生对种植非常感兴趣，他们在家进行种植，并写观察日记，不但学会了种植的技能，还获得了很好的写作素材，增加了学生写作文的兴趣。

三、劳技课程培养学生的创新精神

学生通过自己动手和动脑设计制作纸膜服装，培养了立体思维方式和创新思维审美能力。

在北京教科院和学校领导的支持下，学校成立了纸膜服装设计社团，全校同学进行网上报名选课，报名参加纸膜服装设计的同学都是纸膜服装设计爱好者。在社团活动中，同学们在老师的引导下说一说、写一写自己参加本社团的计划和所向往达到的目标。

根据新课改对学科进行整合的精神，学校进行了劳动技术课堂模式的探究。"纸膜服装"课程以研究性学习的方法贯穿社团，引导学生主动查阅、搜集资料并初步尝试设计制作，以及作品展示汇报等，促进了学生的主动参与和自主学习；同时以信息技术为辅助手段展开课堂教学，劳动技术课的实践侧重于学生的技术设计环节，培养学生的创新精神和创造能力，开发学生的创造潜能。课堂上不但强调学生动手，更主要的是强调学生动脑，手脑并用。课程改变了以往劳技教师在课堂教学中只关注技术操作及相关知识的学习，而忽略对学生综合能力、技术素养、个性发展等方面开发的教学模式。

服装设计领域是非常博大的，牵涉很多相关理论和知识。小学学生对这部分内容从未涉足，在不了解学生状况的前提下，从何入手展开社团教学对教师来说也是一个难题。要让学生在短短的社团活动时间内去了解一个陌生的设计领域并进行设计看起来并不可行。为了使这种不可能变成可能，课内课外课程教师做了大量的尝试。在课堂内容取材上课程教师尽量就简避繁，尽量抓住精华，在教科院老师和学校领导的指导和建议下，从最初的头绪繁多的知识点中筛选出服装设计的色彩和款式作为重点理论知识，也作为技术设计的重点环节，使学生的技术设计和创造能够有一个明确的主题。为了弥补大部分学生没有拿过针线的不足，建议他们采用纸材料，教师也相应用纸质材料做出样品，给出示范，利于学生模仿和对服装款式的理解。为了使学生能够更多地了解服装领域和相关知识，为社团活动做铺垫，课程教师指导学生利用课余时间查阅相关资料，鼓励他们进行制作设计并交流，互相取长补短。在他们设计和制作的过程中进行询问和指导，以便随时和全面了解他们的设计基础，为社团教学做准备。

在语文习作教学中，学生因缺乏素材而发愁写作。例如劳技课有《凉拌豆腐》《糖拌西红柿》《如何拍摄劳动场景照片》的教学，有很多写作素材，但劳技老师和语文老师往往在教学中没有充分沟通，很多学生在劳技活动中的鲜活素材没有被及时发掘与充分利用，因此将劳技学科与语文的习作教学进行整合的研究很有必要。所以学校进行了课题研究"基于中小学生劳技实践提升学生习作能力的研究"。

习作教学与劳技课程整合在研究中指的是在同一主题引领下，习作教学与劳技课程互相促进、互相补充，劳技课程为学生习作提供素材、为教师习作教学提供支撑，习作教学对学生劳技活动进行回顾、反思、深化与提升，二者互相结合、互相促进。

习作教学与劳技课程整合可以引领学生获得多元立体的知识结构，它是"立足学科、多维渗透"教学策略的必要补充。这种教学策略的突出特点是与不同学科课程的相融与互补，其表现形式主要是没有学科界限的相互包容型专题设计。例如学校在三年级习作、劳技、学科领域，曾经尝试开展了一次以发豆芽为题的同题异构系列研究课活动。教师组织学生在劳技课上动手发豆芽，让学生了解发豆芽的过程，最后落实在语文习作课上写"发豆芽"。这一系列研究课活动令这个年级的学生收益很大，最后写出的作文精彩纷呈，取得了非常好的教学效果。

劳技和语文习作教学整合的研究，推动两个学科教师的整合教研，给劳技和语文教师提供了一个学习交流的平台，在探索教研方面摸出了一条新路，有利于推动劳技、语文习作教师教学工作再上新台阶。

在种植课"紫茉莉"中，学生把植物播种、生长、开花、结果每个过程写了观察研究报告，每个学生做了不同的劳技实践观察报告，学生对劳技实践课非常感兴趣。由于平时的劳技实践积累，学生写作文也有了信心。例如，学生写"室外种植观赏植物及食用蔬菜的研究"的体会是："研究性学习是开放性学习，可以培养我们的自由学习能力。这次的研究学习并不是一帆风顺的，虽然这并不是我们第一次参与研究学习，但因为学习任务重，时间紧迫，一直很难进入状态。我们在采访的过程中，遇到了许多难题，例如，问什么，寻找采访人等，但我们都一一解决了。通过活动我们了解到很多关于室外植物花卉和蔬菜种植的相关知识，我们锻炼了搜集、整理、分析信息和积累资料的能力，增强了自信。对这次通过自己努力取得的结果，我们感到非常的满意。我们希望通过这次研究，学到更多知识，热爱生活，热爱生命。当然，在这次综合实践中还有很多不够完善的地方，但是我们想，至少我们用心、用汗水、用自己的智慧去经历了、感受了、体验了，过程才是我们所享受的瞬间。我们应该经常在生活、在实践中去学习。我们都期待以后利用集体的力量解决和研究更多有趣的问题。"

总之，进行劳动技术教育，虽然不能使学生直接成为劳动者，但他们在学习劳技的实践中，不仅了解了劳技程序、操作方法，掌握了生产劳动技术，而且通过亲自实践，体会到劳动的幸福和快乐，并从中锻炼意志，养成劳动习惯，培养优秀品质和各种能力。

劳动技术学科教师在教学中不能将眼光仅仅局限于课本，要不断发掘教育资源，认真实践，及时总结。这样才会有创新，才能提高学生的兴趣。"一切为了学生，为了学生的一切，为了一切学生"永远是教育的宗旨。多为学生提供实现自主学习的条件，创造实现自我的价值，品尝体验成功的机会，相信我们的劳动技术课堂会更加充满生机和活力。

五育并举，创新音乐学科教学

北京教育科学研究院附属石景山实验学校　张　淼

中共中央、国务院印发的《关于深化教育教学改革全面提高义务教育质量的意见》（以下简称《意见》）是新中国成立以来中共中央、国务院出台的第一个关于全面提高义务教育质量的重要文件，具有重要的里程碑意义，是新时代义务教育工作的根本遵循和行动指南。《意见》充分体现了以习近平同志为核心的党中央对义务教育工作的高度重视和对广大少年儿童全面发展和健康成长的亲切关怀。这就要求我们的教育工作者，必须坚持以习近平新时代中国特色社会主义思想为指导，全面贯彻党的教育方针，落实立德树人根本任务，遵循教育规律，强化教师队伍基础作用，围绕凝聚人心、完善人格、开发人力、培育人才的工作目标开展素质教育、培养德智体美劳全面发展的社会主义建设者和接班人。树立科学的教育质量观，深化改革，构建德智体美劳全面发展的教育体系，落实立德树人、厚植爱国主义情怀、加强品德修养、增长知识见识、培养奋斗精神。坚持德育为先、引导学生爱党爱国爱人民爱社会主义；坚持全面发展，为学生终身发展奠基。

完善德育工作体系，深化课程育人、文化育人、活动育人、实践育人、管理育人、协同育人。大力开展理想信念、社会主义核心价值观、中华优秀传统文化、生态文明和心理健康教育。加强爱国主义、集体主义、社会主义教育。坚持"五育并举"，全面发展素质教育、切实提高课堂教学质量、强化学生良好行为的养成。"五育并举"是指德育、智育、体育、美育和劳动教育，音乐学科属于美育范畴，但是在教学中也可以融合、体现德育和智育。

传统的教学模式是教师讲、学生听的填鸭式教学方式，学生没有通过自己的独立思考、小组合作探究等活动自主发现问题并解决，大部分学生还是不知道如何自主学习，也无法真正激发自己的学习热情。所以，在北京教科院及校领导的引领下，教师们进行了思考：如何通过可操作的新方法调动学生的学习积极性？如何变被动学习为主动学习？教科院可持续发展教育研究室的领导带领教师尝试并开展多学科融合的新型教学模式，获得了令人瞩目的成效，体现了"五育并举"。

下面以五年级音乐课"清晨"为例进行说明。

一、音乐课中的"德育"

（一）音乐课中的生态文明思想

教育是一种活动，旨在有目的、有组织地培养人才。拥有科学认识自然的态度，感激和善待自然的生态情怀，顺应及保护自然的生态行为的人，大都具备生态人格倾向；具备生态人格倾向的人身心和谐，他们不仅能够做到物质追求和精神追求的平衡统一，而且拥有合理消费的生活方式，了解自己的真实需要，绝对不会做出破坏性消费，超出生态环境承载能力，也不会做出过度性消费，超出社会经济承载能力。他们追求的生活方式是健康、适度、科学和绿色的。建设生态文明要求转变生活方式，而生活方式转变则依靠生态人格的培养。生态人格对于生态文明的建设非常重要，这是毋庸置疑的，但生态人格是通过后天培养形成的，并不是与生俱来的。

课前通过学生对台湾校园歌曲的历史背景和相关作品的探究，调动学生的学习兴趣，提高学生思考、搜集、概括资料的能力。创设情境让学生很快进入音乐课堂快乐的氛围中，学生聆听音乐，感受音乐课堂的氛围及歌曲的情感和旋律。通过分析体会晨景图、结合图片的形象表现将音乐和实景相结合，学生能很快理解音乐表现的内容。通过小组合作讨论、思考问题，歌曲拓展二声部，培养学生与他人合作的能力并提升音乐审美能力。

让学生自己描绘清晨的景象和感受，清晨醒来的各种活动以及朝气蓬勃的精神面貌，体会"清晨醒来"这宝贵的一刻与音乐达到精神上的相融，每个孩子能从欢快、优美的歌声中唱出自己对美好生活的理解，珍惜自己的每个清晨，让每个清晨都如阳光般灿烂和更加有意义。

引导学生深刻理解歌词的内涵。品味歌曲所描述的人们早起迎着晨曦锻炼身体的情景和对充满生机的大自然景色的描绘，表达人们对大自然的热爱之情。本课体现的生态文明教育理念是：让学生养成早睡早起爱运动的良好生活习惯，让学生伴随着歌曲欢快、舒展地放松心情、愉悦精神，学会珍惜现在的美好时光，保护绿色环境、珍爱大自然，不破坏生态环境，与大自然友好、和谐共处，共创美好家园。

如今的生态文明时代，音乐的功能观已从纯技术的工具性方面，向生物观、心理观、社会观统一的完整的人的方向发展；同时，生态思维范式对"人"的重新发现和定位，也给了音乐教育目标定位的启示。因此，基于人是一个"完整的生命体"的人性假设，以及当前音乐教育片面强调音乐知识与技能的学习而漠视文化教育的"工具性"导向，在新的生态文明时期，音乐教育的目标应该是将二者整合起来走向文化性，在音乐能力和人文素养的相互协调和补充中，促进人的均衡发展。

（二）音乐课中的爱国思想

爱国主义是中华民族精神的核心。自古以来，爱国精神就流淌在我们民族的血脉之中，是中国人民、中华民族维护民族独立和团结统一的强大精神动力。爱国主义教育不是空洞的说教，虚无的宣讲，它既要与学生的身心发展、认知能力相照应，也要与国家悠久而苦难的历史，火热而又生动的社会发展相结合，更要与学生的人生观、价值观和世界观相联系，它既是具体生动的，也是催人奋进的。因此，它是德育教育中长期的，具有鲜明时代性、科学性，更是具有实践性的工作。它既需要班主任工作者长抓不懈，更需要其他任科教师的参与，它既是教师的责任，更是广大家长和全社会的责任。正所谓，在学生的心田里种植好一颗饱含爱国之情的种子，为新的时代培育好国家的栋梁之才。《清晨》是一首中国台湾校园歌曲，歌曲内容展示了快乐的校园生活。旋律中重复出现 ♪（喔 喔），体现了中国清晨的特点"公鸡打鸣"。台湾与大陆学生的生活相同，说明台湾与大陆同根同源、一脉相承，是中国领土不可分割的一部分，体现了德育中的"爱国"。用轻快优美的声音演唱歌曲体现了"美育"。

二、音乐课中的"智育"

教学本身就是一种创造性的思维活动。最好教的是死知识，教者只需"照本宣科"，但效果也是最差的。而最难教的则是"教学教法"，即教会学生用最短的时间、最少的精力学会最多知识的方法。因为它是要因人、因地、因时而异的，从来就不是一成不变的。它是对教师水平的一种全面、综合性的考察，需要教师对所学知识融会贯通，灵活掌握。

（一）从学生游戏中来

新课程理念立足于我国数千年优秀的音乐文化传统，与我国教育方针中的"美育"相对应，彰显音乐课程在潜移默化中培育学生美好情操、健全人格和以美育人的功能。兴趣是最好的老师，枯燥无味的音乐课让学生望而却步，所以在平时教学中，教师就应该结合各班的特点和能力在教学方法上进行适当调换、多动脑、多积累，使一节普通的音乐课变得生动有趣。

在低年级教学中笔者发现孩子们很喜欢游戏，如果让学生在玩中感受到了音乐的美、感受到了音乐的节拍是什么、音乐的情绪是怎样的不是更好吗？而且笔者想成为一名有心的教师，所以就经常在音乐课中带着学生做音乐游戏，学生通过聆听音乐感受不同的音色从而模仿不同的动物，比如狮子、兔子、小鸡、小鸟、金鱼。笔者也带他们做"找领袖"的游戏，他们会边玩边念口诀，如："请你像我这样做，我就像你这样做！"要求学生在统一的速度中按照节奏来说，这是小学生喜闻乐见的一种游戏方法。音乐来源于生活，生活中处处有节奏，这些短小精悍的儿歌、口诀朗朗上口，富有节奏感，学生在教师的口令要求下统一行动发挥了提示动作、便于记忆等作用。

在课堂中笔者也会带学生做"击鼓传花"的游戏，这个游戏不仅深受低年级学生们的欢迎，而且同样适用于高年级学生。低年级课堂中笔者教学生唱一首简单的歌曲或是一首短小有趣的儿歌，在熟悉之后带学生一小节一拍手记住位置，之后在拍手的位置传东西，鼓声在哪位学生那里停下，这个学生就按照节奏重复自己唱的乐句或儿歌，如果重复错误就有小小的"惩罚"措施（如果错了就给大家出个谜语或学小动物叫）。在高年级课堂中难度就要逐渐增加，我让学生按照歌曲的节奏传球，一个乐句一传，如果我在某个乐句结束时停下来那么手中拿到球的同学要把这个乐句模仿下来，如果错了就表演一个节目或创编歌词，通过这样的方法学生能很快地记住歌曲内容、了解乐曲结构，而且都表现得兴致盎然。

（二）从优秀的国外教学方法中来

在教学上要不断地探索和挖掘，还要像海绵吸水一样吸取不同国家、不同地域的音乐文化和教学方法，学以致用。近几年来用得比较多的教学法是"柯达伊"和"奥尔夫"教学法，实验证明学生很喜欢这类教学。

柯达伊教育体系的内容与方法在民族音乐教学中占有突出的地位：以歌唱作为音乐教育的主要手段；以首调唱名体系培养全面的音乐能力。柯达伊体系采用的首调唱名体系包括五个方面的内容：首调唱名唱法、节奏读法、字母谱、手势、固定音名唱法。对于低、中年级的学生来说，音高这一抽象概念是很难理解的，为了让学生们记住音高，笔者用柯达伊手势创编了一个手势游戏，在手势游戏中学生们边做手势边唱音高，通过游戏学生们不仅很快记住了音高而且还调动了他们的学习积极性，高效地完成了课堂教学任务。

音乐新课程标准中谈道："音乐美，即是一种特殊的情感表达方式。音乐教育作为美育的重要途径，其特质就是情感审美。以情感人、以美育人，使学习内容生动有趣、丰富多彩，有鲜明的时代感和民族性，引导学生主动参与音乐实践，尊重学生的个体体验和学习方式，提高学生的审美能力，发展学生的创造性思维，形成良好的人文素养。为学生终身喜爱音乐、学习音乐、享受音乐奠定良好的基础。"

在新课程教学实践中我遵循了以"美"为核心的审美教育原则。赞科夫曾说："在音乐教学中，情感是建立在意、境、情三者基础上的。"只有学生和教师把音乐艺术形象中所体现出的思想和情感一起挖掘出来的时候，音乐对学生才更有意义。只有在学生的主动参与中，把真情实感和饱满的精神状态倾注到歌曲的意境时才能激起学生情感的共鸣，音乐教育才能真正体现以情感人、以美育人。

苏霍姆林斯基说过，对美的感知和理解是审美教育的核心，是审美的要点。美的音乐能让人受到美的熏陶、心灵的净化，培养出高尚的情操。音乐课应该是富于美感的。作为一个音乐教师应充分挖掘教材中一切"美"的因素，让音乐课堂焕发出美轮美奂的光彩。课堂教学不仅是传授知识、培养技能的过程，同时也是思想教育、审美教育、习惯养成等人才综合素质全面培养的过程。

总而言之，在课堂中渗透美育、贯穿美育是今后教学的发展趋势，因为只有"美"的课堂才能感染学生并真正做到学有所获。在今后的教学中笔者会根据所讲内容挖掘生态文明教育理念和爱国理念中的精髓，努力将"美育"与"德育"结合在一起，全面提升和培养学生的综合素养和学习思维。

把学生放到教育改革的正中央

——让每一个孩子享受公平优质的教育

北京教育科学研究院丰台学校　张广利

教育的真正意义在于尊重差异、激发动力、开发潜能、促进发展、实现价值，在于培养人的自主、自信的主体精神，激发自我发展的内在动力，让人的整个生命系统充满生机与活力，焕发出蓬勃的创造力，并使每个人实现全面而和谐、自由而充分、独特而创新的发展。北京教科院丰台学校坚持学生本位和问题导向，践行尊重教育理念，始终把学生放到教育改革的正中央，让学生接受公平优质的教育，助推其实现全面而有个性的发展。

案例一：同课异构的差异

教研活动的方式有很多种，我们常常用同课异构课来分析教师个性化教学带来的差异。一次数学研讨，教研组设计了五个题目作为习题讲评课的内容。A老师把五个习题分作不同的等级，把学生分为四人一组，每个小组包括不同层次的学生，各小组学生自主做题，展示做题过程，生生间互动交流，教师只是点拨，从低等级的习题向高等级上升，基础好的学生跨越的等级多，基础薄弱的学生在课上也有所获；而B老师则是从开始讲起，一直讲到下课。两节课上完，我们进行了当堂达标测试。A老师的课优秀率达到50%以上，B老师的只有35%；及格率也相差11个百分点。同样的内容，何以有这么大的差异？我们调研学生，学生的回答几乎一致：我们的基础不同，老师的讲解只适合一部分学生，我们更喜欢小组内的互相讲评，然后老师再给我们讲解，那样更容易听懂。

这让我们思考：在一个校园里，教育公平首先应该体现在课堂上。教育是一个过程，机会的公平也应该贯穿于教育教学的全过程中。学生的学习基础不同，经历不同，教师一个人的讲解无法适应每一个学生的认知基础和个性特点,更无法满足每个学生的不同学习需求,课堂上要实现教学的公平,就应该先从落实"学生的学"开始。

于是,我们开始从"分班而教"到"分班而教"和"选班而学"相结合探索,对学生进行分类指导,并大力推动以"学"为中心的课堂改革,由教师"讲"为主走向学生"学"为主,教师的讲堂变成了学生的学堂。我校"问题导学、少教多学、自主思学、合作互学"为特征的以"学"为中心的尊重课堂范式逐渐诞生,各学科教师依据国家课程标准和学校课堂改革要求,结合学科特点和自己的教学风格,针对不同的教学内容和不同的课型,研制出具有学科特点的不同流程并积极践行与不断改进。与此同时,我们结合新建校的实际,在课堂改革方面,认真落实"传帮带"措施,聚焦教师课程实施能力的提升,坚持每学期常态课的自我反思、"一人一课"主题式教研、达标展示和研讨交流活动,对每年新招聘的教师进行分类指导。

案例二:两个学生的巨变

我校刚招生时,有一个初一学生 A,他当时语文、数学、英语入学测试的成绩分别是 15 分、12 分和 34 分,平均分刚到 20 分。后来,学校地理老师开设了一门地理拓展课程——环球旅游课程,学生 A 非常喜欢,由此产生了浓厚的兴趣,期末统测,他的地理学科成绩竟然达到了优等 80 多分,老师和同学们都很惊讶和佩服,认为他是一个与众不同的人。在这门学科的影响下,他渐渐地从小学学习时的自卑心理中走了出来,并找到了学习的自信。之后,他的生物学科成绩也在班里名列前茅。后来,他的家长看到了孩子发展的希望,也开始配合老师的教育,积极为孩子在家学习创造良好的环境,慢慢地,他的语文、数学、英语成绩也实现了不同程度的提高。不仅如此,他阳光、乐于助人、尊敬老师、团结同学,还充满了自我发展的自信。

还有一个学生 B,学习成绩要比学生 A 好一点,语文、数学、英语入学测试成绩刚及格,他性格外向,接受能力强,对事物有自己的看法与主见,但他自觉性、自律性差,上课坐不住,经常分心,不好好听课,很少交作业,也难以管教。通过了解,教师得知他喜欢表演,小学时还有多次影视剧拍摄的经历。针对这一情况,为更好地发挥其特长,学校与家长协商,为他定制了上课的时间和课程表,有时外出参与拍摄,就给他开绿灯,返校后教师再给他补课。尽管他有时参与拍摄耽误上课,但他的学习似乎并没有受到多大影响,学业成绩还有了一定程度的提升。几年下来,他已成了小有名气的少年演员。有时，他还经常应邀与其他著名演员参加全国或国际性的各种晚会，还不时上台参与一些节目的主持。

这让我们思考：在一个校园里，践行尊重教育的理念，就不能以学生实际的认知基础去评价学生，给他过早地下定论。在教育教学中，我们必须尊重学生的实际认知基础和个性发展需求，以多元的视角和发展的眼光去看待每一个学生的发展，要看到学生的无限的发展可能。尊重每一个学生的个性差异，因材施教，因势利导，不断开发其潜能，使其成为他自己，成为个性突出、优势明显的人。这应该是我们教育改革的核心。

于是，我们通过调研学生的兴趣和爱好，不断给孩子们搭建丰富多元的成长平台，开设了航海模型、STEM 课程、北斗起航、种植、水仙雕刻、拉丁舞、合唱、二胡、篮球、羽毛球、书法、超轻黏土、日语、英文戏剧、京剧等选修课程，还成立了红十字、播音与主持、跆拳道、科技、素描、音乐之声等 15 个学生社团，并结合综合社会实践活动和开放性科学实践活动课程的开设，组织学生去天安门观看升旗，到抗日纪念馆、首都博物馆、故宫、科研院所等参观学习或开展研究性学习活动。每学期学生在校外课程资源基地选修肥皂制作、食品安全检测、雷达机器人、火车运动装置、激光应用、消防安全救护等 60 多门开放性科学实践课程的学习，丰富的课程资源和社团活动的开展满足了每个学生的多样化发展需求，而与之配套的学生综合素质评价又使得选修课和社团能够常态地开展和运行。

案例三：首届艺术节带来的思考

首届校园艺术节开始了，舞台上，那些经过层层筛选的学生或载歌载舞，或配乐朗诵，或弹说表演，都大放异彩。舞台下，有的学生在观看表演，有的学生则对表演漠不关心。学生 C 是一个热爱表演的孩子，但她在选拔中被淘汰了，因此，她在艺术节的观众席上表现得分外沮丧。她的妈妈是学校的家委会成员，也应邀参加了艺术节的活动。当她看到小雯的状态时，就找到孩子的班主任问道：艺术节不应当是每个孩子都能进行才艺表演吗？为什么只有那些被选拔出来的孩子才有机会走上舞台呢？

这让我们思考：在一个校园里，尊重学生不仅意味着提供条件，实现学业发展机会的均等，更意味着尊重学生参与活动的权利，为学生创造平等参与各种活动的机会，以帮助其实现能力的锻炼和素质的提升。

于是，我们用机制尊重和保障每一个学生参与活动的权利：梳理一个学年所有的学生活动，把活动整合并纳入了实践活动课程，同时，在举行类似艺术节、体育节、新年联欢会等活动时，我们采取了以班为单位，人人参与的方式进行，最大限度地为每一个学生提供展示的机会。为了尊重每个学生的个性发展，我们对实践活动课程也进行了系统化和个性化的设计，让学生自主选择参加，为每一个自主参加的学生提供公平的参与机会。我校还规定，学生在校必须参加一定数量的综合社会实践活动和开放性科学实践活动的课程学习，获得学分后，方能毕业。当活动走向课程时，保障了每个学生参与活动的权利。

适合的实践活动课程，促进了学生综合素质能力的全面提升。

在教育实践中，学校的"尊重教育"体系诞生，"尊重教育"就是尊重学生人格、尊重学生成长背景、尊重学生实际基础、尊重学生个性差异、尊重学生学习与发展的权利、尊重学生身心发展规律的教育，就是努力为每个学生提供适合发展的教育。

这些教育案例之所以能在我们这样一所新建立的学校发生，是因为"把孩子的成长放在教育改革正中央"北京教育改革理念的引领，是因为丰台区合作办学机制带来的北京教科院专家的专业指导，是因为全校上下充满了教育情怀、家国情怀、孩子情怀和为党育人、为国育才及为实现中华民族伟大复兴而履职奉献的正能量。正是这样的环境和土壤，这样的胸怀，为我校践行尊重教育理念，不断进行课程改革与创新的探索提供了坚强的保障。能在这样一种氛围下做教育，我们倍感幸福与自豪。

用美育涵养人生，促进立德树人

——聚焦北京市育英中学艺术教育

北京市育英中学　杨景辉

北京市育英中学是北京教育科学研究院实验学校。近三年来，在北京教育科学研究院的引领下，我校积极实践五育并举的育人模式，坚持以立德树人为根本任务，将五育融入育人的各个环节，促进学生的全面发展。我校积极总结已有的五育活动，结合我校特点，进行研讨规划，确定了以美育为龙头，带动德育、智育、体育、劳育协同发展，五育并举的育人模式。

"兴于诗，立于礼，成于乐"，中华民族自古以来重视美育对人和社会发展的重要意义。进入新时代，习近平总书记从培养德智体美劳全面发展的社会主义建设者和接班人的高度，明确提出要全面加强和改进学校美育，让青年一代身心健康成长。作为北京市艺术教育特色学校，北京市育英中学始终注重学生综合艺术素养的培养，注重美育对每一个孩子心灵成长的作用，用艺术浸染学生的心灵，进而滋养学生的美丽人生。

一、立德树人　以美育人

没有美的教育，就不可能有完整的教育。一朵云在大人眼中是一团水汽，在孩子眼中是大象、城堡乃至一整个奇异世界，而美育就是回归对孩子生命直觉的引导，用美来温润孩子的眼睛和心灵。这也是当前学校坚持立德树人的根本。自党的十八大提出"美丽中国"概念后，我们对学校培养"积极而负责任的公民"的育人目标进一步进行诠释：通过美育实现人的全面发展的"美丽"，发挥美育的特殊作用，培养孩子们对真善美的欣赏、向往、创造，从而塑造健全人格，让每一个公民的美丽人生与美丽社会、美丽环境交映生辉。基于学校的办学理念与育人目标的要求和美育的内涵特征，我校确定了"涵养美感，和谐身心，陶冶情操，健全人格"的艺术教育目标，并坚持在艺术活动中融入德智体劳等教育元素。

好的教育目标是通过课程来实现的。我校整体规划美育课程体系，带动核心团队以育英中学学生核心素养为基础，通过构建分类的课程体系，最终达到以美育人的目的。我校围绕"热爱祖国关注世界、自律守信团结乐群、达观自信瞩望未来、敢于创新崇尚科学"的育英中学学生核心素养，构建了由家国情怀课程、科技创新课程、艺术与健康课程、人文素养类课程所组成的学校四大类课程群，每一类课程中由基础平台课程、拓展综合课程与专业引领课程三个层面组成，通过学科课堂教学、跨学科整合教学、艺术教育主题活动、艺术教育社会综合实践活动和校园文化艺术环境五个主要途径来实施。确保面向全体学生开足开齐国家课程，丰富可选择性课程，拓宽实践体验类课程，深化专业引领课程，让每一个孩子都能得到艺术素养的提升，都能参与和选择自己喜欢的课程与活动，都能自信展示个人的能力与特长。

著名教育家陶西平先生说："学校艺术教育应当加强对社会主流文化价值取向的引导。"面对欧美文化、"哈韩族""哈日族"对学生的影响，作为教育者，我们积极培育社会主义核心价值观，将艺术教育和立德树人紧密结合，通过春风化雨的美育工作，让孩子成长为有信念、有情怀、有担当的人，成就更加丰富和饱满的美丽人生。

二、金帆远航　以美启真

育英中学在育人征程中坚定而自信，尤其注重通过美育来展现育中人的自信与担当，其中一项重要的美育活动就是学生金帆民族管乐团的建设和发展。

早在1994年我校就成立了民乐团，2011年学校民乐团被北京市教委正式命名为"北京市学生金帆艺术团"。自被认定为金帆民乐团以来，学校民乐团的发展迈上新的台阶，成为学校艺术教育的一张金色名片。在学校的正确引领和大力支持下，乐团管理规范，各声部齐全，梯队合理，日常及寒暑假训练规范，每年坚持组织召开专场音乐会，走进部队、社区，参与国际交流活动。正是长期坚持训练，乐团演奏水平逐年提高，连续获得金奖。而乐团团员在训练中，充分展示了自信和精湛的艺术水准。如小吉同学热爱民乐，在民乐团学习了六年。有一次走进北京市少管所进行社会实践，在听完少管所管教员讲述的这些失足孩子背后的故事，小吉说他感到很痛心。他一再要求跟少管所的同龄人讲几句话。他的真情吐露，既是对这些失足孩子的真挚劝慰又是对自己的一次升华。随后，他拿起二胡给这些少年拉了一曲《悲歌》。低回婉转的曲子拨动了在场每个人的心弦。如今，小吉已是中国人民大学法学院的一名学生，他说那次经历对他的影响很大。

小恬同学的爷爷是个八十多岁的部队退休老干部，在陪孙女参加完圆明园金帆日演出后给我们寄来一封信。信中说："我感到金帆不仅教孩子们懂得更多的音乐知识、文化知识，更注重培养孩子们的思想品德。闪闪金帆在育才、育德、育人方面发挥着特有的功能。"信后老先生还兴致勃勃地附上了一首诗："菊香雅韵动圆明，闪闪金帆奏正声。晓月卢沟怀壮烈，丝绸之路响驼铃。衰微腐朽曾遭劫，奋斗为民又振兴。喜见新苗拔地起，兴国大业有传承。"

演出总结会上，我们将老先生的信和诗读给同学们听，使演出实践活动的教育效果得到了延伸，从孩子们专注的眼神中我们能感受到他们领悟到了一位革命前辈对晚辈的谆谆寄托。金帆远航，以美启真。像这样的金帆故事还有很多很多……我们愿和孩子们一起，扬起理想的风帆，载满成长的故事，驶向成功的彼岸。

三、文化传承　以美扬善

善，是美育最高境界。"入其国，其教可知也。其为人也，温柔敦厚，诗教也。疏通知远，书教也。广博易良，乐教也。絜静精微，易教也。恭俭庄敬，礼教也。属辞比事，春秋教也。"孔子指出了诗、书、乐、易、礼对人的综合素质养成的作用，可见美育是通过各个方面来陶冶人的性情的，并以此传承中华优秀传统文化。我校以金帆民乐团为龙头，深挖优秀传统文化的内涵，开设了以优秀传统文化教育为主线，通过艺术教育渗透育人理念的众多艺术文化课程，以美扬善，做善的传播者。

艺术教研组深挖音乐、美术课程里的文化内涵，用艺术的方式讲述中国故事，传承中国文化，引导学生在感受艺术之美的同时能够体会到美的深层内涵和美中孕育的善。除了深挖国家课程的文化内涵，艺术教研组教师还编辑校本课程，拓展艺术教育的广度，激发同学们参与艺术学习活动的兴趣，一支歌曲、一幅油画、一块印章，教师拓展了学生伸向艺术的触角，更教会了学生用艺术的方式表达自己的思想和审美。

在金帆乐团的引领带动下，学校成立了民族舞蹈团、合唱团、英文戏剧团等校级社团。同时为了满足更多学生艺术学习的需求，学校还开设了京剧、非遗绢人制作、微电影艺术、竹笛初步、琵琶初步、二胡初步、软笔书法、中国结制作、传统茶艺、非遗传统剪纸、老北京文化、国画艺术、鼻烟壶内画、朗诵与主持、篮球、乒乓球、羽毛球、太极拳、手工制作等丰富多彩的传统文化艺术体育劳动课程，为同学们五育协同发展搭建舞台。

为了更广泛地引导学生参与到艺术、体育、劳动的学习活动中来，学校积极组织开展艺术实践活动，以"弘扬民族精神，传承民族文化""纪念建党日""唱响民族精神"为主题，每年开展艺术月和"红五月"歌咏比赛，让更多的学生能够在艺术实践活动中展示自己的才华，感受艺术的熏陶。每年的学生艺术节体育节和"红五月"歌咏比赛参与率都是100%，80%以上的学生参与了除国家课程之外的艺术、体育课程选修。如今，我校已经基本形成了良好的五育生态。2017年，学校被评为为北京市首批艺术教育特色学校。

哲学家以诗意的语言说，"教育的本质意味着，一棵树摇动一棵树，一朵云推动一朵云，一个灵魂唤醒一个灵魂。"音乐家谭盾说过，一个爱艺术的民族、一个学艺术的民族、一个对教育和美非常崇尚的民族，一定是非常伟大的民族。这样别人才愿意来到你这里，跟你交心，把你的东西当成宝贝带出去，带到别人的灵魂之屋里，带到别人最深的心房里保护起来。我校永远坚定这样的信念：让美育走到孩子的心里，走进孩子的灵魂深处，以美育人，五育并举，以美启真，以美向善，滋养他们的美丽人生，让每一个爱艺术的孩子，成为民族文化的传承者，担当起民族文化伟大复兴的历史使命。

探索教师生涯教育指导力策略，帮助学生遇见更好的自己

北京市育英中学　何　巍　邱红梅

《国家中长期教育改革和发展规划纲要（2010—2020年）》明确提出，"建立学生发展指导制度，加强对学生理想、心理、学业等多方面的指导；关注学生不同特点和个性差异，发展每一个学生的优势潜能。"2014年9月4日的《关于深化考试招生制度改革的实施意见》揭开了新高考的序幕，用教育政策、制度来全面支持教育新变革，新高考更加关注学生自主选择，赋予学生前所未有的自主和选择权力。高中阶段是学生自我同一性形成与生涯发展的关键期，认识自我是学生发展的重要课题。高中也是生涯发展关键期，生涯教育能够帮助学生寻找未来的发展方向与目标，使学生做事情更有动力，提升学生的能力。学生通过生涯教育，对自己的兴趣和能力会有更清晰的认识，知道自己是"谁"，要成为"谁"；知道自己在哪里，未来要去哪里。

据调查，目前国内没有专业的生涯教师队伍，生涯规划教学处于初期阶段。应对新高考，学校为学生提供及时、系统的生涯规划指导教育迫在眉睫。在此形势下，一线教师如何迅速有效提升自己的生涯规划教育指导力，就显得尤为重要。我校参加了北京教育科学研究院基础教育科学研究所"提升中学教师生涯指导力的研究"课题研究，在北京教科院殷桂金、李海燕、崔玉婷和张文静老师的指导下，我校进行了较为系统且形式多样的有关中学生生涯教育规划培训与学习，结合我校学生实际组建研究团队进行实践探索与研究。

本文将从我校生涯教育现状、生涯教育指导力要素分析、生涯教育课程设计、实践效果等几方面进行论述。

一、我校生涯教育现状

首先,观念陈旧。虽然目前很多学校都成立了学生发展指导中心,但是学生发展指导工作还处于起步、尝试阶段,指导教师虽然对"指导工作"不陌生,但对"学生发展指导"工作还缺乏深刻的理解和认识。有关资料表明:"学生发展指导,涵括招生考试、教育心理、生涯教育、教育管理以及品格教育与德育等诸多跨专业、跨领域的理论与知识,在我国尚属新兴教育领域,内容复杂且尚未完全体系化。"我校情况与此类似。

其次,师资力量不足。生涯教育与发展工作是"全方位的生涯教育与发展指导,包括了理想信念教育、自我认知探索、选科指导,还涵盖了升学路径规划、生活安排、生涯探索等方面的指导,以及大学、专业与行业认知乃至品格养成等一系列内容"。但是我校的学生生涯发展指导工作,由原来的德育处或教导处的教师担任,没有进行系统专业的培训,对学生的生涯指导更多流于形式。

最后,教育资源缺乏。由于缺乏资源和相应的工具,所以在对学生进行发展指导时,出现了盲目使用其他国家或地区的生涯工具与资源的情况,并且在使用时,也没有很好地结合各校实际,容易出现生搬硬套的现象。

二、生涯教育指导力要素分析

在教科院研究团队的指导下,我们认识到生涯规划教育不同于一般学科教学,其目标不在于教授学生知识点和专业技能,而是培养学生对人生负责、为自己"做选择"的能力,使学生树立目标意识。当然,生涯规划教育也不同于德育管理,不是以统一的行为规范和道德标准去判断学生的对与错,而是促进每个学生的个性化发展。因此,生涯教育教师是学生的指导者、启发者和引导者。基于上述分析,我校要提升教师的生涯教育指导力,要具备以下一些要素。

(一)生涯规划相关理论知识学习

作为生涯教育指导教师要通过阅读文献、专题学习、小组讨论等方式加强理论学习,要将学习的国内外前沿的相关理论,特别是成功的研究成果应用到实践中,进行校本化研究,形成有针对性的校本化理论。

（二）生涯规划相关课程教学能力提升

生涯规划指导有相关的资料可借鉴，但没有成体系的课程教材可使用，这就要求教师在工作中要结合本校实际开发课程，进行课程教学设计，并提高课程的实际效果。一个优秀的团队能激活整个课程建设。在北京教科院专家指导下，我校成立了课程开发小组，透彻理解课程理念，设计课堂教学内容，发挥整个团队的研究合力。

（三）生涯规划相关课题研究能力提升

在北京教科院专家的带领下，我校确立了研教一体化的教师专业化发展模式，构建教中研、研促教的良性循环，提高教师的专业化水平，更好地对学生开展生涯指导教育。教科院专家多次到校，实施生涯教育培训，给予一定的指导。研教一体化，就是教师基于生涯教育过程中遇到的真问题进行深度探索、研究，找到问题解决方案，切实转变指导教师的理念、方法、策略，从而提高教师解决课程教育中实际问题的能力。这些问题涵盖了课程教学中的学情、课程理解、课程内容、课程实施、课程评价与课程建构等方面。只要有问题存在，就会有相关的研究跟进，目的不是单纯地解决问题，而是解决问题中教师课程能力的提升。

三、生涯教育课程设计

在教科院专家的培训和我校研究团队的研训下，我校设计的生涯教育课程主要有以下几类。

（一）通识课程

1. 认识自己

概括介绍本课程的设置情况与教学安排，使学生通过心理测试、自我总结、同学互评等方式完成自我认知，了解自己的兴趣爱好、性格特点、职业潜力，为确立自己的职业梦想打下基础。

2. 认识职业分类与高校专业设置

面对高考新变化，以结果为导向，通过职业→专业→6 选 3 的科目选择进行倒推，在自我认知的基础上带领学生以互动的方式进行职业探索，确定意向职业，进而锁定未来进入大学要学习的专业方向。

3. 认识专业学习与新高考"3＋3"（6选3）课程选择的关系

立足高考改革新变化，按照树立职业梦想—选择专业学习—确定高考科目的思维逻辑，引导学生懂得高考6选3科目的选择对于他们最终实现职业梦想具有极其重要的作用。首先从学生确定职业梦想入手，帮助学生对部分本科专业形成初步印象，然后通过举例的形式细化专业学习的内容，使学生加深对部分专业的了解，让学生明白自己以后想学习的专业需要怎样的知识准备，从而确定6选3科目的选择。

（二）学科渗透课程

生涯规划教育并不是一种特殊的存在，其合理的存在方式应是恰如其分地融入各科的教学当中。

挖掘蕴藏在各个学习领域和学科教材中的丰富的生涯教育素材，真正让学科教学与生涯规划教育融为一体。

1. 认识高中学科特点

请高中学科教师为学生讲解相应学科高中阶段的学科特点、对学生能力的要求及学习方法进行指导。

2. 认识大学学科特点

请大学相关专业教师给学生做讲座，介绍物化生史地政学科在大学阶段的特点，以及学科的发展前沿状况，让学生充分认识自己即将学习的学科与自己能力和兴趣等的匹配情况。比如我们请北京大学的研究员为学生讲解化学的前世今生；请蛋白质中心的专家给学生介绍生物科学的最新发展成果，等等。

（三）实践课程

1. 设计职业见习活动

将学生带入企业、公司进行参观学习，使学生认识到自己感兴趣的职业实际的运营情况，使学生了解所学专业的发展前景，合理制定短期和长期职业规划目标。

2. 模拟招聘会活动

设计模拟招聘会，让学生了解真正的招聘活动是如何开展的，用人单位对应聘人员在个人综合素养、学习背景等方面有哪些具体要求，从而全方面发展自己。

3. 研学活动

寻访名人故里，涵养人文情怀。高一年级的绍兴、上海游学课程与语文学科紧密结合，从江南园林到国际都市，探访周恩来、鲁迅故居等。孩子们纷纷用照片、文字表达感受，记录自己的成长与收获。

4. 社团活动

学生积极参加模联社团、韩舞社团、文学社等社团活动，有体验、有体悟、有反思、有分享、有共进。在活动中学生发展了自己的领导力、与人沟通的能力，综合素养得到提高。

四、实施效果

在北京教科院专家的指导下，研究团队不断探索，老师积极尝试，将日常生涯指导课与专业教学相结合，将个体辅导与团体活动相结合，我校生涯规划教育工作取得了一定实效。生涯规划教育使学生的自我发展和自我规划意识得到了显著的增强。学生对自己的知识学习更加重视，对未来职业的选择更加清晰。

以 2020 届高三毕业生为例，作为参加新高考改革的第一届学生，一切工作都没有既定的经验可以参考，通过学校科学合理的生涯规划教育，这届学生顺利完成选科任务，全年级 80 个学生，选出 18 种组合，没有一个学生在选科之后再做学科调整，并且多名学生在高考中选科成绩达到满分，顺利升入理想的大学和专业。科学合理的生涯规划教育，不仅提升了他们探索新环境、认知新世界的主动性和积极性，更是提升和升华了他们的自我认同感和自我价值观，它就像一扇崭新明亮的窗户，为忙碌而枯燥的高中生活展现了一片新的天空。

通过与北京教科院专家携手开展生涯指导教师培训和课题研究，不仅提高了我校教师生涯教育指导力，而且帮助我校更多学生遇见了更好的自己。

与青春的心对话

北京市育英中学　张　薇

中学生正处于青春期，青春期学生因心理障碍引发的事故屡见不鲜，家长普遍感到孩子难管，教师感到学生难教。但走进学生的生活，就会发现他们的问题是多种多样的，这些问题正是处于青春期的中学生比较突出的问题。做好青春期心理卫生教育，帮助学生解决问题，愈合心理忧伤，防治生理和心理疾病，对于促进学生健康成长至关重要。我校于2018年参与了北京市教科院基础教育科学研究所张文静、殷桂金、崔玉婷和李海燕老师的"青春期健康教育"的研究，成立了中学青春期健康教育研究团队，参与了课题研究的培训活动，梳理了我校学生青春期身心健康的情况，开展了校级青春期健康教育教学活动，取得了良好的效果。

一、我校学生常见的青春期心理问题

我校一直关注学生的心理健康问题。每年新生入学时，我们都会对初一、高一新生从人格类型、人际关系、学习动机、心理健康四个方面进行摸排。经与北京教科院专家一起进行分析和探索，我们归纳了我校学生常见的心理问题，主要包括以下四类。

1. **学习类心理问题**

学生表现为学习压力大，精神紧张，尤其是临近考试和面对成绩时，精神过度紧张，个别学生甚至会出现身体的不适症状。

2. **人际关系问题**

学生对亲子关系、师生关系以及同伴关系感觉到紧张。尤其是亲子关系，与家长的矛盾，对家长的抵触反感，不被家长理解，是很多学生认为难以解决的困难。

3. 心理情绪问题

学生表现为有焦虑、抑郁的倾向，并且有一定的强迫症状出现，这些症状已经对学生的生活产生一定的影响，甚至影响了睡眠和日常的学习。

4. 沉迷网络问题

学生表现为逃避现实，作息时间混乱，沉迷手机游戏和网络游戏的情况也比较严重。归根结底是为躲避学习压力，沉浸在游戏或者网络的虚幻世界中，获得一种虚无的成就感。并且由于过度沉迷，导致学习任务不能及时完成，晚上不能正常入睡，甚至熬夜，从而造成了第二天的课堂效率不高，学习成绩降低，进入了恶性循环。

二、青春期心理问题归因分析

针对摸排中出现的一些问题，我们与北京教科院的专家进行研究，参考社会生态学理论，归因分析，找到青春期特点、学业压力、人际交往、教育环境、网络信息、家庭原因等六个方面的原因。青春期的特点是生理和心理发育的不平衡，进入中学后，学业压力陡然增大，课业负担重，学生因成绩和考试产生焦虑。他们渴望被了解、被认可、被肯定，这就使得学生在人际交往中出现过度敏感、自责、情绪不稳定等情况。原生家庭也是产生心理问题的重要来源，亲子关系不和谐、家庭结构复杂都会对学生的心理产生影响。当在学习上感受到压力、在交往中遇到挫折时，亲子关系不合谐会让他们更加依赖网络，沉迷在游戏和虚拟的世界中，来自网络的一些不良信息也会影响他们身心的健康发育。而作为最重要的心理教育场所——学校，目前面临着师资不足、教师缺乏专业系统教育的困境。

三、学生青春期健康教育干预过程

针对我校摸排出的情况和归因分析，在北京市教科院专家的专业引领下，我们首先聚焦改善学生人际关系这一青春期健康问题，利用各种活动，从心理活动、家校合作、自主管理、教育环境四个方面进行了系统和全方位的干预。

（一）形式多样的心理活动

1. 毕业年级心理班会

针对毕业年级学业压力大的特点，我们在初三、高三各班开设心理班会课,由专业心理老师进行授课,关注学生自我效能,帮助、引导学生学习调节焦虑情绪,定期对学生进行心理按摩,在中、高考的每一个重要节点,给学生积极的引导,帮助学生们顺利地度过关键时期。

2. 全校开展心理游园会

心理游园会是各个年级的学生都很喜欢的一种活动方式,虽然校园不大,但我们精心设计组织,针对不同年级的特点进行编组,分别为:初一、高一起始年级、初二、高二过渡年级、初三、高三毕业年级。有考验团队配合的群体游戏、有鼓励学生展示自我的个人项目、还有涂色画画等能反映学生内心的专业环节。

3. 专业群体心理社团

青春期的学生渴望被了解,也渴望更了解自我,不少学生对心理学知识表现出了浓厚的兴趣,有进一步进行专业学习的愿望。为此,我校创办了心理社团——育心社,利用朋辈互助,促进学生青春期身心健康。育心社传达正确的心理知识、促进学生心理健康,学生的心灵得到了前所未有的释放。新冠肺炎疫情期间,育心社则以网络授课和微信分享的在线活动模式,成立了在线社团——育心大讲堂,召集了更多的学生广泛加入。育心社在线社团活动以每周一节心理在线课,不定期微信群分享等形式,让学生一起在揭开心理神秘面纱的同时,也能够更好地提高心理免疫能力,助力抗疫期间的心理调适。

(二)务实有效的家校共育

1. 家长学校

我校作为"全国优秀家长学校",多年来本着家校合作一体的工作思路,始终坚持家校协同合作,聚焦家庭教育难题。在青春期心理的课题研究中,改善亲子关系,着力点更重要的是在家长。我们邀请了北京大学"三宽家长教育"课题组讲师高宝月老师,面对初中家长和高中家长分别以"青春期孩子的相处之道"和"新高考形势下孩子的学习管理"为主题,为家长讲解青春期孩子的特点和应对策略。

新冠肺炎疫情期间学生长期居家,我校更关注家长与学生的交流,利用公众号、心理微课、线上家长会等方式与家长交流,给予专业的指导。只有学校教育,而没有家庭教育,或只有家庭教育,而没有学校教育,都不利于完成培养人这一极其复杂的任务。最完美的教育,应是两者的有机结合,尤其是在抗疫期间学生居家学习这一非常态的形势下，家校合力就显得更为重要。

"育中家庭教育云课堂"则邀请高宝月老师就青春期孩子的教育，初三、高三毕业生家庭教育等话题与家长进行交流。高宝月老师以"不吼不叫，如何与青春期的孩子沟通"——正确认识成就感与挫折感交替的矛盾和"不吼不叫，如何与青春期的孩子沟通"——正确认识心理闭锁性与开放性之间的矛盾为题进行讲解，帮助家长走近孩子、了解孩子。

2. 家长进课堂

为了拓展孩子们的眼界，让孩子们通过家长的分享获取更多的课外知识，也让家长参与到学校对孩子的教育管理中，我校开展了"家长进课堂"的活动。家长们认真准备了丰富精彩的课件，生动有趣地同孩子们分享课外知识，孩子们积极参与，踊跃回答问题。来自不同行业的家长走进学校，走进课堂，带领同学们进入了全新的领域，开阔了学生的视野，丰富了孩子们的知识。家长进课堂活动深受孩子们的欢迎和喜爱，也促进了亲子关系的融洽发展，让孩子们认识到家长的另一面，也让更多的孩子看到了世界的更多面。

（三）绽放光彩的自我管理

1. 活动教育

我校不同的年级教师组针对本年级学生的心理特点，设计组织了不同主题的活动对学生进行教育。例如，初一年级组重在"养成习惯"，面对全新的初中生活，通过一个个好习惯的养成，调节自我的心理认知，尽快适应初中生活；初二年级组重在"榜样教育"，高一年级组突出"自我管理"，高二年级组关注"生涯教育"，通过生涯课程，让学生对自己的人生进行规划，从"青年"逐渐过渡到"成年"。

2. 责任教育

我校的部分教师共同参与课题"中学生责任意识与担当行为培养"，在学科教育中、在德育活动中培养学生的责任意识，教会学生如何做"对"的事情，学生一直做"对"的事情，自然就没有时间做"不对"的事情。学会担当，这是青春期学生渴望被认可的一种体现，这对于帮助学生健康成长是非常重要的。

（四）专业引领的教育环境

我校多次聘请教育和心理专家对教师进行专业的培训。如我们邀请场域领导力专家、PCC认证教练郑磊为班主任教师进行了"修己识人——促进有效沟通"为主题的培训活动。郑磊带领教师了解自己内在的卓越，教给教师缓解情绪的方法。我校还邀请北京交通大学心理素质教育中心副主任张弛老师以"幸福的密码"为题，结合心理教育理论和生活实际引导老师们探寻幸福的密码，更好地认识自己，以便了解学生，走进学生的心灵世界，服务学生的健康成长。

四、现阶段的成果与反思

在北京教科院专家的指导下，课题组的教师不断成长，也带动着身边的教师一起成长。教师在不断的学习和反思中，也纷纷进行着自我的提升，并提交了一份份案例，每一份案例都凝聚着班主任教师的心血。我们看到了教师的自我成长，看到了教师对学生心理的关注，看到了教师与家长沟通的进步，更看到了身边孩子们愈加健康的成长，真正实现了我校的校训——"让每个生命绽放光彩"。

"科技向中"特色实践与成效探析

北京教育科学院燕山向阳中学　童远康

北京教育科学院燕山向阳中学于1972年建校，是京城西南一所城镇普通初中校。根据燕山整体规划和教育布局调整，燕山向阳中学于2017年3月16日正式与北京教育科学院合作办学。自加入北京教科院联盟校以来，教科院基础教育研究所专家多次给予我校办学思想的指导与肯定，为未来学校建设提供了支持和力量。

在教科院专业知识的引领下，我校对未来办学中的新问题进行了预判。学校加强科技教育和学科教学的整合，鼓励文学、数学、艺术等学科教师在教学中渗透科技教育，传授科学知识和科学精神，与新课改有机结合起来，在学科渗透中进行科学教育实践。学校采用探究学习、项目学习等有利于培养学生科学素养的教学方式，培养学生的创新思维与创新意识。合作办学以来，学校的科技教育工作呈现良好的发展态势，在原有办学理念的基础上，学校进一步明确办学愿景，以"科技向中"为发力点，以搭建多元化课程体系为抓手，转变育人模式，以"培养全面发展的人"为目标，积极构建学校"向阳教育"文化新体系。

一、"科技向中"特色的确立

随着科技进步与全球经济、技术的高速发展，能够适应未来发展的学生更多在于学校是否培养其具备核心素养。培养学生综合实践能力和核心素养已成为学校教育教学的重要目标。根据学生发展的需求，以科技教育促进全面实施素质教育办学，如何激发学生的科学兴趣、增长科学意识、训练科学思维，不断提升学生的科技素养、探索精神与创造能力成为摆在学校办学面前的重要课题。

基于以上教育理念，我校结合自身的办学传统，以北京教科院为引领，定位于学校科技特色发展。学校首先于 2017 年成功立项了北京市教育学会"十三五"教育科研课题"STEAM 课程背景下向阳中学培养学生核心素养的实践研究"。通过课题研究，探讨多学科之间的整合，旨在推动我校新课程多元化的发展，并结合"STEAM 教育"课程实践研究，培养我校学生追求知识，独立思考，勇于创造的科学精神和善于发现、提出问题和解决问题的实践创新能力，培养学生的科技素养，最终实现学生核心素养的全面提升，从而促进学校形成"科技向中"特色，推动学校整体文化建设。

结合学生科技素养的培养目标，我校进一步明确了特色办学目标：挖掘、利用科技资源，有效开展和实施科技教育，营造科学与人文融合的校园文化；形成科技校本课程、科技综合实践活动、校园科技节、科技竞赛四位一体的科技教育空间；全面推进素质教育向纵深发展，培养全面发展，学有特长的向阳学子，打造特色鲜明的科技示范校。

二、"科技向中"的课程构建

结合"科技向中"特色，学校进行校本课程开发与建设。主要注重以下两个方面：第一，以科技为特色，注重丰富性，开设了兼顾艺术、体育、文娱表演等类二十多门课外活动课程，丰富了学生的校园生活，增长了见识，拓宽了视野；第二，加强课程创新，探索适合我校的 STEAM 课程体系，由此聘请校外专家团队进行专业培训，组建了中青年骨干老师参加的 STEAM 课程团队，培养自己的 STEAM 课程师资力量。

我校努力把青少年科技教育活动融入学校日常教育教学工作之中，不仅开展理化生相关实验课和信息技术课，还聘请校外科技辅导员为学生开设了航模、科技制作、无人机、可编程机器人、STEAM－云霄飞车、绿植小创客、STEAM－小球马拉松等课外活动课，进一步培养学生的动手实践能力。学校让学生在已有数学、物理、化学等基础科学知识的基础上，在学习中发现问题、研究问题、解决问题，感悟科学的魅力，提升学生的创新能力和科学素养，以行促知、以行践知。

（一）STEAM 课程建设

STEAM 课程提倡的是一种新的教学或学习方式，是基于 STEAM 教育，发展建构的课程类型。STEAM 教育是集科学、技术、工程、艺术、数学于一体的综合教育，重点培养学习者基于项目的学习能力，通过项目学习来培养学习者的科学、技术、工程、艺术和数学素养（即 STEAM 素养），STEAM 课程的课堂，常常是基于真实问题解决的探究学习、基于设计的学习。所以我校开展跨学科综合性技术的校本课程的开发与建设，将 STEAM 课程融入科技教育，指引学校理、化、生等学科教师，结合中学教材中实验教学目标以及学科素养要求，按照"将科学和工程问题有效地结合在一起"的 STEAM 理念，开展跨学科知识整合，共同增补、完善了六年级科学课课程内容。同时充分利用学校现有信息设备和教室，如实验室、计算机机房、3D 打印、学生社团等，初步开发与实施一些教育项目，培养学生跨学科综合知识的应用能力与创造力，提升学生综合素养与创新能力；初步探索利用学生社团、课外时间开展实施 STEAM 教育和学习项目，引导学生自己发现问题，确定项目，最后解决实际问题。目前初步形成学校科技特色的 STEAM 课程。

（二）学科渗透

以课堂教学为契机，将科技纳入课程。学校提出培养学生的科技素养、创新精神、创新意识是每一位教师的职责，要把科技目标与具体教学内容相联系，有效落实到学科课堂教学中，并尽可能多地组织有科技性质的学科活动，做到学科间渗透，学校内外结合。

科普教育学科融合主要有以下三种形式：①创设情景时，将生活中的实际应用与科技教育元素充分挖掘，与授课内容有机结合，做到学科渗透。②以实验为依托的理化生课程，将原有的实验加以改进，衍化成学生活动。我校开展了物理学科的"格物致知、观物明理"科普活动、生物学科的"绿植小将"学生活动等。③用现代化科技教学手段进行课堂教学。运用现代化科技成果展示直观难懂的课本内容，彰显科技成果的魅力，对学生的科技精神和科技意识进行润物无声的培养。

（三）科技闪光课程

学校坚持"为学生成长铺垫阳光之路"的可持续发展办学理念，在"科技向中"的课程构建中，结合自身的实际情况，在丰富多样的校本课程中，打造了一批"闪光"课程。

1. 创意科技画与创意沙盘

日常生活中普普通通的材料，通过孩子们的创意设计和动手创作，变成了一幅幅艺术作品，虽然略带青涩但是创意无限。孩子们更是发挥想象，让我们的城市插上科技畅想的翅膀，用一幅幅创意画，描绘他们心中未来城市的美好景象。寓教于乐是学校开设创意画与创意沙盘课程的目的所在。"玩"是孩子的"天性"，科技绘画和创意沙盘极具趣味性，让孩子在自由放松的探索中得到创造的灵感与创新的能力，在拼接与涂抹间，开启学生创新的潜质，放飞无限的想象。同时，学习体验的过程也是触类旁通的过程，孩子提高悟性，学会知识迁移，掌握更多有效的学习方法。

2. 科普知识讲解员培训

通过专项教师对学生的培训，我校在学生中优中选优，挑选了一批科普知识讲解员。在学校科技展览室里，小小讲解员们针对汽车发动机、自行车、天平、水压器等生活实物，由浅入深进行科普知识介绍，这里不仅是对生活中科学技术的认识，更是口语表达能力与沉着应对的心态的综合展示。中学阶段是人生中重要的生长发育期，同时也是一个人的心理不断成熟、个性逐渐形成的重要时期。科普知识小小讲解员的培训，能培养学生的认识能力，让他们的口语表达能力有效提高，并学会情感控制，对孩子心理素质的培养十分全面。孩子们参加各项科普活动展示，不仅提高了学知识、学科技的兴趣，也进一步锻炼了口语表达与心理素质，学会了自我控制，增强了抗压心理能力，从而提高了自己的综合素质。

3. 编程机器人教育

看着将自己编程的语言代码，通过硬件结合编辑制作成各种感应电路，控制机器人完成简单任务，学生收获满满。编程机器人教育可以让学生学到比计算机更全面的知识，除能够学到编程语言、程序设计以外，同时还能学到机电方面的知识。通过本课程的学习，学生可以了解机器人的发展和应用现状，理解机器人的概念和工作方式，为进一步学习人工智能技术打下基础。了解机器人传感器功能，学习编写机器人控制程序，通过竞赛和完成任务，学生在搭建机器人和编制程序的过程中，可以培养动手能力、协作能力和创造能力。编程机器人教育可以充分体现学生的主体地位，有目的地培养学生的科学素养。

4. 跨学科的实践设计课程

亲手制作一段机械线路，利用物理原理，使小球克服种种障碍通过设计线路模型到达终点，学生可以从中感受空间概念、设计意图。"小球马拉松"模型介于平面图纸与实际的立体空间之间，它把两者有机地联系在一起，是一种三维的立体模式，其模型有助于设计创作的推敲，可以直观地体现设计意图。通过反复实践与探索，学生不断观摩讨论，路线设计越来越复杂，小球运动空间充满创意与想象，这一过程可激起学生的制作欲望，让学生借机规范制作方法、步骤，理解作品的内涵。通过制作与实践创新，可以培养学生的科学思维能力，锻炼学生解决问题、与他人合作与交流能力，学习以一种与众不同的艺术语言表现作者的构思，让学生感受机械设计与物理学科融合的科技魅力。

三、"科技向中"之学生活动

我校提倡用科学的方法加科学的管理来提升教育教学质量。这既要看学生的知识与技能的掌握和应用情况，又要看学生创新能力和实践能力的发展情况。我校特别注重个性和特长的发展，提倡学生在动中学，在用中学，积极开展社会实践活动，走进社会，了解社会。学校通过科技创新活动，培养具有真、善、美品质的未来科技人才。因此，我校抓住科技热点，有序地开展科技传播活动，为学生开展丰富多彩的科技活动。

例如，每学年举办"科技嘉年华"活动，2017 年以"科技向中，扬帆起航"为主题，2018 年以"享科技魅力，育向阳少年"为主题，2019 年以"爱·学·创——喜迎新中国七十周年华诞"为主题，活动包括科技展演、科技体验、学生科技制作等环节，开阔了学生视野、让每一位学生都体验了现代科技成果，引导了他们热爱科技，助力学校科技素质教育的全面普及。

学校还充分利用社会人力资源，开展科技活动。我校邀请专家为学生开展科普专题讲座，如航天知识科普、"走进深蓝"航海科普、"实物原理"科普等。此外，我校还充分利用社会大课堂资源，开展科技实践活动，如走进乐多港、天津大运载火箭基地、教培中心进行体验科技项目，观摩中国青少年创新程序设计大赛，开展"快乐成长"科技夏令营、"飞行梦想，从这里起航"航模夏令营等科技夏令营活动，还开发学校麦地成为学生了解小麦成长的实验基地，鼓励学生利用假期去听科普讲座；等等。活动让学生从校内到校外体验科技的进步，将所学知识运用到生活的实践中，大大提高了学生参与科技活动的兴趣，诠释了我校"科技向中"的灵魂。

在科技课程体系建设中，全面推动学校多元化课程体系建设：科技教育与学生德育相结合；科技教育与学科教学相结合；科学教育与创新小制作活动相结合；科技教育与各类科普活动相结合。我校致力于打造以"科普、科技、科学"三个层次构建的科学课程和活动，深入探索开拓学校科技课程教学发展新思路、新途径。

四、"科技向中"的保障措施

（一）学校管理

长期以来，我校把学生的科技教育作为争创特色学校的重要特色项目来抓，为了全力推进科技教育工作，培养学生的科技创新精神，形成一种浓郁的科技校园文化，我校从健全组织架构、制度管理入手，为开展科技教育工作提供组织保证、技术保证、后勤保证、科研保证。

1. 组织建设

我校针对科技教育专门成立了科技教育领导小组，组成了由校长、书记任组长，副校长任副组长、各科室为组员，科技教育领导小组领导下的科技组，9位各学科的优秀教师任成员，并聘请教科院科技教师为科技顾问，最终形成了由领导、各科室、班主任和科技辅导员共同落实科技教育的工作辅导网络，层层落实责任，齐抓共管，真抓实干。科技教育领导小组根据北京市教委、教科院及燕山地区的具体情况合理安排科技工作，并制定了2017—2021年的学校发展规划；另外，在保证完成市、区级单位安排的科技教育工作的同时，我校能够根据每年的具体情况合理制订下一年的科技教育工作计划，并对上一年的工作计划进行总结和反思，不断提高我校科技教育水平，使全校科技教育工作得到保障。

2. 制度建设

我校建立有完整的管理制度，明确了相应人员的岗位职责，如《北京市燕山向阳中学科技教育工作制度》等，对科技教育活动、科技教育考核、科技教育奖励、科技教师工作和培训等都有严格的管理制度。每周安排一定量的科技活动课程；每学年围绕一个主题举办一次"科技嘉年华"活动；成立科技兴趣小组和少年科普队，组织开展课外科技活动，参加相关科技比赛，同时要求定期召开会议，探讨思路，总结经验。为了激励每个学生成材，激发科技创新热情，让每个学生体验成功的喜悦，我校改变传统的评价学生办法，对学生的优秀科技成果进行展示，并记录在案；及时公开表扬科技活动积极分子，定期开展"科技之星"评比活动。以上制度形成了规范的文档，各类会议、活动等均做相应记录并形成了完整的资料，确保科技教育工作落到实处。

（二）师资培训

精良的科技团队、丰富的教学资源是学校进行科技教育的基础。在教科院及教委各部门的高度重视下，为提高科技活动辅导水平，我校采取多种渠道对教师进行业务培训，不仅先后派出多名教师参加北京市、区级各项科技培训，也开展了面向全体教师的 STEAM 通识与实践培训、参观第五届农业嘉年华展会等活动。培训使辅导教师的理论水平和业务能力不断提高，教师能寻找科技创新点，探讨科技教育的教学思路，尝试创新教学，为指导学生开展研究性学习打下良好基础，推动科技教育在我校的开展。为巩固我校科技教育师资队伍，我校联系北京市科协、房山科协及北京科技报社等相关单位，定期与我校教师进行座谈及培训，做到人人参训，各有科技专长，为我校的科技特色办学培育更多师资。

（三）课题研究

我校一贯重视教科研工作，结合科研课题与教育教学问题，推动"以知促行"。为推动科技向中整体发展，我校立项并完成由校长负责的北京市教育学会"十三五"教育科研课题"STEAM 课程背景下向阳中学培养学生核心素养的实践研究"。课题研究的目的是提升学生创新等综合素养能力。此课题选题充分利用和发挥我校在现代化信息技术方面的基础和优势，引进了新的教育理念，培育了新型的全面发展的未来人才。

（四）科技教育环境建设

我校自迁入新校址以来，陆续建设科技专用教室6个，学校先后投资数万元，改造、升级、新建了科技活动室、3D打印、创客空间等多个学生活动室。近年来，学校保证对科技教育工作的资金投入，在资源购置、人员培训、课程开设等方面下大力气，不断完善基础设施建设，提升软件质量，为进行科技教育提供先进的物质条件、管理制度和人力资源。学校将一楼门厅改造为科技展览大厅，并举办向阳中学第一届科技活动展；二楼方厅长期为科技展示空间，定期更换科技产品；学校科普队多次进驻社区，获得好评，并多次被媒体报道。我校将科技教育环境建设与校园文化建设相结合，为学生营造浓厚的科技氛围。设置科技宣传标语、为学生的科技成果提供固定展示区、利用校园广播台宣传科技科普知识、开展科技教育主题班会等，不仅激发了学生科技创新的积极性，也为学生提供了了解、体验科技创新的机会。

五、"科技向中"特色成效

（一）科技场上崭露头角

一分耕耘一分收获。我校经过近两年来的科技教育建设，拓宽了学生的学习渠道，激发了学生的科学兴趣，树立了学生的科学意识，培养了学生的创新能力，发展了学生的科技特长，学生们的科技技能和素养得到初步提升。学生在各类科技大赛中相继崭露头角，自与教科院合作办学以来，为激发学生参与科技活动的动力，我校积极带领学生参加市、区各级各类科技创新比赛并取得可喜的成绩。例如，2017年、2018年中国服务机器人大赛中学生设计的"居室灭火及联动报警"项目取得全国亚军（一等奖）、季军，"助老助残创意"项目取得季军、在北京市创新科技大赛中荣获二等奖；在北京市学习科学学会《数学与科技创·艺·汇》主题文化艺术节中《数学与科技创意》展演、《无用之用，创意美好》制作赛等系列活动中，分别获得"中学生数学与科技创意赛"一个二等奖和两个三等奖的好成绩，并荣获优秀组织奖、优秀合作奖、优秀展示奖等集体奖项；还包括燕山区"魅力燕文化，花车我最美"的彩车模型挑战赛中学组第一名，燕山地区科技赛事的一、二等奖。连续三年在北京市航模——纸飞机比赛中多人次获得一、二、三等奖。参加各级各类科技竞赛活动，不仅培养了学生敢于直面困难的勇气，还锻炼了学生积极探索的科学品质。同时，参与指导的老师也在各活动比赛中多次获得"优秀指导员"的称号。2019年我校被燕山教委授予"科技示范校"。

（二）科技素养显著提升

科技教育的有效开展，提高了学生的科技素养，使学校学生在全国、市、区大赛中屡创佳绩。比赛中的骄人成绩固然让学校引以为豪，但是学校更为看重的是通过科技教育的普及和科技大赛的历练，使学生的科学素养、创新理念、实践能力、精神风貌有了显著提升，使学生的创造性的个性品质有了良好的发展。同时科技教育的开展，加强了教师对自然科学、社会科学等现代科学理论的学习，扩展了教师的知识领域，提高了教师的理论水平和教育教学能力及科技素养，学校里涌现出一大批研究型、创新型的教师。学校的特色科技教育全方位渗透，产生了整体效益。在科技教育的带动下，学校形成了蓬勃向上、催人奋进的文化氛围。科技教育的喜人成绩提升了学校的知名度和美誉度。

自合作办学以来，我校"科技向中"特色办学辐射作用初显。我校举办的科技嘉年华活动内容丰富、形式多样、富有特色，邀请向阳小学和前进二小的同学以及学生家长代表共同参加活动，对周边学校的科技教育工作初步起到了辐射的作用。经过近几年来我校的科技活动，走进社区与社区居民进行有效互动，带动了周边社区参与科技活动的热情，并在多次社区活动中受邀进入社区参与宣传，与居民互动。2019年我校承办了燕山地区科技节主会场活动。

我校实施科技教育以来，科技教育工作取得了长足的进步，科技教育的内涵在不断地沉淀，层次在不断地提升。多年来，学校获得了多项殊荣，结合燕山石化科技产业优良传统，积极开发学校资源，着力实施科技教育，营造科学与人文融合的校园文化。目前，学校已形成科技校本课程、科技综合实践活动、校园科技节、科技竞赛四位一体的科技教育空间，以进一步提高学生的科学素养与创新能力，全面推进学校科技教育向纵深发展，致力于打造特色鲜明的北京市科技示范校。

五育并举,促进农村初中生多元发展

北京教育科学研究院周口店中学　王　倩

习近平总书记在教育大会上强调:"要培养德智体美劳全面发展的社会主义建设者和接班人,加快推进教育现代化、建设教育强国、办好人民满意的教育。"培养全面发展的学生,才是教育的本质,正如雅斯贝尔斯所说:"教育是人的灵魂的教育,而非理智和认识的堆积。"教育本身就意味着:"一棵树摇动另一棵树,一朵云推动另一朵云,一个灵魂唤醒另一个灵魂。"

一、农村初中教育问题现状

(一)教师教育思想止步不前

以我校初中教师为例,他们平均年龄为44.8岁,由于年龄较大,传统观念和传统方法根深蒂固地影响着现代教学工作。教学思维和教学行为还基本停留在用时间和汗水教诲学生,往往造成只盯着学生的成绩,过分强调学生的终结性目标的现象。教师以苦为荣、以苦为乐,辛勤地从事着教育教学工作。殊不知,这样的教育已经背离了教育的初衷。

(二)学生厌学情绪与日俱增

以我校初中学生为例,从初一入学开始,班级就会有四分之一的学生课上不听讲、课下不完成作业,整天一副得过且过的样子。随着年级的增长,学业课程的加重,这部分学生所占比例越来越大,甚至会出现编造各种理由逃避上学的行为。个别最严重的状况是无论家长和老师怎么劝说,学生就是不上学。

二、认识与判断

（一）农村初中教育现状的成因

1. 社会因素

受到"新读书无用论"的影响，农村学生看到很多农村的大学生毕业后在家找不到好工作，反而那些当初没有读高中、上大学的学生在家做起了小生意，当起了小老板，日子过得也不错的情况。再加上社会的进步带来科技的发展，手机等电子产品成为日常必备品，而学生往往不能抵制其中的诱惑，电子游戏占据了他们的大部分时间。

2. 家庭因素

农村学生的父母文化水平都不高，教育孩子的方法更是简单粗暴。或要求过高，希望值太大，子女由于达不到父母的期望而产生叛逆行为；或要求不严，顺其自然，放任子女；或父母在外打工甚至父母离异，老人照顾孩子，而老人只能负责孩子的吃喝，最后造成孩子无人管教。

3. 评价因素

目前农村教育中的应试教育倾向比较突出，教育评价的重心也倾向于学生的考试成绩，从而在培养目标上，注重智育，轻视德、体、美、劳等全面发展。最终一些学习成绩较差的学生整天背着后进生的包袱，不被重视，逐渐隐藏于教师和同学之间，久而久之便出现厌学，甚至逃学的现象。

（二）学校寻求发展的新认识

随着新一轮教育改革的推进，在北京教科院专家的引领下，我校教师的思想认识有了大幅度提高。基于我校初中学生的现状，我们充分认识到要"在普通的学校办不普通的教育"。目前的教育急切需要我们关注学生的实际需求，聚焦课堂，丰富课程多元化供给，从关注学生的整体成绩向关注每一名学生的发展转变。德智体美劳，每一个方面都有其自身的特点和教育功能的作用。好的教育，不仅有分数和升学率，更要有完整的灵魂和坚定的价值追求；不仅关注知识和技能堆叠的厚度，更关注体质、意志、品质和涵养的高度。

三、实施与推进

作为一所建校六十多年的老校，我校有着丰厚的文化底蕴，但不应是原封不动地承袭，而是要把优良传统不断地与新的时代要求相结合，打造周中厚重清新的品牌。比如，进行学科核心素养培育、综合素质评价推进以及高质量实施实践课程；进行劳动教育补短、审美情趣培养以及实施全员体育健身策略等，给薄弱环节接上发展的地气。要通过对"五育"不断推陈出新、革故鼎新，使师生成为自觉的文化传承者与创新者。

（一）课程引领，探索学习的深广度

"项目式教学"是依据教育目标和教学内容，通过项目研究、项目实施的基本方法，由教师创设教学情境，以项目问题的生成、探究、解决、运用来培养学生的创新精神和实践能力，以学生的发展为本，注重核心素养全面提升的一种探究式教学模式。

1. 单一课程，多维度项目式教学

传统的名著阅读教学模式是先由教师布置阅读书目，然后学生在规定时间内完成阅读任务，最后概括阅读内容或者书写阅读感受。这样操作的结果是：学生读得很累，更多的学生逃避阅读，网上摘抄一份内容概括或读后感上交应付差事。学生无法享受读书的乐趣，教师完成不了教学目标，更让那些优秀的名著失去了应有的价值。这样的做法，是对优秀名著的亵渎，是名著教学的误区，更是对学生的不负责任。

在北京教科院专家的引领下，我们积极学习先进理论，我校语文教师认识到名著教学的重要性及自身短板，改变名著教学的方式方法，采取"化整为零"和安排"经典情节连环画"或"我是小小说书人"等丰富多彩的教学活动取得了显著的效果。

学生不管是善于绘画，还是善于表演，或者是口才了得，总有他自己的独特之处。学生在完成任务的同时，提高了他们的绘画能力、口语能力、思维能力等，更重要的是不论哪个阶段的学生，都能获得阅读的乐趣与成就，内心更是获得了极大的自信。

2. 多种课程，多角度项目式教学

在以往的教学过程中，各学科教师往往是各自为营、互不干涉，经常出现的状况是学生忙了这个忙那个，他们被众多活动累得苦不堪言。针对这种情况，学校提出了多学科整合开展活动的新思路。

例如，初二年级抓住"中秋节"这一传统节日的契机，整合众多学科举

办了"丰富多彩的中秋节"活动,学生感觉很新鲜,也乐此不疲地参与其中。语文学科的"中秋诗会",让学生在活动中领略传统诗歌的魅力;地理学科的"十五的月亮十六圆",让学生从科学的角度解读这句千百年来的话语;生物学科的"瓜果飘香话中秋",让学生了解植物的生长过程和影响因素;物理学科的"月是今夜明",让学生更加理解光的反射原理。

总之,不拘泥于教材,不局限于课堂,不死记硬背,不苦战题海……寻找一个契机,将多学科融合在一起,有思考、有实践、有合作、有分工,还有众多学科的综合运用。探索真实世界,解决真实世界的问题,教给学生真正实用的知识和能力,学校给学生一个环境和任务,让学习自然发生。

(二)活动引领,激发学生内在潜能

1. 预设活动教育

教师在平时的教学中,多组织学生参与活动,多开展综合实践课程,让学生自主进行综合性学习活动。这些活动,都能极大地激发学生的内在潜能。

例如,我校每年都承担部分社会考试的组考任务,社会考生对校园环境不熟悉,往往造成找不到考场,从而耽误考试的情况。针对这种情况,我校每次组考前,都在学生中间广泛征集志愿者,有的负责学校门口的广播,有的负责引领考生入场,有的负责粘贴门贴和桌签……这项志愿者活动,学生积极踊跃地报名参与,乐在其中,学在其中,悟在其中。一名成绩后进生在参与志愿服务后跟班主任说:"老师,我引领考生入场的时候,看到一位头发花白的老爷爷也在参加自学考试,我还有什么理由不好好学习呢!"从此,他真的在不断进步。

总之,学生在参与中体会到责任的重要,并且那些残疾的考生、年迈的考生,也激发了学生学习的动力,这些都是教师苦口婆心劝说不来的。

2. 即时活动教育

最好的教育,是随时随地进行的。对学生的教育,不应该只停留在知识的层面,更要在学生做人的层面。

小A同学,母亲智力残疾,父亲视力残疾。初一刚入学,就接连发生小A到处借饭卡不还钱的情况。班主任深入了解情况后得知,虽然他的父母劳动能力有限,但是在政府和村委会的帮助下,他家每月的收入并不低,足以满足三口之家的生活。但是他每天都以一副穷困的样子示人,并且总觉得自己家困

难，理应得到所有人的无偿照顾。针对小 A 同学的这种情况，德育教育显然是重中之重。通过不断的班会、谈话等活动，他的思想慢慢地转化了，不再以自我为中心，开始主动承担班级清洁区的打扫，并且能带来绿植美化教室环境，家中苹果树丰收的时候，还主动送给老师和同学品尝。

虽然只是一项清洁区的打扫、一盆小小的绿植和一个小小的苹果，但是却表明了小 A 同学的成长，这就是教育的成功。

四、效果与反思

（一）效果

1. **教师层面**

在五育并举的素质教育理论的指导下，教师不断调整教学方法，丰富课程内容，教学目的更加清晰，教学方式更加多样，教学手段更加灵活。教师教得更加轻松，更容易获取教育的成就感。

2. **学生层面**

学生产生由"要我学"向"我要学"的巨大转变。他们学习的主动性提高了，更加自信阳光，综合素养获得全面提升。每一名学生都能在学校教育中，寻找到成功与成长的契机。

3. **家庭层面**

家长看到孩子的进步，孩子也理解家长的辛苦。不少学生家长，也学会全面看待自己的孩子，不再是一味的"成绩论"，更注重孩子全面的素质。家庭氛围也由剑拔弩张，逐渐转为和谐相处。

（二）反思

课堂教学是培养德智体美劳全面和谐发展人才的主渠道、主阵地，培育学生的学科核心素养是落实立德树人目标的关键因素。学科核心素养的培育，需要课内外结合，学科间整合，活动中融合。德智体美劳"五育"之间并非是孤立的，而是一个相互依存、互相促进的有机整体，要实现"五育融合"育人，关键在于如何打破其边界壁垒、打通内在联系。

新时代发展素质教育，就是要使教育更加公平、更有质量。在教育目的上，落实立德树人的根本任务，把培育和践行社会主义核心价值观作为素质教育的根本任务。在教育内容上，培育全面发展的、能够担当民族复兴大任的时代新人。在教育方法上，关注每个学生以知识和能力为基础的身心综合素质的健全发展。在教育结果上，通过科学精神与人文精神的有机融合，培养学生正确的价值观念、关键能力和必备品格。

学生一日学习生活全程管理的研究与实践

北京教育科学研究院周口店中学　于春普

北京教育科学研究院周口店中学是房山区教委直属的一所农村普通完全中学。学校创办于1955年，迄今已有65年的历史，截至2020年，原名北京市第70中学。2016年学校成为北京教育科学研究院教育实践基地，更名为"北京教育科学研究院周口店中学"。截至2020年，学校占地4.8万平方米，有18个教学班，在校生598人，教职工93人，其中专任教师76人，高级教师29人，中级教师36人，区级骨干15人。

实践中，学校围绕"立德树人"的根本任务，从德育、教学、体育、美育、劳动教育的五育层面，积极探索适合学生学情的一日学习生活全程管理模式，有效引导学生做到自学、自律、自育，努力实现学生的全面而可持续的发展，这一过程也是教师专业化不断提升的过程，师生一起生命共度，共同成长。一日学习生活全程管理的主体是学生和教师。在这个过程中，教师不再是单一的管理者，学生也不再是被动的被管理者，师生已成为全程管理中的合作者、参与者、践行者、评价者。在北京教科院专家的引领下，学校从学生每天的学习生活中探索学校德育活动的新路径，在探究中发现问题和解决问题，实现了学生自学、自律、自育的统一。

一、学生存在的问题和面临的挑战

周口店中学作为一所完全中校，从初一到高三，共涵盖6个年级，生源构成极其复杂，且基础薄弱。从初中生源来看，2018年周口店中学共有初中生190人，其中初一年级78、初二年级64人、初三年级48人，每个年级分两个班。学生主要来自于周口店镇划片招生范围，以及少数外地借读学生。学生的父母文化程度在初中及以下的占80%，高中学历的占18%，大专及以上学历的仅占2%。学生父母的工作以外出打工为主。有40%的学生和爷爷奶奶（姥姥姥爷）一起生活，由老人照顾他们的饮食起居和学习。学生家庭经济状况一般，根据2018年《北京市家庭经济困难学生普查和认定情况统计》，家庭经济困难学生8人，其中建档立卡1人、低保5人、残疾2人。客观地说，家长科学育儿的理念欠缺，对孩子的要求低，只要能吃饱穿暖，有学可上就行，对学生的学业成绩要求不高。学生自主学习能力差，积极锻炼等良好行为习惯养成的能力有待提高。家长对学生的教育影响力较低，学习成效主要依靠班主任和任课教师在校管理取得，学校教育质量不高。

从高中生源来看，2018年周口店中学共有高中生359人，是从全区各个初中校选拔上来的中考排名在1800~2500之间的学生，客观地说，这些学生从学习的积极主动性、学习的良好习惯、学习技能的掌握等方面，都和优秀高中生有较大差距。

在协同育人工作中，家长在对学生的教育管理上既缺乏科学理论的指导，又没有行之有效的科学方法，对学校的教育工作只有简单的认同和口头上的支持，"老师，我把孩子交给您了，您该怎么管就怎么管吧，是打是骂我都没意见"，这句朴实的话既是对学校的信任，也是对教育孩子的无奈。针对学校初中生源和高中生源的实际情况，学校明确提出向管理要效益。学校经过不断研究、探索、实践、反思，提炼出针对目前学生实际行之有效的管理方法，这就是学生一日学习生活全程管理。

二、学生一日学习生活全程管理的理论依据

学校在组织干部、教师全员学习《中小学德育工作指南》的基础上，对学校德育工作思路进行了重新梳理，在北京教科院德育提升项目组专家的指导下，提出了周口店中学"12356"的德育工作思路。

"1"——坚持落实好一个根本任务（立德树人）。通过学校三年的培养，帮助学生成为遵守规矩、身心健康、学习进步、情趣高雅、勇于创新、报效国家的优秀青少年。以开展"庆祝改革开放40周年""庆祝新中国成立70周年主题教育"、北京2022冬奥会等活动为契机，加大对学生家国情怀的培养引领，将个人成长发展与学校发展、社会发展、国家发展相统一，培养学生的历史责任感和担当意识。

"2"——抓好2项重点工作。抓好闪光点，关注学生思想引领，让学生

的成长看得见，让学生的优秀看得见，激活学生自学、自律、自育动力；抓好安全线，关注学生身心健康，守护学生、家庭幸福底线。

"3"——德育工作"3化"实施：科学化（遵循规律），系统化（整体构建），精细化（流程运作：具体工作落实有负责人、有完成时间节点、有完成工作标准、工作落实有计划布置、有检查反馈、有反思提升，确保每项工作取得实效）。

"5"——开展好5个方面的教育：理想信念教育、社会主义核心价值观、中华优秀传统文化教育、生态文明教育、心理健康教育。

"6"——探索6条育人途径的有效落实：课程育人、文化育人、活动育人、实践育人、管理育人、协同育人。

一日学习生活全程管理的框架是相对固定的，但内容是常新的，在变与不变中，将学校的德育工作思路落实到学生每天的点滴学习生活中。

三、学生一日学习生活全程管理的具体内容

在北京教科院德育提升项目组专家的指导下，在周口店中学社会主义核心价值观的引领下道德赋能理论研究课题组，对学生一日学习生活全程管理的具体内容展开了深入学习和研究。

（一）制定的主体

在制定方案时，采用师生、生生协商成公约，按照不同的时间、地点、活动内容，有不同的主体参与。在进行研讨协商时，需要学生与教师（德育处教师、年级组、班主任、宿管办教师、食堂负责人、体育教师……）的共同参与。在规划中还要重点关注规划的合理性、科学性。从全程来看，学生自始至终会全程参与，是制定活动方案的重要主体。

（二）分时间段的细分

按照学生在校的不同时间段安排，进行反复研讨，力争做到科学合理，不浪费时间。以高中住宿学生为例，把上课前的时间细分为起床洗漱、出早操、吃早饭、做卫生保洁、检查卫生、收作业、班主任晨检、准备早读用书、早读、准备上课，共10个环节。

（三）明确每个时间段的具体内容及要求

具体的时间段或者小环节的内容要求，要经过反复研讨、实践、反思、提升。以早操为例，这个时间段的内容包括：体育委员迅速整队，到达操场快、静、齐；有事假和病假者先向体育委员请假，体育委员做记录并在跑完操后向班主任汇报；体育委员确保本班人员把冬天的厚外套放在指定位置；在跑步过程中体育委员要口号洪亮，并督促本班同学口号洪亮、步伐一致；见习的同学在篮球场内有序地走圈；年级主任或体育委员小结，讲评出操整体情况和需要改正的问题等。

（四）评价的主体多元

根据具体时间段的不同，评价主要分为自我评价和他人评价。他人评价具体包括宿管生活指导教师、保洁、保安、年级教师、全校干部教师、社区干部职工评价等。在评价中，学校始终把学生的自我评价放到重要位置，赋予较高分值，目的就是为了激发学生自评、自育、自律的动力，实现由"要我做到"向"我要做好"的转变。

（五）评价结果的应用

评价结果纳入初中、高中学生综合素质评价管理系统，注重过程性考核与终结性考核相统一。真实记录学生成长的步伐，让学生的成长看得见，让学生的优秀看得见！

四、学生全程管理的实施效果及反思

（一）学生全程管理的实施促进了学生的成长和发展

在落实一日学习生活全程管理的过程中，我们尊重学生的主体地位，努力引领学生实现从"要我做到"向"我要做好"的转换，实现由他律到自律的转化、实现他评与自评的统一，努力培养学生自学、自律、自育的意识和能力，促进学生德智体美劳全面发展，实现天天精彩、人人绽放。

以2020年高考成绩为例，2020年高三毕业生取得了非常好的成绩，全年级共有学生121人，其中27人5月参加高职自主招生被录取；在参加高考的

94人中，文化课本科上线51人，占参加高考学生的54.5%，艺术、体育上线25人，本科合计上线76人，占参加高考学生的80.8%，最终有81人被本科院校录取，占参加高考学生的86%。2020年初三学生共有54人，500分以上17人，优秀率和及格率分别为34%和89.3%。几年来，我校初三、高三年级的师生用他们务实的拼搏赢得了中高考的好成绩，为自己和周中赢得了尊严和广泛赞誉。

（二）全程管理中班主任老师的专业素养得到提升

一日学习生活全程管理，不仅有利于学生的全面发展，也有利于班主任的专业发展。教师用这种系统化的思维方式，去思考处理日常的具体工作，努力实现管理工作的精细化，实现闭环管理，进一步提高工作成效。

2018年以来，学校德育处每学期都会带领年级主任和班主任，共同研究班级管理流程，形成学校班主任管理流程蓝本，并以班级管理一日流程交流、展示和大讲堂的形式，促进班主任提高管理水平。

学校在2019年12月16～19日举办教育成果展示月年级主任、班主任论坛，并在教育成果展示月上邀请王倩主任做德育管理分享，收到了非常好的效果。

（三）关于学生生活全程管理的反思

通过反思我们认识到，学生一日学习生活全程管理工作，在实施过程中存在"管"得多"理"得少的问题。因不同环节管理人员素质不同，也会出现管理者拿条条框框去卡学生的个别现象，但对为什么这样做，怎么才能做得更好研究不足，学生中也存在消极被动适应的现象，缺乏主动思考改进提升的意识。

陶行知先生说："生活即教育。"在今后的实践中，学校将会提前做好培训和准备工作，并要求班主任、宿管生活教师、保洁教工等引领学生做好一日学习生活管理的定期反思和完善工作。在引领学生做好自学、自律、自育的过程中，还要充分发挥学生家长、任课教师、学生干部的积极作用，借助北京市学生综合素质评价平台，让学生的成长看得见，让学生的优秀看得见，在反思中不断完善一日学习生活全程管理，促进师生更好地发展，把我校"天天精彩人人绽放"的办学理念落实好。